Über dieses Buch Dieser sensible und genaue Bericht gibt Rechenschaft über den Lebensweg eines jungen Menschen, der früh in Konflikt mit seiner biologisch männlichen Identität gerät. Er beschreibt im einzelnen die verzweifelten Versuche der Anpassung, der Unterwerfung unter die ihm auferlegte Geschlechtsrolle, sein Scheitern und den radikalen Schritt in eine neue Identität als Frau. Dabei werden immer wieder das Rollenverständnis und die Normen der Geschlechter reflektiert, und es wird aus dem subjektiven Erleben heraus Stellung bezogen zur Sozialisation und zum Selbstverständnis sowohl des Mannes als auch der Frau. Schließlich geht es darum, den Ansprüchen der Gesellschaft gegenüber dem einzelnen das Recht des Individuums auf Selbstbestimmung entgegenzusetzen.

Die Autorin Renate Anders (Pseudonym), geb. 1941; 1962–64 Wehrdienst, danach Lehrerstudium; ab 1967 Lehramt; 1974–76 Zusatzstudium der Sonderpädagogik; 1978 »Grenzübertritt«, seither Lehrerin an einer Sonderschule in Norddeutschland.

Renate Anders

Grenzübertritt

Eine Suche nach
geschlechtlicher Identität

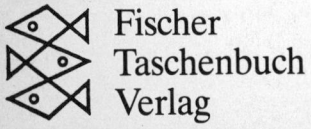

Fischer
Taschenbuch
Verlag

Lektorat: Anke Rasch

Originalausgabe
Veröffentlicht im Fischer Taschenbuch Verlag GmbH,
Frankfurt am Main, Mai 1984
© 1984 by Fischer Taschenbuch Verlag GmbH, Frankfurt am Main
Umschlaggestaltung: Jan Buchholz/Reni Hinsch
Gesamtherstellung: Clausen & Bosse, Leck
Printed in Germany
980-ISBN-3-596-23287-2

Persönliche Erfahrungen mit Krisen

Unter dieser Überschrift legt der Fischer Taschenbuch Verlag Titel vor, deren Autoren aus eigenem Erleben oder auch aus der Betroffenheit über das Schicksal eines anderen versuchen, Ereignisse und Empfindungen zu reflektieren.
Ob die Ursache der Krise psychische oder physische Erkrankung, das Scheitern einer Partnerschaft oder sonst ein tief berührendes Erlebnis war – es gab Anlaß, das Leben zu überdenken.

Inhalt

Widmung	9
Vor vergilbten Fotos	11
Von der Umkehrung der Werte	18
Im Zerrspiegel	29
Persönlichkeitsspaltung	41
Zeit des Reifens	47
In der Schule der Nation	59
Auf der Suche nach Erkenntnis	69
Als Mann unter Frauen	80
Des Rätsels Lösung	87
Am Scheideweg	98
Gestaltwandel	108
Die Grenzen des Möglichen	121
Vor dem Grenzübertritt	135
Am jenseitigen Ufer	146
Endlich zu Hause	155
Als Frau unter Frauen	161
Bestandsaufnahme	173
Eine Handvoll Urlaubsfotos	181

Widmung

Liebe Mutter,
ja, es ist wahr, das Wesentliche jedenfalls, und es hätte auch wenig Zweck zu verleugnen, was Dir zugetragen wurde an Andeutungen, versteckten Hinweisen, spitzen Bemerkungen über mich. Ich hatte gehofft, der Ozean, der zwischen uns liegt, seit Du ausgewandert bist, werde eine natürliche Grenze sein, die zu überschreiten nur unseren besten Freunden erlaubt sein sollte. Denn niemals und durch nichts wollte ich das Bild trüben, das Du von mir mitgenommen hattest: Wenn Du schon die Heimat verlassen mußtest, so solltest Du doch Deine Hoffnungen und Träume mitnehmen dürfen.
Doch nun ist alles anders gekommen. So sollst Du es aus meinem Munde erfahren, daß ich, Dein Sohn, jene Gestalt, mit welcher Du mich in die Welt entlassen hast, so radikal ausgelöscht habe, wie das dank ärztlicher Kunst heute überhaupt nur möglich ist. Dreieinhalb Jahrzehnte habe ich als Mann durchmessen und habe mich nun angeschickt, meine Zukunft als Frau zu ergreifen.
Was zu glauben Du Dich geweigert hast, ist Dir nun zur Gewißheit geworden, und Deine tiefe Verzweiflung erfüllt mich mit Schuldgefühlen, belädt mich erneut mit Selbstvorwürfen, zwingt mich immer wieder zu Rechtfertigungsversuchen gegenüber all jenen, die über mich zu Gericht zu sitzen wünschen. Ihre Anklage wiegt in der Tat schwer:
Ich hätte das Schicksal herausgefordert, nach den Sternen gegriffen, mein und anderer Leben selbstsüchtig aufs Spiel gesetzt, mich aus der Verantwortung gestohlen, die gesellschaftlichen Normen verhöhnt, die Begriffe Selbstbestimmung und Selbstverwirklichung pervertiert, der Anarchie Vorschub geleistet, die göttliche Ordnung verraten, an den Grundfesten der abendländischen Ordnung gerüttelt!
Aber was habe ich denn anderes getan, als daß ich endlich ja zu mir gesagt und mein Schicksal selbst in die Hand genommen habe? Nicht aus Leichtfertigkeit, sondern in äußerster Verzweiflung habe ich alles auf eine Karte gesetzt, nachdem ich mich 30 Jahre unterworfen und einen aussichtslosen Kampf ge-

gen mich selbst geführt hatte. In dieser langen Zeit habe ich mit aller Kraft an meinem Selbst, wie ich es verstehe, festgehalten und diesem nach und nach die äußeren Bedingungen angepaßt; das Werk meiner Ärzte war nur die letzte Konsequenz daraus. Sie haben mir die Gestalt gegeben, in welcher die Gesellschaft am ehesten mein Selbstbild akzeptieren kann, haben mein Innen und Außen weitgehend miteinander in Einklang gebracht.

Nach wie vor gibt es natürlich Konflikte, wie für jeden anderen auch, die ausgetragen werden müssen. Aber sie sind für mich kalkulierbar geworden, und ich kann sie bewältigen, da mir dieser Zustand eines zumindest angenäherten Einklanges ein nie gekanntes Maß an Selbstsicherheit gewährt und zugleich eine Ruhe, die mir erstmals die Freiheit gibt, meine eigenen Bedürfnisse distanziert zu sehen und mich ganz anderem zuwenden zu können.

Ich weiß, daß Du mich niemals als Deine Tochter begreifen wirst, so sehr Du Dir auch Mühe geben magst und meine Lebensumstände inzwischen unübersehbar darauf hinweisen: Du hast Deinen einzigen Sohn unwiederbringlich verloren.

Nun, da Du alles weißt, kann ich mich zum ersten Mal seit meiner Kindheit Dir wieder ganz anvertrauen. Du sollst erfahren, wie alles gekommen ist, was ich auf dem Wege, den wir ein großes Stück gemeinsam gegangen sind, gefunden habe, und ich will Dir, um möglichst nahe bei der Wahrheit zu bleiben, auch von Dingen erzählen, die ich am liebsten voller Scham verschwiegen hätte.

Ich hoffe inständig, daß ich niemanden in Versuchung führe, meine Offenheit gegen mich zu verwenden, denn ich eigne mich wenig zur Märtyrerin, möchte vielmehr auch meinen äußeren Frieden haben, nachdem ich einmal mit mir selbst versöhnt bin.

Vor vergilbten Fotos

Als ich zur Welt kam, war diese erfüllt vom nächtlichen Geheul der Sirenen, vom Rauch der brennenden mittelalterlichen Stadt, dem Dröhnen marschierender Kolonnen, von Fahnen, Trommeln und Fanfaren; denn der Krieg war noch nicht verloren, und Millionen glaubten, um nicht ein Ende mit Schrecken erwarten zu müssen, an den Endsieg und waren bereit, auch noch das Letzte dafür zu opfern. Für mich war das insofern von Bedeutung, als mein Vater einer in diesem blinden Millionenheer war, dessen Glaubensgrundsätze und Programme er sich vorbehaltlos angeeignet hatte, und das um so bereitwilliger, als er selbst das Menschenbild jener Tage in Reinkultur verkörperte: groß, athletisch, blond, blauäugig und idealistisch. Trotzig hatte er am Ende der dreißiger Jahre seine Heimat, Eltern und Geschwister und die Aussicht auf eine durch beste Referenzen abgesicherte Karriere aufgegeben, um eine Deutsche zu heiraten und in Deutschland der Verwirklichung seiner Ideale näherzukommen.
Und so ist es auf dem ersten Foto, das von mir existiert, ein Uniformierter, der mich im Arm hält. Das Foto ist stark unterbelichtet. Mein Vater ist kaum zu erkennen, nur das Hakenkreuz im weißen Feld der Armbinde und ich als winziges weißes Bündel in seinen großen Händen leuchten in der Dunkelheit. Es könnte das Bild eines Abschieds sein: Es hat etwas Bedrohliches, Anonymes; wenn's nicht wirklich mein Vater wäre, das Dunkel wäre zum Fürchten. Vielleicht habe ich tatsächlich vor Angst geschrien, möglich schon; denn ich glaube, daß alle Eindrücke, die wir mit unseren Sinnen aufnehmen können, und auch die, welche in anderen Seinsbereichen wirksam werden, vom ersten Augenblick an, schon im Mutterleibe, die ersten Schicksalszüge eines Menschen prägen, nachhaltiger vielleicht – da die Materie noch weitgehend ungeformt und aufnahmebereit ist – als in späteren Jahren.
Ich nehme an, daß meine Sinne überhaupt in einem besonderen Maße sensibel reagierten, denn die frühesten Erinnerungen, die ich freilegen kann, sind die von Sinneseindrücken noch vor meinem 3. Geburtstag. Da gibt es den Geschmack eines be-

stimmten, regelmäßig genossenen Breies, den ich später, als mein Wortschatz ausreichte, um gerade diesen zu verlangen, nie wieder bekommen werde, ja, daß meine Mutter sich überhaupt nicht daran erinnern kann, worum es sich gehandelt haben könnte. Da ist der strenge Duft von Geranien in einem Treibhaus und ein Geruch zwischen Marzipan und Desinfektionsmittel, den ich von Anfang an in meiner Vorstellung als »Elmi« bezeichne, der Name eines Mädchens aus der Nachbarschaft, das mich manchmal ausführte. Da ist das drohende Aufheulen eines altmodischen Staubsaugers, vor dem ich in panischem Schrecken unter das Sofa flüchte, als wäre er der verlängerte Arm der Sirene auf dem Dach des Nachbarhauses, die düster und unheilkündend gerade auf mein Bett blickt, und der auf- und abschwellende Orgelton ferner Bomberverbände. Und da ist schließlich das wohlige Gefühl des Anschmiegens an die Wärme weicher Kissen und die ungeheure Faszination des Farben- und Formenspiels, das sich in immer neuen Variationen unter meinen Augenlidern zeigt, sobald ich sie müde reibe.
Wieder sehe ich auf das Foto. Das Gesicht des Uniformierten bleibt in der Dunkelheit verborgen, so sehr ich auch das Bild im Licht drehe und wende. Seine Haltung aber verrät Distanz. Ja, es ist sein Kind, auch wenn es dunkelhaarig und rachitisch ist und nicht wie die Götter, die er verehrt. Und es ist ein Sohn, alles deutet jedenfalls darauf hin, und sein Stammhalter, der seinen aussterbenden Namen einmal weitertragen soll, an welchem er gutmachen will, was sein eigener Vater an ihm verfehlt hat. Wie hat er den furchtbaren Schrecken des ersten Tages verarbeitet, als ihm die Hebamme ein strampelndes Monstrum entgegengehalten hat, schwächlich und mit schiefem Kopf, ihm immer wieder versichernd, es werde sich alles noch zurechtwachsen? Ausgerechnet ihm widerfuhr ein solches Unglück, ein Kind akzeptieren zu müssen, das seinen strengen Maßstäben von lebenswertem und lebensunwertem Leben allem Anschein nach nicht standhalten konnte.
So, wie der Mann das Kind hält, scheint es in der Schwebe zwischen Fallenlassen und Aufnehmen. Er wird sich für letzteres entscheiden, schon seiner Frau wegen, die angstvoll über ihr Erstgeborenes wacht und atemlos vor Spannung und furchtsam zu ihrem Manne emporschaut, als ihm das Kind gezeigt wird. Würde er ihre Liebe zu diesem Kind teilen? Zweimal schon hat sie eine Fehlgeburt erlitten; mit einer machtvollen Liebe wird sie, die sich dem Alter nähert, wo eine Frau nicht mehr gefahrlos

ihrer ersten Niederkunft entgegensieht, sich an dieses Kind klammern, wenn es sein muß auch gegen den Vater. Noch wird das Kind getragen; doch eines Tages, wenn es versuchen wird, sich auf seine eigenen Füße zu stellen, wird es an der Bürde zu tragen haben, welche ihm, ohne es auch nur zu ahnen, die Eltern aufgeladen haben.
Zwischen diesem Foto und den folgenden klafft eine Lücke, die entstand, als das Haus, das ich mit meinen Eltern bewohnte, ausgebombt wurde.
Sie verloren alles, entkamen selbst jedoch dem Inferno: meine Mutter, die mich in Panik mit dem Kopf nach unten in eine Decke wickelte, durchs brennende Treppenhaus, mein Vater übers Dach, nachdem er bis zuletzt mit bloßen Händen versucht hatte zu löschen.

Wir fanden ein neues Zuhause in einer Siedlung am Rande der Stadt, die aus dem Boden gestampft wurde, um die Ausgebombten und Flüchtlinge, die in jenen Tagen bereits aus dem Osten kamen, aufzunehmen.
Ein Teil der Siedlung befand sich noch im Bau; aus dem lehmigen Grund würden die gleichen Backsteinhäuserblocks herauswachsen wie jener, in welchem wir wohnten: zwei Stockwerke mit hohem Giebel, Scheingiebel für die drei Treppenhäuser, auf deren linker und rechter Seite jeweils eine winzige Zweizimmerwohnung lag. Sie alle waren gleich ausgestattet: mit einem gußeisernen Kanonenofen in der Wohnküche und einem mächtigen Kachelofen in der »guten Stube«, der in Ermangelung von Heizmaterial genauso kalt blieb wie das ohnehin nicht beheizbare Schlafzimmer. So spielte sich allenthalben das Leben in der Küche ab, welche von den Architekten zu diesem Zweck in weiser Voraussicht mit zweien jener kleinen Sprossenfenster ausgestattet war, welche den Charakter der Siedlung wesentlich bestimmten.
Für mich hatten alle diese Häuser etwas Anheimelndes, konnte ich mich doch darauf verlassen, mich in jeder Wohnung zurechtzufinden. Doch meine Eltern litten sehr darunter, daß sie mit einer Behausung vorlieb nehmen mußten, die tief unter ihrem damaligen sozialen Status lag: Vater, leitender Angestellter eines bedeutenden Rüstungsunternehmens, Mutter eine selbständige Geschäftsfrau, derzeit allerdings ausgebombt und mittellos wie alle die anderen Entwurzelten ringsum, denen sie zutiefst mißtrauten.

Das war die Zeit, da bei mir die bewußten Erlebnisse einsetzten, die noch von der Magie der ersten Lebensjahre zehrten. Das war aber auch die Zeit meiner Kindheit, an die meine Mutter sich besonders gern erinnerte und über die sie später mit Stolz sprach, wenn sie mit Freundinnen oder Verwandten in geselliger Runde saß.

Mit ihren Augen gesehen, bin ich ein überaus friedfertiges und liebes Kind gewesen, das ihr kaum Arbeit und nur Freude gemacht hat, weil es angeblich lange vor Ablauf des ersten Lebensjahres sauber gewesen ist, eine Dressurleistung, welche die meisten Mütter damals wohl mit Respekt quittiert haben mögen. Gern erzählte sie, ich sei so anhänglich und zärtlich gewesen, daß ich sie über die Wochen und Monate, in denen mein Vater fort war, ja sogar über die Angst, ihm könne im Feindesland etwas zustoßen, hinweggetröstet habe. Meiner Schwester gegenüber, die inzwischen geboren war, sei ich von einer bemerkenswerten Aufmerksamkeit gewesen und hätte einmal sogar einen Schäferhund furchtlos in die Flucht geschlagen, als der sich neugierig dem Kinderwagen näherte. In ihrer Erinnerung bin ich ungewöhnlich verständig gewesen, habe nicht herumgetollt wie andere Jungen, nichts kaputtgemacht und mich am liebsten allein beschäftigt in ihrer unmittelbaren Nähe. Auch habe ich wunderschön singen und verblüffend detailgetreu zeichnen können, so daß ich bestimmt einmal in die Fußstapfen des Großvaters treten würde, der ein berühmter Architekt war; zumindest aber träte ich wohl ein musisches Erbe ihres Vaters und ihrer Brüder an.

Meine arme Mutter! Sie hat sich so sehr ihrer schlichten Herkunft geschämt, daß sie sich selbst total verleugnet und die Bedeutung ihrer Familie und deren Beziehung zu anderen, noch bedeutenderen Personen für mich oft peinlich überhöht und an die Stelle ihrer selbst gestellt hat. Sie hat versucht, ihren Mangel an Selbstbewußtsein und Herkunft durch Ehrgeiz, Tüchtigkeit und Opferbereitschaft bis zur Selbstaufgabe auszugleichen. Mein Vater war ihr, glaube ich, ein fairer Partner, nachdem er sich gegen den massiven Widerstand seiner Familie einmal für sie entschieden hatte. Es steht mir nicht zu, die Ehe meiner Eltern nach heutigen Maßstäben zu messen: Damals jedenfalls gab es keinen Zweifel daran, daß die Frau die physische und psychische Unterwerfung unter den Mann als höchstes Glück zu betrachten, ihn zu bewundern und nur auf sein leibliches Wohl bedacht zu sein hatte, während er die Le-

bensgemeinschaft nach außen zu vertreten und zu verteidigen hatte.
Ich habe meine Mutter aber auch weinen sehen und mich dann oftmals auf ihren Schoß gesetzt und mich an sie gekuschelt, ohne daß sie mir je gesagt hätte, weswegen sie weinte. »Laß nur, es ist schon wieder gut«, antwortete sie in solchen Augenblicken und versuchte ein Lächeln dabei, »das verstehst du doch noch nicht.«
Ich habe das Bild, das meine Mutter in ihrer überschwenglichen Liebe von mir entwarf, schon früh mehr und mehr in Frage stellen müssen. Wohl hatte ich sehr bald gelernt, was meine Mutter von mir erwartete und wie ich mich ihrer Liebe dauerhaft versichern konnte. Aber ich hatte auch schnell begriffen, daß ich mit der Geburt meiner Schwester das Paradies und den Zustand geschlechtsloser Urharmonie verloren hatte. Während sie gewickelt wurde, schaute ich wohl manchmal zu, voller Sehnsucht danach, selbst noch einmal in diesen Zustand völliger Abhängigkeit und Hilfsbedürftigkeit, gleichsam in den Mutterleib zurückkehren zu dürfen. Beides war natürlich völlig ausgeschlossen, ich hatte ja der große, vernünftige Bub zu sein, und das eine Mal, an das ich mich erinnere, da ich schüchtern bat, auch noch einmal gewickelt zu werden, reagierte meine Mutter verständnislos, so daß ich einen solch vermessenen Wunsch nie wieder zu äußern wagte.
Es blieb mir nicht verborgen, daß meine kleine Schwester auch anders gestaltet war als ich, und ich dachte wohl auch, daß diese Besonderheit der eigentliche Grund für die unterschiedliche Behandlung sei und ein Mädchen doch etwas Besseres sein müsse, weil es alle diese hübschen, zarten Dinge haben durfte, auf die ich keinen Anspruch hatte. Ich weiß nicht, ob es wirkliche Eifersucht gewesen ist, die ich gegenüber meiner Schwester empfand, und meine Mutter würde einen Grund dazu immer in Abrede gestellt haben; denn aus ihrer Sicht bin ich als Vertrauter und als Träger des Familiennamens auch von meinem Vater bevorzugt worden.
Doch gerade mein Vater fehlte uns damals für lange Zeit. Erst gegen Ende des Krieges – ich war damals noch keine vier Jahre alt – kam er aus Belgien, wohin er dienstverpflichtet gewesen war, zurück.
Ich sehe ihn noch heute in der Tür zur Wohnküche stehen, hünenhaft in seinem schweren braunen Ledermantel, der die Stiefel halb bedeckt, den braunen Filzhut korrekt auf dem Kopf,

während die Dienstpistole, die ihm als Zivilisten in jenen turbulenten Tagen ganz offiziell zugewiesen worden ist, das breite Lederkoppel seitlich herabzieht.

Die Einzelheiten der Begrüßung sind mir entfallen, nicht jedoch die Erinnerung an die Geschenke, die er mitbrachte und die für mich geradezu eine schicksalhafte Bedeutung annahmen: für meine Schwester, die mit ihren zwei Jahren erst knapp dem Strampelanzug entwachsen war, ein Kleidchen wie für eine Prinzessin, fliederfarben und mit Rüschen und Schleifchen versehen, das fortan das »Belgien-Kleid« hieß, und für mich zwei gummibereifte Modellautos aus Spritzguß, richtige kleine Kostbarkeiten – für heutige Begriffe jedenfalls. Doch – seltsam genug – obwohl ich sonst sehr sorgfältig mit meinen Spielsachen umzugehen pflegte, waren diese Autos sehr bald verschwunden und blieben es trotz intensiver Suche. Noch einmal fanden sie sich nach dem Frühjahrsputz hinter einer Truhe ein, waren dann aber endgültig fort; meine Mutter schenkte sie einem älteren Cousin zum Geburtstag, weil ich mit den Autos offenbar doch nicht spielte.

Vielleicht war ihr Spielwert für ein Kind in meinem Alter wirklich gering; wahrscheinlich aber betrachtete ich sie als zweite Wahl, gemessen an dem »Belgien-Kleidchen«, das mir ständig vor Augen blieb. Nie hätte ich gewagt, meine Ambitionen merken zu lassen; ich tat so, als beachtete ich meine Schwester nicht, wenn diese, kaum daß sie laufen konnte, sich darin in dem dreigeteilten Spiegel der Frisierkommode von allen Seiten betrachtete, selbst noch zu einem Zeitpunkt, als es ihr längst zu klein geworden war. Denn ich war ja ein Junge, und Jungen tragen keine Kleider und schon gar kein Rosa, sehen vor allem nicht eitel in den Spiegel, haben vernünftig zu sein, nicht zu weinen, das Haar kurz zu tragen, sich mit Körperkraft zu behaupten, draußen zu spielen bei Wind und Wetter, um sich abzuhärten, aktiv zu sein und was sonst noch an Erwartungen an mein Geschlecht geknüpft wurde, nicht nur im Elternhaus.

Was würden meine Eltern wohl gesagt haben, wenn ich ihnen gestanden hätte, wie schmerzhaft ich diese Bestimmungen empfand. Ich fühlte mich ausgeschlossen von den Vergünstigungen, die meiner Schwester zuteil wurden, ohne diese vermeintliche Bestrafung durch irgendwelche Unarten oder gar Vergehen verdient zu haben.

Kurz vor meinem vierten Geburtstag erkrankte ich an Diphtherie, damals eine lebensgefährliche Seuche. Während der unendlich langen drei Monate, die ich auf der Quarantänestation des Kreiskrankenhauses verbringen mußte, war es mir, als würden sich meine Eltern nun zugunsten meiner Schwester entscheiden, obwohl sie mir immer wieder versicherten, sie holten mich bald zurück, und sich meine Mutter, soweit ihr das damals möglich war, alle Tage für ein paar Augenblicke an dem Guckfenster der Zimmertür zeigte. Ich sei sehr tapfer gewesen, erzählte sie später, hätte bei ihrem Weggehen kaum einmal geweint, und die Schwestern seien voll des Lobes über das stille, brave Kind gewesen, das voller Geduld alles über sich ergehen ließ, was man für richtig fand.

Von der Umkehrung der Werte

In den letzten Tagen des Krieges kam ich heim. Es hatte sich in meiner Abwesenheit vieles geändert. Die Gesichter der Menschen in meiner Umgebung waren verhärmt, hoffnungslos, manche Augen verweint. In den Straßen wimmelte es von Fremden, die mit Sack und Pack und oft fremdartig gekleidet ziellos hin- und herwogten, von Soldaten mit und ohne Waffen und in abenteuerlichen Uniformen, von Bussen und Lastwagen, die, leergefahren, herrenlos herumstanden.
Niemanden hereinzulassen, wenn wir allein waren, befahl mir meine Mutter, und fortan sah ich die Fremden als eine große Bedrohung an. Ich fürchtete, sie könnten durch die schweren Eisentüren auf dem Dachboden und unter der Kellertreppe, welche die einzelnen Häuser des Wohnblocks miteinander verbanden, hereinschleichen und mir hinter einer Tür oder unter dem Bett auflauern, und so hielt ich mich noch dichter an meine Mutter im Dunkel der Wohnküche, die bei den regelmäßigen Stromsperren von den Flammen des Gasherdes nur spärlich beleuchtet wurde. Drohende Schatten warfen vier schwarze Behälter auf dem Küchenschrank gegen die Decke, unheimlich vor allem deshalb, weil meine Mutter mir ängstlich ausweichend antwortete, wenn ich nach dem Inhalt fragte. Mit großer Bangigkeit schien auch sie immer wieder zu den Pappröhren hinaufzuschauen und nahm mich dann wohl schnell für Augenblicke in die Arme.
Ich mag geahnt haben, daß das Unheil, was sich da oben auf dem Schrank eingenistet hatte, irgend etwas mit der Traurigkeit, der Sirene auf dem Dach, dem Chaos in den Straßen und mit dem Pfeifton aus dem Volksempfänger auf der Truhenbank zu tun haben müsse, jedenfalls aber mit den quäkenden Stimmen darin, die ab und zu zu hören waren, unterbrochen von schwerer Musik und geheimnisvollen Pausenzeichen.
Eines Tages zerschlug mein Vater das Radio mit der Axt, und die schwarzen Pappdosen waren vom Schrank verschwunden und mit ihnen meine unbestimmbare Angst. Fremde Soldaten fuhren mit merkwürdig singenden Autos durch die Stadt, deren Straßen plötzlich leer waren. Ich hörte, daß etwas Furchtbares

passiert sein mußte: Der »Tommy« war da, von dem es hieß, er habe während des Angriffs vergiftetes Spielzeug über der Stadt abgeworfen, um die deutschen Kinder zu töten, die damit spielten. Der Russe aber habe, Gott sei Dank, kurz vor unserer Siedlung Halt gemacht, und nun sei alles aus. Dennoch schienen viele Menschen auch wieder erleichtert, meine Mutter jedenfalls, als sei das Schlimmste noch einmal an uns vorübergegangen.
Später habe ich erfahren, daß mein Vater in den letzten Kriegstagen sich noch freiwillig zur Truppe hatte melden wollen, sich jedoch von den Tränen meiner Mutter erweichen ließ. Daß er endlich aber, da nicht sicher war, welcher Sieger unsere Stadt besetzen würde, die Pappröhren besorgt und auf den Schrank gestellt hatte, um für den Fall, daß es der Russe sein würde, uns alle mit den Handgranaten, die sich in den schwarzen Behältern befanden, in die Luft zu sprengen.
Mein armer Vater! Er hat es niemals fassen können, daß die Welt, die er für richtig erkannte und für die er sich mit seiner Familie und der Heimat seiner Väter überworfen hatte, für die er bereit gewesen war, sein Leben einzusetzen, in Scherben gehen konnte. Welche ungeheure Niedertracht des Feindes, welche weltumspannende Verschwörung mußte in seinen Augen Ursache sein für die Umschichtung aller Werte, die Pervertierung aller bis dahin gültigen Normen! Niemals sind ihm Zweifel gekommen, und wenn: Sie hätten ihn auch physisch zerstört! Er hielt an seinem Glauben fest, als seine Träume längst zerronnen waren, entschlossen zwar, sich nie wieder für eine Idee zu engagieren, aber unbeirrt in seinen Anschauungen.
Ich habe natürlich nicht viel von all dem begriffen, was damals um mich herum geschah; aber vieles bekam ich teils laut, teils geflüstert doch mit von dem, was sich die Erwachsenen erzählten, wenn ich scheinbar teilnahmslos unter dem Tisch auf dem Boden lag und hingebungsvoll mit Bauklötzen oder bunten Knöpfen und Nadeln spielte. Und aus allem formten sich irrationale Vorstellungen, Ängste und Hoffnungen, die meine Zukunft mitbestimmen würden.
Meine Großmutter hatte den Einmarsch der Sieger nicht überlebt, ein Bruder meiner Mutter sich kurz zuvor erhängt, angeblich wegen einer herzlosen Schwägerin. Ein Freund meiner Eltern, »ein hohes Tier«, war von den Siegern verschleppt und – so hieß es – schlimm gefoltert worden, während eine Nichte meiner Mutter sich – welche Schande für die Familie – mit ei-

nem »Tommy« polnischer Abstammung, was wohl allgemein als der Gipfel angesehen wurde, angefreundet hatte. Aus den Herrenmenschen waren über Nacht Untermenschen geworden: Wie war so etwas nur möglich!

In der Nachbarschaft fehlten Väter oder Söhne, einige kamen nach und nach, zerbrochen an Leib und Seele, zurück. Die meisten hatten überlebt und waren aufs äußerste entschlossen, ihr bißchen Leben auch über die nächsten Runden zu bringen. Darum hatte mein Vater im Stall hinter dem Haus, in welchem er sieben Hühner, zwei Kaninchen und später eine Ziege zur Bereicherung des außerordentlich kargen Küchenzettels hielt, ein Signalhorn installiert, das im Falle eines Einbruchs die ganze Siedlung alarmiert hätte. Mein und Dein waren austauschbare Begriffe geworden, jeder Tag ein neues Abenteuer.

Zwei kurz aufeinanderfolgende Erlebnisse aus jenen Tagen haben sich mir besonders tief eingeprägt, mich geradezu traumatisiert. Das erste hatte ich an einem Nachmittag im Spätsommer, als ich mit meiner Mutter zum Arzt in die Stadt fuhr. Der überfüllte Doppeldeckerbus holperte über geborstene Straßen zwischen rauchgeschwärzten Häusern mit leeren Fensterhöhlen und Trümmerfeldern hindurch, in denen zerlumpte Kinder umherstrolchten. Neben mir stand ein Mann in der graugrünen Uniform der besiegten Wehrmacht, der zu meinem Entsetzen keinen Kopf mehr zu haben schien! Statt dessen trug er dort, wo der Kopf hätte sein sollen, einen ungeheuren Aluminiumtopf, der noch die Schultern verdeckte und von dem die Fahrgäste sich mit merkwürdig verrenkten Hälsen wegbogen. Wie konnte der Mann ohne Kopf überhaupt leben! Was mochte unter dem Topf sein? Hatte er vielleicht im Krieg sein Gesicht verloren, eine Art Verletzung, die offenbar zu dem Schlimmsten gehörte, von dem sich die Erwachsenen untereinander erzählten? Eine schreckliche Vorstellung, deren Doppeldeutigkeit mir erst später aufging!

Jahrelang hat mich diese Frage beschäftigt, fast so lange wie der entsetzliche Anblick, der sich mir ein paar Tage später aus dem Busfenster heraus bot: Da schob ein blutbefleckter Mann offenbar ohne jede Gefühlsregung einen Karren vor sich her, auf welchem der nackte Torso einer geschlachteten Frau lag. Alles zog sich in mir bei diesem Anblick zusammen, und auf meiner Zunge spürte ich einen ekelhaften, sauren Geschmack. Ich weiß nicht, warum ich meine Mutter – ebenso wie bei dem Mann

ohne Kopf – nicht auf das Bild aufmerksam machte. Sie hätte mich sicherlich schnell davon überzeugen können, daß der Mann vom Schlachthof komme und nun das Schwein – denn um ein solches muß es sich wohl gehandelt haben – zur weiteren Verarbeitung in die Schlachterei bringe. Aber ich schwieg; woher sollte ich wohl legitimerweise auch wissen, wie eine nackte Frau aussah, noch dazu in ihrem Blute? Hätte es nicht gleichzeitig bedeutet, mir meine Mutter auf dem Karren vorzustellen? Welch scheußlicher Gedanke!
Ich habe die Bilder zu verdrängen versucht, vor allem das zweite. Das aber war viele Jahre nicht auszulöschen und stellte sich mit dem sauren Geschmack zusammen immer wieder ein, später gar verbunden mit der Vorstellung, ich würde in den ausgehöhlten Torso eingenäht und müsse fortan eine Frau sein, ein Gedanke, der damals noch durchaus ambivalent für mich war.
Es kamen Zeiten des Hungers und des Frierens, der Einsamkeit und des Zweifelns. Was die Versorgung der Bevölkerung betraf, waren die Jahre vor der Währungsreform für die meisten schlimmer als die letzten Kriegsjahre. Mein Vater – arbeitslos geworden, nachdem das Rüstungswerk, an dessen Aufbau er maßgeblich beteiligt gewesen war, gesprengt worden war – versuchte auf den Trümmern einen Neubeginn. Überall in den Wäldern und in der nahen Heide standen verlassene Fahrzeuge, lagen Ersatzteile und Gerätschaften umher. Kinder spielten in den geborstenen Kanzeln der Bomber auf dem benachbarten Feldflughafen, und Grüppchen von Erwachsenen machten sich an festgefahrenen Zugmaschinen zu schaffen, um aus dem Schachtellaufwerk die durchbrochenen Laufräder für den Bau eines Handwagens zu bergen.
Mein Vater fuhr auf der Suche nach Verwertbarem mit mir auf einem Rad umher, dessen vordere Felge in Ermangelung des Reifens mit Lumpen umwickelt war und dementsprechend die Stöße voll weitergab. Er, ein fähiger Konstrukteur und Ingenieur, der in Belgien in eigener Regie ein Zweigwerk seiner Fabrik hatte aufbauen sollen und dem ein paar hundert Leute unterstellt gewesen waren, sah sich gezwungen, den weißen Kittel an den Nagel zu hängen und wieder ganz von vorn zu beginnen.
Zunächst versuchte er, aus dem Wehrmachtsschrott Ölmühlen für die Selbstversorgung herzustellen. Doch über ein paar Prototypen kam das Unternehmen nicht hinaus, weil die nötigen

Kugellager nicht zu beschaffen waren. Erfolgreicher waren seine Motorräder, die er in einer angemieteten Scheune des nahen Gutes zusammenbaute, meist schwere Maschinen der Wehrmacht, zu deren Probefahrten durch die Siedlung und die Heide er mich auf dem Tank mitnahm. Das verschaffte Achtung, aber auch Neid in der Nachbarschaft, bis das Wunderwerk eines Tages wieder verschwunden war für eine Schweinehälfte, ein Pfund Kaffee, Butter und Schmalz oder ein paar Zentner Kohlen. Es war ein Leben von heute auf morgen ohne eine weitergehende Perspektive, und mein Vater spürte das und konnte sich nicht damit abfinden.

Meine Mutter schien diesen Kampf ums tägliche Brot anders zu erleben; denn in ihren Erzählungen setzt sich diese schlimme Zeit aus lauter einzelnen Episoden und Erfolgserlebnissen zusammen, obwohl auch sie sich bis zur totalen Erschöpfung für unser aller Überleben ins Zeug legen mußte. Hundert Kilometer und mehr legte sie mit ein paar Freundinnen zusammen auf dem Rad zurück, um die wenigen Wertgegenstände, die den Krieg überdauert hatten, bei den Bauern gegen Lebensmittel einzutauschen oder auf den abgeernteten Kartoffel- und Rübenfeldern »nachstoppeln« zu dürfen.

Ich selbst bestand nur noch aus »Haut und Knochen«. Herzhaft biß ich manchmal in ein Stück weißer Seife auf der Ablage des Spülsteins und in die Kuchen, die wir Kinder aus feuchtem Sand, Blüten und Blättern im Hof backten, aß die krautigen, rosenfarbenen Blütendolden des Rotdorns am Knick und die olivfarbenen Fruchtstände der wilden Kamille am Bahndamm, sog den feinen Honig aus den Blüten der Taubnessel, wie es mir mein Vater gezeigt hatte, schlug noch Jahre später meine Zähne in die hölzernen Bettladen meines Lagers, bis der Lack splitterte; zerbiß die Zipfel meiner Kissen, schluckte die saure Spucke wie Saft, wenn ich am Hausschlüssel lutschte, den ich damals ständig am Halse trug, während meine Mutter – manchmal tagelang – auf Hamsterfahrt war.

Irgendwie indessen stand aber immer etwas auf dem Tisch, fand sich etwas Eßbares, wenn auch nicht immer Schmackhaftes, in der Speisekammer, und meine Eltern versuchten, mir nötigenfalls auch mit Gewalt das zukommen zu lassen, was meine Kräfte zu erhalten ihrer Meinung nach unumgänglich war. So mußten nach und nach unsere Hühner, die Kaninchen und zuletzt unsere Ziege, an der ich besonders hing – hatte ich sie doch täglich an den Knick zum Grasen geführt – in den Topf wandern. Ich brachte es nicht fertig, von dem Fleisch zu essen: Irgendwo aus der undurchdringlichen Soße heraus belauerten mich die Augen der geliebten Tiere, und voller Scham und Ekel verweigerte ich unter dem Gefühl furchtbarer Übelkeit das Essen.

Eines Tages, als mein Vater mit der Keule, die er sich geschnitzt hatte, nachdem er seine Pistole hatte abgeben müssen, das letzte Zicklein erschlug und ich mich wiederum weigerte, davon zu essen, sperrte er mich stundenlang im Klo ein, bis ich den Teller leergegessen hatte, auf dem – ich hätte es damals beschwören mögen – das ausgelaufene Auge der kleinen Micki lag! Dieses Erlebnis und einige Male Hiebe mit der Reitgerte aus ähnlichem Anlaß standen fortan zwischen mir und meinem Vater, der ansonsten in unserem weitläufigen Bekanntenkreis, wie es solche in der ersten Nachkriegszeit als Schutz- und Trutzgemeinschaften zahlreich gab, einer der Väter war, die besonders integrierend wirkten und die Jugend zu allerlei zünftigen Spielen und Exkursionen zu begeistern verstanden.

Er schien sich allerdings mehr den aktiveren Kindern zuzuwenden, die, rauhbeinig und lebhaft, auch einmal einen Knuff vertragen konnten, und zu diesen, wußte ich, zählte ich nicht. Längst hatte meine Schwester mir den Rang abgelaufen in der Gunst meines Vaters, sie, die blonde, kräftige, aktive, die sich beim Essen nicht lange zierte, sich selbstbewußt durchsetzen konnte und bei Wind und Wetter draußen spielte, an der ein Junge verloren war, wie alle sagten. »Warum gehst du nicht nach draußen zum Spielen wie die anderen Kinder?« fragte meine Mutter oft ärgerlich, »ein richtiger Stubenhocker bist du; nimm dir mal ein Beispiel an deiner Schwester!« – »Laß mich doch drinnen spielen«, bat ich dann jedesmal, »ich stör' dich auch ganz bestimmt nicht«, und dann verkroch ich mich in eine Ecke, um ihr bei der Hausarbeit nicht zur Last zu fallen.

Manchmal schob sie mich auch kurzentschlossen vor die Haustür: »Komm mir bis zum Abendessen ja nicht wieder an die Tür! Bist du überhaupt ein richtiger Junge?!« Und ich stand weinend im Vorgarten und fühlte mich von Gott und der Welt verlassen.

Später nahm meine Mutter eine Aushilfsarbeit an, so daß wir Kinder den ganzen Tag uns selbst überlassen waren, um mit Scharen von Nachbarskindern in der verwaisten Wohnung wie der Wolf mit den sieben Geißlein Verstecken zu spielen, Mutter und Kind oder Krankenhaus, wobei letzteres gleich mehrere

Tabus berührte, die zwar nicht ausgesprochen wurden, denen ich mich aber unterwarf wie unter die anderen auch; denn die Worte meiner Mutter: »Denk' immer daran, der liebe Gott sieht alles!« hatten sich mir tief eingeprägt. Ja, der konnte wohl alles Sichtbare unter seiner Tarnkappe sehen; aber die Farbenspiele unter meinen Augenlidern blieben auch ihm verborgen, genauso wie die Träume vor dem Einschlafen oder die Gedanken beim Betrachten der Bilder in den Büchern meines Vaters oder meines Märchenbuches, in die hinein ich mich immer wieder für Stunden versenken konnte, um darin Dinge zu sehen, die niemand sonst erkennen konnte, sie zu einem Leben zu erwecken, das ich nicht nur über die Augen, sondern über alle meine Sinne wahrnehmen konnte. Dort durfte ich in das fliederfarbene Rüschenkleid der Braut hineinschlüpfen, die vom Waldrand aus das Räuberhaus beobachtet, ein Gewand, das fast genauso aussah wie das »Belgien-Kleid« meiner Schwester, oder in das zartfarbene Hemdchen des Sterntalers, das alle Gestirne des Himmels auffangen durfte, weil es immer brav und folgsam gewesen war. Da kleidete ich mich aber auch beim Betrachten der Bilder eines Geschichtsbuches in die Tracht sadistischer Folterknechte des Mittelalters, die ihre Opfer aufs grausamste quälten, und dann wieder in die der Opfer, der Zauberer und Hexen, die ihnen hilflos ausgeliefert waren und Folterung, Verstümmelung und Schändung widerstandslos und gar mit geheimer Lust über sich ergehen ließen.

Mit den Wehrlosen und Passiven, den Sanftmütigen und Leidenden in den Kerkern und Kemenaten konnte ich mich jedenfalls stärker identifizieren als mit den kühnen Recken, den unerschrockenen Eroberern, und ich begann mich dessen zu schämen, da ich merkte, wie anders die meisten Jungen in meinem Alter waren, und wie weit ich hinter den Erwartungen meines Vaters zurückblieb. Ich wäre so gerne ein Max Schmeling, Fritz Walter, Billy Jenkins, Tarzan oder Jung-Siegfried gewesen, hätte alles darum gegeben, einen Allerweltsnamen zu haben wie die meisten von ihnen, eine Schirmmütze tragen zu dürfen, wie sie damals fast jeder Junge trug und die mir darum wie ein Statussymbol vorkommen mußte. Doch nicht nur mein Vorname, sondern auch mein Nachname fiel leider ganz aus dem Rahmen und brachte mich immer wieder in peinliche Situationen: »Na, wie heißt du denn?« – »René« – »Nein, mit Vornamen mein' ich.« – »Ich heiß aber so!« – »So 'was Komisches! Und mit Nachnamen?« – »Anders.« – »Wieso anders, du willst uns wohl auf den Arm nehmen, was?!« Und wenn ich dann endlich, den Tränen nahe, erklärt hatte, daß es sich wirklich so verhielt, dann fragte ich mich verbittert, warum nicht auch ich Siegfried, Wolfgang, Peter, Klaus, Hans oder Uwe hieß wie die anderen Jungen.

Meine Mutter legte immer großen Wert darauf, daß ich mich von den »gewöhnlichen« Kindern in Kleidung, Auftreten und Verhalten abhob, soweit das in jener schweren Zeit möglich war, und ich wagte nicht, dagegen zu protestieren. »Geh' schön gerade, und mach dich nicht schmutzig!« hallt es mir noch in den Ohren, »und vergiß nicht, einen ordentlichen Diener zu machen!« Oder meine Mutter ermahnte mich: »Wenn dich die anderen ärgern wollen, sag' einfach: ›Das mußt du nicht, ich hab' dir doch auch nichts getan‹, dann werden sie dich schon in Ruhe lassen«, und dann spuckte sie wohl einmal auf ihr Taschentuch, um damit irgendeinen Makel an meinem Gesicht oder an meiner Kleidung wegzuwischen, zupfte mir den Hemdkragen zurecht oder die Kniestrümpfe oder bürstete mir nochmals das Haar: Irgend etwas fand sie immer noch zu korrigieren, bevor ich das Haus verließ.

Wenn ich mich dennoch einmal mit einem Kind geschlagen hatte und meine Mutter erfuhr davon, konnte es passieren, daß ich mich bei dessen Mutter entschuldigen und mich mit dem Kind mit Handschlag wieder vertragen mußte, eine furchtbare Demütigung für mich, die keinem anderen Kind sonst widerfuhr: »Und daß du mir nicht noch einmal in das Barackenlager gehst! Da hausen die Pollacken, von dort bringst du nur Läuse und Flöhe mit nach Hause!« Auch die Schutthalde war verboten, ganz davon abgesehen, daß man sich dort allenfalls in Gummistiefeln bewegen konnte: »Mit den Kindern, die dorthin gehen, mußt du nicht spielen, die Eltern sind sehr gewöhnliche Leute, und Gummistiefel bekommst du nicht, die sind gar nicht gut für die Füße.« Und dabei blieb es.

Ich erinnere mich überhaupt nur an eine echte Trotzhandlung von mir, von der Nahrungsverweigerung abgesehen, und das war anläßlich einer Verlobungsfeier in der Verwandtschaft. Ich war damals fünf Jahre alt. Meine Mutter hatte »die besten Pferde aus dem Stall geholt«, wie sie es nannte, wenn sie die Festtagskleider, soweit sie den Krieg überdauert hatten, für einen der wenigen würdigen Anlässe aus dem Schrank holte. Ich wurde noch einmal in meinen weinroten Samtanzug gezwängt, dessen Säume meine Mutter schon zum zweiten Male ausgelas-

sen hatte, so daß ich mich darin kaum mehr richtig bewegen konnte. »Darin mag ich dich immer am liebsten«, erklärte meine Mutter, »und sei schön lieb, wenn ich dich nachher hereinrufe.«
Sie hatte einen besonderen Auftritt mit mir vor, und zwar sollte ich dem Brautpaar das Lied von der Vogelhochzeit vorsingen, von dem ich wohl zehn Strophen beherrschte. Das wäre mir an sich nicht schwergefallen, wenn der Bräutigam nicht ausgerechnet ein »Tommy« gewesen wäre. Wie konnten meine Eltern sich nur auf die Seite des Feindes schlagen und gar von mir erwarten, daß ich vor ihm mein Lieblingslied sänge! Wie konnten sie mich in diesem Augenblick alleine lassen mit dem Mann in der blauen Uniform, der allerdings freundlich lächelte und mir eine Tafel Schokolade – welch unermeßlicher Schatz damals – als Belohnung hinhielt, nach allem, was ich über die Hinterhältigkeit des Feindes gehört hatte: Wenn die Schokolade nun ebenso vergiftet wäre wie das Spielzeug, das er und die anderen abgeworfen haben sollten? »Nun sing mal dein Lied«, forderte meine Mutter mich auf. Ich fühlte, wie aller Augen erwartungsvoll auf mich gerichtet waren. Es schien ungeheuer wichtig, was ich tat oder nicht tat. Welche besondere Bewandtnis mochte es wohl mit dem Lied und meinem Singen haben?
Angst kam in mir hoch, und weinend suchte ich bei meiner Mutter Schutz. Doch sie stieß mich heftig in den Kreis zurück; meine Weigerung zu singen, hatte sie furchtbar enttäuscht, vor allen blamiert. Die Gäste blickten beklommen, und der fremde Soldat war ganz und gar verunsichert. Doch ich biß verstockt und unter Tränen die Zähne aufeinander und schwieg; überflüssig zu erwähnen, daß ich die Schokolade nicht bekam, statt dessen aber noch lange mit Vorwürfen überhäuft wurde.
Aber ich hatte auch erfahren, daß die Wahrheit nicht unteilbar ist, daß sie abhängig ist von Autoritäten, diese aber wieder von situativen Bedingungen, daß Freund und Feind, gut und böse, austauschbare Begriffe sind. Ich hatte an meinen Eltern zu zweifeln gelernt, und wie Schuppen fiel es mir nun plötzlich von den Augen, daß sie tatsächlich mit zweierlei Zungen redeten, wenn sie von Gott, von Erziehung und von den Geschlechtern sprachen: Der naiven Frömmigkeit meiner Mutter widersprach die intellektuelle Skepsis meines Vaters gegenüber dem Christentum; die Ziele meines Vaters, einen zünftigen, technisch interessierten und sportlichen Draufgänger aus mir zu machen, unterlief meine Mutter unbewußt, indem sie meine Spielkame-

raden sorgfältig auf Standesgemäßheit und gepflegtes Erscheinen und Auftreten hin auszuwählen versuchte, wodurch deren mögliche Zahl natürlich stark eingeschränkt wurde.

Ja, meine Mutter hatte immer große Angst um mich: Niemals verließ ich ohne sorgfältige Ermahnungen vor »Mitschnakkern« und anderen bösen Männern das Haus, vorsichtig darauf bedacht, mich sauber zu halten, nichts anzufassen, was andere, vielleicht Kranke, vor mir angefaßt hatten, von Fremden nichts anzunehmen, nicht zum Schuttberg oder dem verlassenen Schießstand oder auch in fremde Häuser zu gehen, nicht am Teich oder in den gesprengten Bunkern zu spielen, mich nicht dem Grenzgraben zu nähern, an welchem sich ab und zu Russen in ihren braunen Uniformen sehen ließen, oder dem Flakzug, dessen tarnfarbenes Rohr vom Bahndamm aus noch lange nach Kriegsende drohend den Himmel nach »Fliegern« abzusuchen schien. Überall lauerten Gefahren: Im Wald, hinterm Knick, im Lupinenfeld, in der Flußaue, in der Dunkelheit.

Doch meine Mutter war nicht nur überängstlich, sondern auch in einer Weise prüde, daß mein Vater dagegen geradezu schamlos wirkte. Obwohl wir ein so inniges Verhältnis zueinander hatten und meine Mutter mich noch bis in die Pubertät hinein eigenhändig badete, mußte in allen Fällen, wo die Frage der Sexualität gestreift wurde, mein Vater einspringen, wodurch diese allein schon zu etwas wurde, was im Verhältnis zu meiner Mutter ein Fremdkörper war. So brachte ich sie einmal vor Bekannten in eine peinliche Lage, als ich – immerhin etwa 10 Jahre alt – beim Vorbeiflug eines Storches in aller Unschuld rief: »Storch, Storch, guter, bring mir einen Bruder« und, als ich die Verlegenheit meiner Mutter falsch deutete, gleich noch den Wunsch nach einer Schwester hinterherrief! Dabei hatte mich mein Vater doch längst aufgeklärt, so gut er konnte jedenfalls, hatte auch keine Gelegenheit ausgelassen, mich auf die körperlichen Unterschiede und deren Sinn hinzuweisen. Er wollte mich zu einer natürlichen Einstellung meinem Körper gegenüber erziehen; er selbst war – im Gegensatz zu meiner Mutter – ein Anhänger der Freikörperkultur, und ich sah ihn im Bad regelmäßig nackt. Doch alles in mir sperrte sich dagegen, übermächtig und bedrohlich empfand ich seinen männlichen Körper: Durch ihn, wußte ich, waren wir beide von meiner Mutter und allen Frauen getrennt, eine Trennung, die ich selbst auf keinen Fall wollte und die nur durch eine Gewalttat kurzfristig und scheinbar überwunden werden konnte. So träumte ich zunehmend intensiver davon, wie ich dieser Männlichkeit zur Strafe beraubt würde und daß ich dann immer bei meiner Mutter bleiben dürfte, umgeben von meiner Schwester – die dann natürlich nur noch eine Nebenrolle gespielt hätte – und der einen oder anderen ihrer Freundinnen, mit denen ich so gerne gespielt hätte, wenn nicht auch das damals für einen Jungen tabu gewesen wäre! Greifbar nahe glaubte ich mich dem Ziel, als ich beim Laufen einmal so unglücklich gegen einen Wäschepfahl stürzte, daß ich mit einer schweren Prellung zwischen meinen Beinen unter grausamen Schmerzen ein paar Tage das Bett hüten mußte, ängstlich umsorgt von meiner Mutter und der Nachbarin. Doch schließlich blieb alles beim alten.

Im letzten Jahr vor meiner Einschulung mußte ich, unterernährt und rachitisch, für ein Vierteljahr zur Erholung in die Schweiz, die mir damals wie ein Wunderland erschienen ist mit ihren fremdartigen Landschaften, den elektrischen Zügen, der singenden, schmeichelnden Sprache der Menschen, den ungewöhnlichen Speisen, von denen ich bis dahin nicht einmal gehört hatte.

Doch als ich heimkehrte, hatte sich so vieles geändert: Mein Vater arbeitete beim »Tommy«, meine Spielkameraden hatten sich neu gruppiert, und ich wurde – inzwischen wohlgenährt und fein gekleidet – von meiner Mutter stolz herumgezeigt, denn ich sprach ungewollt »Schwyzerdütsch«, wodurch ich mich wiederum von den anderen, »gewöhnlichen« Kindern abhob, was mir bald schmerzlich bewußt wurde. Doch verstand ich es, mir dadurch neue Freunde zu machen, daß ich friedfertig, frei- und nachgiebig mich anderen Kindern unterordnete, war für diese wohl auch darum interessant, weil wir ab und zu mal ein Paket aus dem Ausland bekamen. Ich stahl meiner Mutter Geld, damit sich meine Freunde Streichhölzer und Süßigkeiten kaufen konnten und mich mitspielen ließen, und ließ mich besonders von einem größeren Jungen ausnutzen allein für das Versprechen, mit mir an einem bestimmten Tage in das Sumpfgelände unten am Fluß zu gehen, wo er einen Strauch wüßte, an welchem Zauberstöcke wüchsen, von denen er mir einen abschneiden wolle. Wohl zwei Jahre bin ich dem großen Klaus gefolgt, bis mein Vertrauen in seine Aufrichtigkeit so erschüttert war, daß ich die Verwirklichung aller meiner Wünsche aus der unmittelbaren, greifbaren Realität endgültig in den Bereich zwischen Tag und Traum verdrängte: Ich hatte ein Paradies verloren, als ich in die Schule kam.

Im Zerrspiegel

An einem jener Abende im Spätsommer – acht Jahre alt war ich inzwischen –, an welchem eine klare Luft noch lange nach Sonnenuntergang die Dinge und ihre Schatten gestochen scharf erkennen läßt, saß ich wie so viele Male allein auf der Fensterbank in der Wohnküche und schaute durch die Fensterchen, um auf meine Eltern zu warten. Meine Schwester hatte ich – wie aufgetragen – mit einem Süppchen versorgt und mit großer Mühe zu Bett gebracht, da sie sich von ihrem nur zwei Jahre älteren Bruder nichts mehr gefallen lassen mochte.
Während ich also die verlassene Straße beobachtete, blickte ich zufällig auf den blanken Aluminiumknopf des Fenstergriffs und gewahrte winzig klein ein Gesicht, das sich merkwürdig verzerrt darin spiegelte: Sollte wirklich ich das sein, was ich dort erblickte? Jene schiefstehenden Augen, die beim Näherkommen nach außen zu schielen begannen, jene breite, übergroße Nase, die fast das ganze Gesicht bedeckte, der ungeheuer wülstige Mund, der seine Form verlor, sobald sich das Gesicht dem Knopf näherte, gehörten sie wirklich mir? Sagten nicht alle, ich hätte ein hübsches Gesicht? Logen sie, oder konnten sie einfach die Fratze darin nicht sehen? Sie konnten nicht sehen, und sie wollten es nicht, wie sie auch meinen mißgestalteten, rachitischen Körper mit dem wie ein Schiffskiel vorspringenden, im bekleideten Zustand freilich nicht sichtbaren Brustbein nicht wahrhaben wollten, unter welchem ich unsagbar litt, und das um so mehr, als mein Vater mir häufig von Mißgeburten erzählt hatte, die nicht zu leben verdienten. Sie lobten meine Zuverlässigkeit, Offenheit und Ehrlichkeit und sahen nicht, daß ich sie in Gedanken und Taten laufend hinterging, ungestraft von Gott, der doch angeblich alles sah. Sie hofierten mich als den Sohn und Stammhalter und taten so, als ahnte ich nicht, daß daran außer meiner körperlichen Bestimmung angesichts der an mich gerichteten Erwartungen eigentlich alles verlogen war.
Ja, wenn ich ein Mädchen wäre, dann müßte ich nicht immer nach draußen zum Spielen, mich nicht dauernd »abhärten«, dürfte weinen, wenn ich traurig wäre, dürfte, ohne daß sich die

Nachbarn darüber mokierten, zärtlich sein und Zärtlichkeit empfangen, dürfte häuslich sein, dürfte auch einmal Angst zeigen, müßte nicht immer Verantwortung tragen und mir eines Tages eine Frau suchen, um Kinder mit ihr zu zeugen, und jeden Tag arbeiten, brauchte mich nicht für technische Dinge zu interessieren, könnte das Haar so lang wachsen lassen, daß der runde Rücken und der flache Hinterkopf nicht mehr sichtbar wären, und eines Tages würden mir links und rechts von meinem Schiffskiel Brüste wachsen, so daß das mißgestaltete Brustbein nicht mehr zu sehen wäre. Und meine dünnen Beine würde ein langes Kleid bedecken wie bei den Engeln auf der Weihnachtsfeier vor der Einschulung, und vielleicht war es ja wirklich wahr, daß mir aus meinem Rücken einmal richtige Flügel wüchsen wie beim buckligen Mädchen in einem der Märchen, das ich besonders liebte. Waren die Mädchen dem Himmel nicht überhaupt näher ohne dieses unansehnliche Körperteil, das ich wie einen Fremdkörper an mir beobachtete und von dem ich wußte, daß er den Jungen meiner Klasse als Spielzeug für allerlei Verbotenes und Widerwärtiges diente, und von dem sie ein Aufhebens machten, das ganz im Gegensatz zu dem stand, was meine Mutter von mir erwartete. In den Bilderbüchern war es ja deutlich zu sehen: Alle Engel waren Mädchen. Wie gerne wäre ich ein solcher Engel gewesen und hatte doch keine Chance mehr: Zuviel heimliche Schuld hatte ich auf mich geladen, und mein männlicher Körper war unumstößliche Realität, die ich nur in aller Heimlichkeit und unter ungeheuren Angst- und Schuldgefühlen, die mein Herz fast zum Zerspringen brachten, kaschieren konnte, indem ich begann, bei jeder geeigneten Gelegenheit mich mit Kleidungsstücken meiner Mutter oder meiner Schwester, welche mir über den Kopf zu wachsen begann, zu verkleiden. Ich konnte, auf den blanken Fenstergriff starrend, nicht absehen, daß ich soeben mit meinen acht Jahren eine unwiderrufliche Entscheidung für den Rest meines Lebens getroffen hatte.

Später habe ich oft darüber nachgedacht, ob diese Entscheidung wirklich zwangsläufig war; ob ich nicht unter anderen Umständen zu einer anderen Einstellung gekommen wäre. Gewiß, der Nährboden für eine abweichende Entwicklung war besonders günstig: Da ist zunächst die überängstliche Mutter, die das Kind in eine totale emotionale Abhängigkeit zwingt. Daneben der strenge Vater, der weitgehend im Hintergrund bleibt, dessen Bild gegenüber der Mutter verblaßt und nur im Strafen

klare Konturen bekommt, dessen unbeugsame Grundsätze und Ansichten auch im Verhältnis zur Mutter allgegenwärtig sind, der das Kind jedoch auch zur geistigen Auseinandersetzung mit dem Bestehenden anleitet.
Da ist der negativ ausfallende Vergleich mit der Schwester, die zudem noch jünger und damit den Eltern näher ist, vor allem aber der enttäuschende Vergleich mit den Geschlechtsgenossen, deren Verhaltensäußerungen von der Gesellschaft strengeren Maßstäben unterworfen, kaum positiv erlebt werden von dem kleinen Jungen, der in diese Gemeinschaft integriert werden soll.
Da ist der intensiv erlebte Widerspruch zwischen den männlichen Idealen, wie sie gegenüber den weiblichen abgesetzt werden, nämlich der Härte, Tapferkeit, Prinzipientreue, Aufrichtigkeit und Offenheit, Ritterlichkeit und des Mutes, und dem eigenen Vater, der auf einmal für den Feind arbeitet und über bestimmte Dinge nicht mehr spricht; aber auch zu den anderen Jungen, die niederträchtig und gemein sich über Mädchen und Frauen lustig machen, denen sie sich doch einmal in Liebe und Achtung nähern sollen, um mit ihnen eine totale Lebensgemeinschaft einzugehen.
Da ist schließlich das Gefühl des Versagens und der Verwirrung, der Unzulänglichkeit gegenüber den anderen Jungen, denen die vielfältigen Manipulationen an ihrem Geschlechtsteil offenbar überhaupt keine Gewissensbisse machen, es sei denn aus Angst vor Strafe, aber auch die Tabuisierung der Sexualität in der Öffentlichkeit.
Vor allem meine Schulfreunde Peter Beil und Siggi Dachs, die sich von mir mit Streichhölzern versorgen ließen oder auch einmal mit meinem Schulbrot, entlohnten mich, indem sie mir – mal der eine, mal der andere – sozusagen Nachhilfe gaben in den Dingen, von denen uns die größeren Jungen ausschlossen. »Komm mal mit aufs Klo, ich zeig' dir was«, lud mich Siggi ein paarmal ein, und wenn ich zögerte, mich nicht traute, fragte er lauernd: »Du bist doch wohl kein Mädchen?!« Peter ging noch einen Schritt weiter. Er erdachte sich irgendwelche sexuellen Spielereien, bei denen er den einen oder anderen Schulkameraden beobachtet haben wollte und die er mir in allen Einzelheiten beschrieb. Und dann fragte er: »Du bist doch selbst mit mir gewesen. Hast du das denn nicht gesehen? Du weißt doch, im Ginster hinter dem Schießstand, da hat Gerhard Helga doch gerade die Hose 'runtergezogen!« Dann beschrieb er die De-

tails von Ort und Zeit jeweils so genau, bis ich alles selbst gesehen zu haben glaubte, und stiftete – da Herr Jürgens, unser ältlicher Lehrer, ihm selbst jede Lüge zutraute – mich dazu an zu petzen.
Auf den linkischen Gerhard hatte Peter es besonders abgesehen: Je mehr der alles abstritt, desto heftiger traf ihn, der schreiend und strampelnd über dem Pult hing, der Rohrstock. Da Herr Jürgens mir als dem Klassenprimus blindlings vertraute, waren Peter und ich ein gefährliches Duo, und die Großen taten gut daran, uns nicht gegen sich zu haben.
So lernte ich die wesentlichen Künste, die für einen heranwachsenden Jungen von Bedeutung waren und überwiegend aus den Wettkämpfen »Wer kann's am höchsten, am weitesten, am längsten?« bestanden, auch ohne die übliche Vorbedingung, im Beisein der anderen die Hose herabzuziehen und sich begutachten zu lassen, ob man tatsächlich dazugehörte. Peter und Siggi waren mir in diesen Disziplinen haushoch überlegen, waren körperlich sehr viel reifer als ich und machten sich offenbar keine Gewissensbisse aus solchen Spielen und den immer neuen Zoten, die sie zum besten gaben. Sie wußten auch eine Menge mehr darüber, was man mit dem Glied anfangen kann, als das, was mir mein Vater erzählt hatte, und trieben so einen weiteren Keil zwischen uns. Meine Mutter ahnte von all dem nichts, sie wußte nur, daß ich mich mit Jungen »aus gutem Hause« traf. Ich hatte meine Mutter verraten, indem ich ihre Gebote und Verbote mißachtete, Heimlichkeiten vor ihr hatte, mir die üblichen Zoten anhörte.
All dieses riß mir geradezu den Boden unter den Füßen weg, vor allem, da ich von Natur aus mit besonderer Sensibilität, Phantasie und Beobachtungsgabe ausgestattet und von früh an mein Gewissen geschärft worden war. Ich trug schwer an meiner Schuld.
Nein, mir haben meine Geschlechtsgenossen wahrhaftig wenig Identifizierungsmöglichkeiten geboten; aber mußte ich diese deswegen für mich ganz ausschließen? Ich war intelligent genug einzusehen, daß es für mich kein Entrinnen gab: Wollte ich nicht Liebe und Achtung meiner Eltern, den Schutz und die Anerkennung der anderen verlieren, mußte ich mich dem Diktat meiner biologischen Rolle bedingungslos unterwerfen. Einen anderen Weg zu beschreiten war nicht möglich, es sei denn in meinem Inneren und in aller Heimlichkeit. Wenn ich schon rein körperlich und in meinen Interessen nicht den tolerierten

Normen entsprach, so wollte ich doch erst recht nicht als geistig und seelisch krank oder verkrüppelt gelten. Denn mir war klar, daß ich dann auf nichts mehr zählen konnte, was mir lieb und teuer war, daß ich dann ganz allein und hilflos sein würde, ohne daß dieser Zustand die Menschen, mit denen ich zu tun hatte, zu irgendeiner Art persönlicher Zuwendung veranlaßt hätte, im Gegenteil: Meine Eltern hätten sich meiner geschämt, ich hätte mich in der Schule und in der Nachbarschaft isoliert gesehen wie ein Kind mit einer ansteckenden Krankheit, und vielleicht wäre ich gar abgeschoben worden in eine Anstalt für jene Kranken, denen man die Gebrechen nicht ansieht und von deren Verrücktheiten und Gefährlichkeiten eine Tante, die als Krankenschwester dort Dienst tat, Unfaßbares zu erzählen wußte, meist verbunden mit dem Bedauern, daß diese Menschen nicht mehr einfach eingeschläfert werden durften: Das Bekenntnis zur – inzwischen offiziell geächteten – Euthanasie war nach wie vor Allgemeingut.

Ich aber wollte leben, wollte es allen zeigen, daß mein Leben lebenswert war, daß ich den Platz auszufüllen in der Lage war, der mir zugedacht war. Ich würde die männliche Hülle überstülpen, sie mit den Attributen versehen, die jedem unzweifelhaft meine Zugehörigkeit signalisieren würde; doch in der Hülle, vor allen verborgen, würde ich ein Eigenleben entwickeln. Sie würde mich wie eine zweite Haut so dicht umschließen, daß nicht eine Fuge bliebe, von außen hineinzuspähen. Manchmal dachte ich aber auch, in einer Irrenanstalt würde ich gar nicht auffallen, da wäre es vielleicht ganz normal und würde auch erwartet, von der Norm abzuweichen, daß ich dort ganz ich sein dürfte, mich ganz fallenlassen dürfte und keinen Zwängen unterläge, irgendeine Rolle zu spielen, mich einfach dem hingeben dürfte, was ich an Wünschen und Sehnsüchten unausgesprochen in mir trug.

Dann aber sah ich wieder meine Eltern, die mich durch Gitterstäbe trauernd und vorwurfsvoll betrachteten, und fürchtete wieder diese entsetzliche Schuld, die mir so manche Nacht vor dem Einschlafen die Kehle zuschnürte und wie ein Alp auf meine Brust drückte. Ob es noch andere Kinder gab, denen es ähnlich erging wie mir? Warum nur konnte ich mit niemandem darüber sprechen! Ich hätte es ganz gerecht gefunden, wenn meine Eltern mich wegen meiner Verfehlungen, von denen sie so wenig ahnten, strafen oder gar in ein Erziehungsheim stecken würden, vor allem weil ich bemerkte, daß ich meine Schwester nicht nur beneidete, sondern geradezu zu hassen begann und mit Mißgunst verfolgte. Es schien mir wahrscheinlich, daß unsere Körper schon im Mutterleibe vertauscht worden waren, sie als die Zweitgeborene mir aber die Möglichkeit genommen hatte, mir meine Rolle zu wählen, indem sie diese einfach vor mir besetzt hatte. Sie hatte in meinen Augen die bessere Wahl getroffen, hatte mich übervorteilt, obwohl mir die erste Wahl zugestanden hätte. Und ich wäre gewiß das bessere Mädchen geworden, lieb und anhänglich, häuslich und genügsam, eine rechte Goldmarie und nicht so ein Wildfang und Springinsfeld wie sie. Dann wäre die Bindung an die Mutter unverdächtig geblieben, und niemand hätte mich »Muttersöhnchen« oder »Stubenhocker« nennen können. Ja, meine Schwester hatte uns alle betrogen, doch ich mußte darunter leiden! Wenn sie tot wäre, vielleicht dürfte ich sie dann ersetzen. Vielleicht würden die Eltern sogar wünschen, daß ich ihre Rolle mit ausfüllen dürfte, und mich zwingen, ihre Kleider aufzutragen und mein Haar wachsen zu lassen.

Ich glaube, daß bei einem Kind mit einem weniger ausgeprägten Gewissen und Verstand eine solche Logik möglicherweise zu katastrophalen Konsequenzen geführt hätte. Doch Schuldgefühl, Furcht und Scham hemmten in mir jede Aktivität, und statt dessen übte ich mich noch stärker in passiver Anpassung und äußerer Unterwerfung.

Als meine Eltern endlich erkannten, was Nachbarn und Lehrer längst bemerkt hatten, daß ich nämlich ungewöhnlich in mich gekehrt und verschlossen war, mich zu einem Tagträumer und Eigenbrötler mit stark egozentrischen Zügen entwickelt hatte, war es zu spät, mich auf den rechten Pfad zurückzurufen. Ich hatte inzwischen eine sehr wirkungsvolle Tarnung entwickelt, die von der Gesellschaft zudem noch ausgesprochen positiv bewertet wurde: Ich hatte begonnen, alle möglichen Sammlungen anzulegen und systematisch mit Akribie und wissenschaftlichem Ernst auszubauen, wodurch meine Häuslichkeit und mein häufiger Versuch, allein zu sein, eine einleuchtende Erklärung fanden. Ich vergrub mich in Büchern über Geschichte, vornehmlich Kriegsgeschichte, brachte es dabei sogar zu einem gewissen, für ein 10-, 11jähriges Kind wohl erstaunlichen Detailwissen, spielte mit scheinbar totaler Hingabe Krieg mit den Figuren aus dem Halma-Spiel und entwickelte ein damals nicht ungefährliches Interesse für Waffen, Panzer, Flugzeuge, Uniformen und Abzeichen, das sich bis lange nach

dem Krieg aus den Wäldern, Teichen und Müllkippen befriedigen ließ, auch wenn es im Widerspruch stand zu dem neuerlichen Pazifismus meines Vaters und zur großen Angst meiner Mutter, daß sie wiederum als Nazis verschrien sein oder gar angezeigt werden könnten, weil sie meine gänzlich unopportunen Beschäftigungen vermeintlich unterstützten. Vor allem meine Mutter wurde nicht müde, mir die Schrecknisse zerrissener oder verstümmelter Kinder, die mit Waffen und Munition gespielt hatten, in grellen Farben vor Augen zu führen.
Immerhin aber war mein Interesse an diesen Dingen wohl das männlichste überhaupt, und damit war ich offensichtlich auf den Weg eingeschwenkt, der mir zugedacht war, und hatte ihn sogar selbst gefunden! Ich würde einmal so werden wie der Großvater: Ein Architekt und hoher Offizier, anders könnte es gar nicht sein, da in einer vorherbestimmten Generationenfolge immer dieselben Typen wiedergeboren würden. Ein Offizier oder gar General zu werden, hatte eine Menge Verlockendes an sich: Herr zu sein über Leben und Tod seiner selbst und anderer, in der Uniform Anerkennung und Bewunderung zu erlangen.
Wie der Großvater werden wollte ich jedoch auf keinen Fall; denn ich wußte inzwischen, wie übel dieser meinem Vater von früh an mitgespielt hatte, und fand es darum grausam, daß meine Eltern in mir immer diesen Verwandten zu sehen wünschten: Warum wurde ich nicht um meiner selbst willen geliebt, warum nur im Hinblick auf meine Funktion als Stammhalter, auf Wiedergeburt, Junge, Sohn! Warum sollte das alles vorherbestimmt sein? Wozu sollte ich selbst etwas tun, lernen, mich anstrengen, wenn sich doch nichts ändern ließe, ich nichts selbst entscheiden könnte?
Heute weiß man, daß die Rollenzuweisungen durch die vorgeschriebenen und unausgesprochenen Verhaltensweisen sowie das betonte Vorleben dieser Normen durch die Repräsentanten des eigenen, biologischen Geschlechtes Vorbedingung dafür sind, daß sich das heranwachsende Kind rollenkonform orientiert, und daß andernfalls ein Auseinanderklaffen zwischen Rollendiktat und vorgelebter Rolle diese Orientierung grundsätzlich in Frage stellt, ja sogar zu einer gegengeschlechtlichen Identifizierung führen kann. Daß diese starren Rollenzuschreibungen bis in Fragen reinster Äußerlichkeit wie z. B. die Kleidung hinein an sich sinnvoll sind, weil sie die Orientierung und die Funktionsfähigkeit der Gesellschaft wesentlich erleichtern, auch daran gibt es wohl kaum Zweifel.

Zu fragen wäre jedoch nach dem Sinn solchen Rollenverständnisses in einer Zeit, da nicht mehr die Vermehrung, sondern nur noch die Dezimierung der Menschheit die Katastrophe, die uns ins Haus steht, hinausschieben kann, und in einer Gesellschaft, welche sich anschickt, die letzten Beschränkungen in der Gleichberechtigung der Geschlechter aufzukündigen, zumindest in der Theorie.

Damals hatten die Menschen jedoch Wichtigeres zu tun, als ausgerechnet die wenigen Grundsätze, die den Zusammenbruch überlebt hatten, auch noch in Frage zu stellen. Nachdem zunächst nur das nackte Überleben alles bestimmte, ging es nun darum, sich mit den neuen Verhältnissen auch innerlich zu arrangieren, Zukunftsperspektiven zu entwickeln und an einem bescheidenen Wohlstand zu basteln.

Darum verließ auch mein Vater uns abermals für fast zwei Jahre, um sich als Ingenieur im Rheinland Arbeit zu suchen, wo es Anfang der 50er Jahre genug zu tun gab.

Gewiß fiel es meinem Vater nicht leicht, in der Mitte des Lebens, in den »besten Mannesjahren«, wo andere sich endgültig etabliert hatten, dazu fern von der Familie, noch einmal ganz unten anzufangen und jüngere Vorgesetzte, die frisch von den Hochschulen kamen, akzeptieren zu müssen.

Meine Mutter schien weniger der Gedanke einer großen zeitlichen und räumlichen Trennung als vielmehr die Angst, mein Vater werde ihr in der Ferne untreu werden, zutiefst zu beunruhigen. Sie nahm eine Arbeit als Verkäuferin an, weil das Geld sonst nicht hinten und nicht vorne gereicht hätte, und so waren meine Schwester und ich uns wiederum weitgehend selbst überlassen.

Uns Kinder traf die Abwesenheit des Vaters weniger, mußten doch auch viele Nachbarskinder sechs Jahre nach Kriegsende noch immer den Vater entbehren oder mit einem Stiefvater vorliebnehmen. Meine Mutter vertraute darauf, daß ich meiner Schwester gegenüber die Beschützerrolle ernsthaft wahrnahm, und ein wenig war ich auch stolz darauf, sie von mir abhängig zu sehen. Wenn sie sich beim Nahen eines Hundes oder im dunklen Treppenhaus ängstlich an mich klammerte, obwohl mir selbst das Herz bis zum Halse schlug, war sogar meine Mißgunst für einen Augenblick vergessen. Doch dann überwog wieder das Katz-und-Maus-Verhältnis zwischen uns, für das sich keine vernünftige Erklärung finden ließ. Meistens wurde der Kampf dadurch entschieden, daß dem weinenden Gegner nachträglich

Trost und Genugtuung zuteil wurde, während der ältere, vernünftigere sich zu schämen hatte, was ich dann auch jedesmal finster und schweigend tat. Wie oft beklagte sich meine Mutter unter Tränen: »Womit hab' ich das nur verdient? Nehmt euch mal ein Beispiel an unseren Nachbarskindern, wie die füreinander einstehen! Ich hab' euch doch beide lieb, und so vergeltet ihr mir das! Und was soll wohl aus uns werden, wenn Papa nicht wiederkommt?« Dann setzte ich mich jedesmal auf ihren Schoß und umarmte sie, um sie zu trösten: »Mußt nicht mehr weinen, Mutti, ich will auch wieder ganz lieb sein.« Und dann lächelte sie.

Die Mädchen in meiner Schulklasse verehrte ich jedoch, es gelang mir, ihre Aufmerksamkeit zu wecken, indem ich zu kaspern begann und es meinen robusteren Klassenkameraden gleichzutun versuchte in allerlei Wagnissen und Mutproben; indem ich nicht fortlief, wenn ich angegriffen wurde, selbst auf die Gefahr hin, verdroschen zu werden; indem ich waghalsige Kletterpartien auf mich nahm oder, von der Meute umringt, die lautstark meinen Mut bezweifelte, ein Messer auf meinen Bizeps fallen ließ, der im Gegensatz zu dem der anderen mehr erahn- als sichtbar war, da ich noch immer hauptsächlich »aus Haut und Knochen« bestand.

Es gab damals viele solcher und ähnlicher Messerproben, denen man sich unterziehen mußte, um dazuzugehören, und ich ließ nichts unversucht. Hätte meine Mutter geahnt, was sich in ihrer Abwesenheit abspielte und wo die eine oder andere jener Narben, die z. T. heute noch sichtbar sind, herrührte, sie hätte mich wohl nie mehr zum Spielen hinausgeschickt!

Ich merkte aber bald, daß es durchaus genügte, ein Messer nur zu besitzen, eine Patronenhülse oder Streichhölzer in der Tasche zu haben, ein Uniformteil zu tragen, zu behaupten, man wisse, wo eine Waffe liege, oder einfach mit ein paar militärischen Fachbegriffen um sich zu werfen, möglichst in den Kürzeln, wie sie im Vokabular der Älteren noch Jahre nach dem Krieg zahlreich waren. Ich lernte mit Feuereifer und wandte alles, was ich mir aneignete, auf meine Miniaturarmeen an, die ich nach und nach zusammentauschte und die viele Jahre mein bevorzugtes Spielfeld geblieben sind. Stunden-, ja tagelang konnte ich mich allein damit beschäftigen, für die Außenstehenden Stratege und Taktiker zugleich. Doch niemand ahnte, wie fürchterlich ich meine Kriege führte, welch grausame Verwundungen ich in meiner Phantasie die eigenen Truppen erleiden ließ und welch bestialischen Strafen und Folterungen ich die gefangenen Feinde unterwarf. O ja, ich steckte voller Aggressionen und Destruktivität, die ich bald gegen andere, bald gegen mich selbst richtete, ohne daß sie nach außen gedrungen wären. Aber auch voller Sehnsucht nach jenen verschwommenen Sinneseindrücken, dem Frieden und der Harmonie meiner frühen Kindheit, nach dem gelobten Land, wohin ich nie mehr zurückkehren durfte.

Ich versuchte, meine Sehnsüchte und Ängste in Bildern auszudrücken, zeichnete stapelweise Zettel voll mit Kriegsszenen und Selbstbildnissen in allen möglichen Verkleidungen und körperlichen Anomalien. Es müssen z.T. ziemlich obszöne Zeichnungen gewesen sein. Eines Tages entdeckte sie mein Vater zwischen meinen Habseligkeiten und rief mich zu sich. »Was hat das zu bedeuten?« fragte er lauernd, mir die Zettel in seiner Hand weisend, mit hochgezogenen Brauen. Und da ich bleich vor Schrecken und stumm vor Angst schwieg, sagte er mit drohendem Unterton: »So etwas will ich nie wieder sehen, verstanden?!«

Ja, ich hatte verstanden, daß nämlich meine Verstecke nicht sorgfältig genug gewählt waren, daß meine Tarnung Löcher hatte. Warum aber strafte er nicht; warum fragte er nicht weiter? Warum gab es in seinem Bücherschrank eine zweite Buchreihe, in welcher sich Bilder von nackten Männern und Frauen, FKK-Magazine, diverse Aufklärungsbücher und eine Reihe von Kunstpostkarten mit den unheimlichen, makabren Darstellungen einer Menschenfresserin, eines aus einem Sarg Auferstehenden und anderen Wahnsinnsbildern eines belgischen Malers des 19. Jahrhunderts befanden? Und ausgerechnet daneben lag der »Ehrendolch« meines Vaters, ebenfalls im Dunkel und mit dem Geruch des Verbotenen behaftet.

Am Ende meiner Grundschulzeit folgten wir meinem Vater ins Rheinland, wo er nicht nur eine zwar unbefriedigende, aber immerhin ausreichend bezahlte Arbeit, sondern auch eine geräumige Wohnung für die Familie gefunden hatte. Allerdings entpuppte sich für uns alle das Rheinland als eine herbe Enttäuschung, hatte vor allem ich mir darunter doch eine liebliche Mittelgebirgslandschaft mit Wein an den Hängen und einem romantischen Flußlauf vorgestellt. Statt dessen erblickte ich, als ich morgens in der Schlafkoje des Möbelwagens erwachte, rußgeschwärzte Hauswände, Fördertürme und Fabrikschlote und

einen verhangenen Frühjahrshimmel, den die Sonne nur schemenhaft durchdrang. Ich wagte kaum zu atmen; denn die Luft war schwer von allen möglichen, ungewohnten Gerüchen, die mir Kopfweh bereiteten. »Daran muß man sich gewöhnen«, sagte mein Vater seufzend, »wir machen am Wochenende mal eine Radtour in den Wald, da wird's euch schon gefallen.«
Die Wohnung, die mein Vater für uns gefunden hatte, lag im 1. Stock eines Eckhauses, das im Gegensatz zu den meisten Häusern in der Nachbarschaft von den Bomben verschont geblieben war. Nach außen hin wirkte es durch seine Erker und Gesimse durchaus respektabel, doch nach hinten zu blickte es wie alle anderen Häuser mit nackten und schmutzigen Ziegelmauern auf einen der winzigen gepflasterten Höfe und gab seine ganze Armseligkeit hinter der verlogenen Fassade preis.
Die Zimmer unserer Wohnung reihten sich zur Rechten eines endlosen Korridors. Erstmals gab es für meine Schwester und mich ein Kinderzimmer, dessen Bereiche wir durch eine bestimmte Fuge im Dielenboden abgrenzten. Gemessen an den winzigen Räumlichkeiten unserer bisherigen Wohnung hatten diese Zimmer geradezu Palastdimensionen; doch ich fühlte mich in den hohen Räumen mit den Stuckdecken und den übermannshohen Fenstern und auf den knarrenden Dielenböden, die in Ermangelung von Teppichen mit rotbrauner Fußbodenfarbe gestrichen waren, wie verloren.
Es dauerte eine Weile, bis ich Freunde fand; mundartliche Eigenheiten standen der spontanen Verständigung auf beiden Seiten entgegen. Meine Schwester war in dieser Beziehung unbefangener als ich, und so waren die ersten fremden Kinder in der Wohnung Mädchen, was mir durchaus recht war, da sie auch an mir Interesse bekundeten.
So hatte denn die beklemmende Angst, die unausgesprochen über den Zurückgebliebenen gelastet hatte, daß nämlich mein Vater uns im Stich lassen könnte, ein Ende gefunden. Wie oft hatte meine Mutter weinend in der Küche gesessen, ich auf ihrem Schoß und sie tröstend, wenn die Post auf sich hatte warten lassen oder darin freimütig von Bekanntschaften die Rede war, die meine Mutter das Schlimmste fürchten ließen.
Einmal hatte meine Mutter uns Kinder gefragt, zu wem wir gehen würden, wenn unser Vater eine andere Frau nähme. Ich hatte mich natürlich für meine Mutter entschieden, obwohl mir mein Vater von seinem ersten Gehalt eine elektrische Eisenbahn gekauft hatte, ein geradezu fürstliches Geburtstagsge-

schenk. Aber er hatte sich in seinen Erwartungen bald enttäuscht gesehen; denn nicht das technische Raffinement der Anlage, der Weichen, Signale und Beleuchtungen faszinierte mich, sondern die kleine Welt im Minaturformat, der Tunnel, ein paar Tannen mit einer Almhütte, das Bahnwärterhäuschen mit den drei Birken im Vorgarten, die Reisenden auf dem Bahnsteig, kleiner zwar als die Puppen meiner Schwester, doch voller Details und immer neu belebbar. Ich fürchtete mich vor den Kabeln und dem Summen des Transformators, vor den Funken, die der Stromabnehmer der kleinen Lok versprühte und davor, daß ich das kostbare Spielzeug durch Unachtsamkeit beschädigen könnte, und so stand es jeweils bis zur Weihnachtszeit oder zum Geburtstag sorgfältig verpackt auf dem Kleiderschrank.

Persönlichkeitsspaltung

Übrigens hatte meine Mutter keinen Grund gehabt, die Treue meines Vaters zu bezweifeln. Denn obwohl mit 40 Jahren ein sehr attraktiver Mann, war er keinesfalls nach außen gewandt und leichtsinnig, sondern meist ernsthaft, grüblerisch, pessimistisch und absolut beständig und zuverlässig. Es hätte also alles im Lot sein können: Die Zeit der Arbeitslosigkeit, von meinem Vater als Schande erlebt, war zu Ende, die Familie wieder vereint, in einer neuen Heimat ein neuer Anfang gemacht, und ich hatte mich entschlossen, ein Junge zu werden wie die anderen, jedenfalls so gut wie mir das möglich war: Ich wurde Pfadfinder und kam aufs Gymnasium, eine damals reine Jungenschule, wie ja auch die Pfadfinder seinerzeit eine reine Jungengemeinschaft waren.

So wenig ich die Zeit, die ich darin integriert war, missen möchte, weiß ich heute noch, daß sie die frühe Abweichung bei mir noch verstärkt hat, ebenso übrigens wie die getrenntgeschlechtliche Schulbildung. Denn wie jede Gemeinschaft sich vor allem dadurch definiert, daß sie sich gegen andere Gruppen absetzt, definieren sich Jungen- oder Männergemeinschaften durch die Abgrenzung gegenüber Mädchen bzw. Frauen. In der Realität jedoch gibt es solche Abgrenzung nicht. Vielmehr zeigt die Gesellschaft das ganze breite Spektrum von der »weiblichen« Frau über die »männliche« Frau und den »weiblichen« Mann bis hin zum »männlichen« Mann, wobei die beiden Extreme mehr oder weniger stabil sind, da erwiesenermaßen in jedem Individuum Anlagen beider Geschlechter wirksam sind. Wollte man sich das doch nur immer wieder klarmachen, wieviel Unheil könnte dadurch vermieden werden!

Andererseits helfen solche Exklusivgemeinschaften dem Zaudernden bei der Orientierung, geben sogar dem Abweichler eine Chance, sofern er sich den strengen Normen und Grenzen bis zur Selbstverleugnung, Selbstaufgabe, Selbstopferung unterwirft, die als höchste Tugenden deklariert und verklärt werden. Im schlimmsten Falle wird ein Individuum zu einem martialisch auftretenden, uniformierten Nichts: Die Geschichte wimmelt nur so davon!

Selbst wenn ich solche Einsichten damals hätte haben können, hätte sich daraus für mich allenfalls die Konsequenz ergeben, meine Entscheidung für die Jungengemeinschaft zu erhärten. Waren nicht alle Helden vorher verspottet und verächtlich gemacht worden? Wo anders konnte denn Heldentum entstehen als dort, wo Tugenden wie Mut, Tapferkeit, Zuverlässigkeit, Treue und Gehorsam gegenüber dem »Gebot« als Maßstäbe galten und immer aufs neue an nächtlichen Feuern und unter flatternden Bannern und Wimpeln feierlich bestätigt wurden? Bewiesen nicht Jahrhunderte deutscher Literatur und die trutzigen Lieder zur Klampfe die Gültigkeit dieser Maßstäbe?
Also wandte ich den Blick zurück in die Geschichte, über der ich mehr und mehr den Bezug zur Gegenwart lockerte. Also trug ich meine Uniform möglichst jeden Tag, zumindest aber ihre wichtigsten Embleme, wie einen Panzer nach außen und innen: Meine Ehre würde es mir verbieten, den Wunsch, ein Mädchen sein zu dürfen, in mein Bewußtsein dringen zu lassen, würde es mir verbieten, mich heimlich als Mädchen zu kleiden. Meine Ehre würde mir gebieten, alles vermeintlich Weibliche in mir zu verdrängen; und wenn es mir nicht immer vollkommen gelänge, würden Uniform und Embleme nach außen hin immerhin noch signalisieren: Es ist alles in Ordnung und keinerlei Anlaß zur Beunruhigung! Schließlich wußte ich mich in Einklang mit der offiziellen Moral der Erwachsenen: Die Jungen sollten so lange wie möglich unter sich bleiben, möglichst in einer Gemeinschaft, in der Zucht und Ordnung herrschten, deren Mitglieder durch die Uniform identifizierbar und damit verantwortlich zu machen waren, würden sich so für später »aufsparen« und nicht so früh durch »Weibergeschichten« untauglich und verweichlicht. Ja, die Frage der kindlichen Sexualität würde so auf probate Art unter den Tisch kehrbar sein. Wer sich freiwillig durch solche Normen und äußeren Attribute einzwängen läßt, ist wohlbehütet und kommt nicht so schnell auf »dumme Gedanken«!
Es war klar, daß die Notwendigkeit, dauernd und für jeden Vorbild sein zu müssen, einem keinerlei Spielraum ließ, besonders wenn man nach und nach in Führungsaufgaben hineinwuchs. Ich erinnere mich, daß ich selbst dann, wenn ich mich völlig unbeobachtet wußte, mir häufig lebhaft vorstellte, der- oder diejenige könnten mich in diesem Augenblick sehen, so daß ich mich in Positur setzte oder stellte oder sonstwie Haltung annahm. Ich fühlte mich manchmal geradezu ertappt bei einer

Nachlässigkeit oder gar in einer verfänglichen Situation, so daß ich – für andere ohne ersichtlichen Anlaß – heftig errötete.
Um so verzweifelter erlebte ich die unbezähmbare Macht in mir, die sich gewaltsam von Zeit zu Zeit durch den Panzer aus Wille, Anpassung, Prinzipien und Posen hindurchbohrte. Je höher ich die Dämme gegen mich selbst schichtete, desto mächtiger wuchs die Flut in mir, um endlich unaufhaltsam durchzubrechen und mich mit sich fortzureißen. Das einzige, was mir zu tun blieb, war, das Verhängnis nach außen hin abzuschirmen und vor mir selbst möglichst schnell wieder den alten Zustand herzustellen, ja, es ungeschehen zu machen.
Warum überhaupt? Hatte ich nicht meine Tarnung bewußt gewählt? Sollte sie mir nicht dienen und verfügbar sein? Nun aber erlebte ich, daß sie begonnen hatte, mich ganz beherrschen zu wollen, und ich hatte mich ihr freiwillig unterworfen! So mächtig war ihr Zugriff, daß sie mich fast umbrachte, wenn ich mich für Augenblicke oder wenige Minuten zu dem bekannte, was als Gegenkraft nach außen drängte: die Sehnsucht, ein Mädchen sein zu dürfen oder wenigstens vor mir selbst für kurze Zeit als ein solches zu erscheinen. Letzteres, sollte man meinen, dürfte ja kein Problem darstellen, ein paar Kleidungsstücke aus dem Schrank der Schwester oder der Mutter, vielleicht noch ein paar Schminkstifte und vielleicht eine Perücke würden's ja tun, und im Fasching oder bei improvisierten kindlichen Verkleidungsspielen wären solche Travestien durchaus gesellschaftsfähig.
Doch gerade bei solchen Anlässen wählte ich eine ganz und gar konträre Verkleidung, spielte regelmäßig Soldat oder Häuptling. Denn ein Mädchen darzustellen war für mich alles andere als ein Spiel: Es war die verdrängte Alternative zu meinem offenen Leben und tödlicher Ernst!
Ich fand häufig Gelegenheit dazu; denn mein Vater kam mittags nicht heim, meine Mutter war an manchen Nachmittagen unterwegs, um als Vertreterin etwas hinzuzuverdienen, und meine Schwester war nach der Schule meist »auf Achse«. Und dann begann regelmäßig ein furchtbarer Kampf mit mir selbst, dessen Ausgang aber vorherbestimmt war, genau wie damals, als ich – sechs Jahre alt – zum ersten Mal heimlich Kleider meiner Schwester vom Trockenboden geholt hatte, um sie anzuprobieren. Das Herz schlug mir dabei bis zum Halse, in meinen Schläfen pochte schmerzhaft das Blut, abwechselnd wurde mir heiß und kalt, und meine Knie zitterten, wenn ich endlich vor dem

großen Schrank stand und mit einer verzweifelten Kraftanstrengung, wie wenn ich ein Magnetfeld zu durchbrechen hätte, die Tür öffnete und fieberhaft zusammenraffte, was mir für ein überzeugendes Selbstbildnis unverzichtbar schien: eine Garnitur Unterwäsche, Bluse, Rock, Schuhe und Strümpfe, eine Perlenkette und ein Armreif, ein breitrandiger Hut, damit mein kurzer Haarschnitt nicht so auffiel.

Und wie erbärmlich kam ich mir dann jedesmal im Spiegel vor mit den schlechtsitzenden Kleidungsstücken, das Gesicht verzerrt vor Angst, entdeckt zu werden, und doch für Augenblicke erfüllt von dem befriedigenden Gefühl schmerzlich erkauften Glückes. Sorgfältig war ich darauf bedacht, alles wieder fein säuberlich einzuordnen, merkte mir später sogar die Schlüsselstellung und reinigte das Türblatt von Fingerabdrücken, da ich mir einfach nicht vorstellen konnte, daß meine Eltern nicht Verdacht schöpften und mir eine Falle bauten, nachdem ich wiederholt mich vor gemeinsamen Ausflügen unter fadenscheinigen Vorwänden gedrückt hatte und einmal sogar vorzeitig von einer Radtour zurückgekehrt war. Ich mußte auf der Hut sein!

Eines schönen Sommertages – ich war damals zwölf Jahre alt – schien die Falle aber dennoch zuzuschnappen. Mein Vater war im Büro, meine Mutter geschäftlich unterwegs und meine Schwester zur Erholung in einem Kinderheim, und ich stand als Mädchen vor der Spiegelkommode im Schlafzimmer meiner Eltern. Die Fenster waren weit geöffnet, und der Duft von Jasmin aus der kleinen Parkanlage gegenüber verdrängte machtvoll den Schwefelgeruch des nahen Hüttenwerks. Meine Schwester hatte mich im Längenwachstum bereits überholt: Ihre Kleider paßten mir wie angegossen, saßen wie eine zweite Haut, und für Augenblicke war mein Glücksgefühl stärker als meine Angst. Ich strahlte in den Spiegel hinein.

Da hörte ich plötzlich voller Entsetzen, wie ein Schlüssel sich in der Wohnungstür drehte, und schon rief mein Vater nach mir! Unmittelbar darauf vernahm ich seine dröhnenden Schritte, die über die Dielen geradewegs auf die Schlafzimmertür zukamen. Fast ohnmächtig vor Angst erkannte ich doch, daß es zum Ausziehen zu spät sei, daß ich mich aber auch nicht unter den Betten verstecken könnte, da meine Kleider dann mit Sicherheit angeschmutzt würden und später alles herauskäme. Also duckte ich mich hinter dem Doppelbett auf den Läufer. Schon stand mein Vater in der Tür und fragte ärgerlich: »Was ver-

steckst du dich denn da und antwortest nicht, wenn ich dich rufe?«
Ich muß ihn über den Bettrand hinweg in meiner Todesangst derartig flehend angeblickt haben, daß er, ohne eine Antwort abzuwarten, zu der ich überhaupt nicht imstande gewesen wäre, und ohne sich mir genähert zu haben, um dann alles zu entdecken, das Zimmer verließ und gleich darauf wieder aus dem Haus ging!
War ich wirklich durch einen unglaublichen Zufall noch einmal davongekommen? Oder hatte mein Vater mir nur die Schande ersparen und Gelegenheit für einen geordneten Rückzug geben wollen? Das hieße aber, daß er Bescheid wußte; er würde also am Abend mich zur Rede stellen. Oder würde er so tun, als wüßte er von nichts, weil er die Augen davor verschließen wollte? Was hatte er während seiner Dienstzeit überhaupt in der Wohnung gewollt, und warum war er direkt auf das Schlafzimmer losgegangen, ohne von dort offenbar etwas mitnehmen zu wollen. Hatte er mich vielleicht am Fenster gesehen?
Noch heute denke ich häufig über eine plausible Antwort darauf nach, denn dieses Erlebnis in meinem zwölften Lebensjahr hätte eine Wende bedeuten können. Doch nichts geschah, kein Wort wurde über den Vorfall verloren. Nur ich wurde noch mißtrauischer, suchte wohl auch Ausweichmöglichkeiten, indem ich unter meinen Briefmarken, an die meine Eltern niemals gingen, eine Anziehpuppe verbarg, der ich ein Paßfoto von mir als Kopf angeklebt hatte, und die ich mit immer neuen Schätzen, die ich aus Versandhauskatalogen ausschnitt, versah.
So versteht es sich wohl von selbst, daß bei einem derartigen Aufwand zur Befriedigung meiner Phantasien einerseits und zur Aufrechterhaltung der heroischen Fassade andererseits die Schule zu kurz kam. Doch je mehr sich meine Leistungen verschlechterten, desto mehr suchte ich Zuflucht in meinen Träumen, vor allem nachdem ich bemerkt hatte, daß ich sie als jederzeit verfügbares Beruhigungs- und Einschlafmittel manipulieren konnte.
Wie leicht hatte es dagegen meine Schwester. Sie stand unter keinem Leistungsdruck, ihre schwachen Schulleistungen veranlaßten meine Eltern lediglich dazu, sie damit zu ermutigen, daß sie ja schon viel mehr erreicht habe, als sie ihr zugetraut hatten, und daß sie, falls sie's nicht schaffen sollte, immer noch zur Realschule überwechseln könne: Sie brauchte keine Nachhilfestunden zu nehmen! Doch ich sah hinter den enttäuschten Blik-

ken meiner Eltern die Geister des Großvaters, des Generals, der Großen der Geschichte, und ich wußte, daß ich's auslöffeln mußte bis zur bitteren Neige, weil ich nicht den Mut besaß, aufzugeben, zu sagen: »Ich kann nicht mehr, und ich will nicht!«

Heute bin ich froh, daß ich damals nicht den Mut aufbrachte. Denn wie hätte ich meine Probleme ohne eine entsprechende Schulbildung je lösen können? Andererseits wäre die Flucht aus der Wirklichkeit ohne den vielfältigen Druck von außen möglicherweise weniger notwendig gewesen, hätte mir eher zu einer psychischen Stabilisierung verholfen.

Zeit des Reifens

Ganz unvorbereitet trafen mich die körperlichen Vorgänge mit dem Eintritt in die Pubertät, die mich tief beunruhigten. Gewiß, mein Vater hatte mich »aufgeklärt«, d. h., ich hatte ihm, so peinlich mir das auch war, mit halbem Ohr notgedrungen zuhören müssen, und er hatte mich mit Dingen konfrontiert oder sie mir gar mit allen Jungen meines Alters unterstellt, von denen ich gar keine Ahnung oder zu denen ich überhaupt keinen Bezug hatte. Und die Straße hatte ein übriges getan.
Ich wies den Gedanken, jemals mit einem der lieblichen Wesen, die ich so verehrte, intim zu werden, weit von mir, ebenso wie die Möglichkeit, mich selbst zu befriedigen, tat vielmehr alles, meine männlichen Attribute nicht wahrzunehmen. Doch als mein Körper mit 14 Jahren begann, ein Eigenleben zu entwickeln, das sich der Kontrolle und dem Zugang meines Willens ganz und gar entzog, wurde er mir noch fremder: Ein wildes Tier lauerte in mir; es hatte sich bei mir eingenistet wie einer jener kleinen Krebse in den Seepocken und versuchte, mich in seine Gewalt zu bekommen. Hinterhältig machte es sich manchmal bemerkbar, wenn ich mich in meinen Phantasien als Mädchen sah, und machte die Kluft zwischen mir und meinem Wunschbild schier unüberbrückbar, das Schuldgefühl aber noch intensiver, so daß sich mein Haß auf meine männliche Rolle und auf meine erwachte männliche Geschlechtlichkeit bis hin zur Todessehnsucht steigerte. Es sollte aber nicht ein profaner Tod sein, sondern ich wollte im Kampfe fallen unter Aufrechterhaltung der selbstgewählten Fassade, die mein Ende verehrungswürdig überdauern würde. Es durften keine Zweifel aufkommen, daß alles in Ordnung war. Doch glücklicherweise gab es zu der Zeit für mich keine entsprechende »Bewährungsmöglichkeit«, so daß ich nur darauf hoffen konnte, eines Tages Soldat zu werden. Bis dahin würde ich mich durch die Lektüre von Kriegsgeschichten und das Sammeln von Waffen und Uniformen auf den Ernstfall vorbereiten.
Als in Ungarn der Volksaufstand begann – ich war gerade 15 –, fühlte ich die Zeit für mich kommen: In aller Heimlichkeit hatte ich die Packtaschen meines Fahrrades mit dem Nötigsten ge-

füllt, dazu meinen Tornister gepackt und – in einer Zeltbahn verborgen – einen alten Karabiner am Längsholm des Rades befestigt. Meine Pfadfinderkluft, die damals ohnehin noch recht militärisch beschaffen war, hing sowieso stets auf einem gesonderten Stuhl in meinem Zimmer griffbereit. Beinahe stündlich verfolgte ich im Radio die Nachrichten, bis ich allmählich die Erkenntnis gewann, daß ich nicht einmal die österreichische Grenze überqueren, dafür aber leicht von der Schule fliegen könnte und den Spott dazu bekäme, und daß ich wohl doch noch zu klein wäre, um große Geschichte zu machen, so daß ich schließlich in ebensolcher Heimlichkeit wieder abrüstete.

Seit dem Einsetzen der Geschlechtsreife hatte ich das Gefühl, daß meine Eltern mich verstärkt beobachteten, ob ich mich auch normal entwickelte, daß sie aus meinem Gesichtsausdruck, meiner Konstitution oder beim Bettenmachen sich Aufschlüsse darüber erhofften, ob ich vielleicht onanierte. Abgesehen davon, daß das für mich eine ausdrückliche Bejahung meines männlichen Körpers bedeutet hätte, war eine solche Befürchtung auch deshalb abwegig, weil Onanie allein schon für meine Eltern Abartigkeit signalisiert hätte, und es darum für mich nachgerade selbstmörderisch gewesen wäre, die ohnehin gewichtige Last, die ich mit mir herumschleppte, noch zu vergrößern.

Ja, ihre Befürchtungen waren unbegründet, genauso wie die Hoffnung darauf, wenn ihnen eine solche denkbar gewesen wäre, hätten sie dadurch doch die Gewißheit erfahren können, daß ich mich mit der männlichen Rolle identifiziert hätte. Meiner ersten Pollution im Schlafe schämte ich mich fürchterlich, weil ich sie nicht deuten konnte, und versuchte, ihre Spuren bis zum Morgen zu verwischen. Das gelang mir nicht ganz, doch schien mir im folgenden, daß meine Eltern mich erleichtert ansahen.

Damals begann ich erstmals, Tagebuch zu führen, machte verschlüsselte Zeichen auf den Kalenderblättern, um eine geheimnisvolle Ordnung oder ein wie auch immer geordnetes System in dem zu finden, was mit mir geschah. Doch es gelang mir nicht, mit derselben Präzision Vorhersagen über mich machen zu können, wie sie einem Mädchen meines Alters durchaus möglich waren. Allenfalls Wahrscheinlichkeiten ließen sich ermitteln, Zusammenhänge zwischen Träumen und körperlichen Funktionen aufdecken, die Träume sammeln und analysieren und in gewissem Sinne steuern, die Schlaftiefe verringern und dadurch den Körper wieder stärker dem Einfluß des Bewußtseins und des Willens zugänglich machen. Ich wußte natürlich, daß das alles einmal für später gebraucht würde, daß es Voraussetzung sei, damit ich selbst einmal Kinder haben könnte. Aber ich konnte und wollte mir nicht vorstellen, daß ich jemals einen der Engel, in den ich gerade unsterblich verliebt war, zu jener widerwärtigen Prozedur, welche meine Schulkameraden in immer neuen Variationen und Details zu beschreiben wußten, veranlassen könnte, ja, daß ich sie in ihrer Verklärtheit überhaupt nur ansprechen dürfte. Und so hoffte ich nur inständig, daß meine Gedanken an sie so mächtig sein würden, sie in einer Art Telepathie für mich aufzuschließen, oder daß meine Gedichte, die ich heimlich und gegen unbefugte Blicke sorgfältig gefaltet, an ihren Wegen auslegte, sie erreichten.

In Gudrun, der ich im Konfirmandenunterricht begegnete, hatte ich mich zum ersten Mal in meinem Leben verliebt. Sie war zwölf, ein Jahr jünger als ich, ein lebhaftes, graziles Mädchen mit einem Pagenschnitt, Grübchen in den Wangen, einer kleinen, feingeschnittenen Nase und großen, ausdrucksvollen Augen. Sie hatte es bald bemerkt, daß ich sie mit verzehrenden Blicken ansah, und sie, die Schönste von allen, schien ausgerechnet mir manchen ermunternden Blick zuzuwerfen. Oder galten sie etwa meinem Nebenmann? So oder so: Ich fürchtete mich vor der Wahrheit, und meine Knie wurden mir weich, wenn ich beim Aufstellen oder Hinausgehen in ihre Nähe kam. Zweifel nagten in mir, obwohl ich sicherlich äußerlich inzwischen ein respektabler Bursche geworden sein mochte, durchaus angenehm anzusehen, dazu zurückhaltend und wohlerzogen.

Kurz vor der Konfirmation – längst waren von meinem Vater die Weichen für einen erneuten Umzug gestellt – wurde mir schließlich Gewißheit: Ich war zu Fuß auf dem Heimweg. Da überholte mich Gudrun auf ihrem hellblauen Rad, betont langsam, wandte sich, in den Pedalen stehend, mir halb zu und meinte, einen gespielten Vorwurf in ihrer klaren Stimme: »Das nennt man nun Anstand am Gymnasium; nicht einmal grüßen könnt ihr!« Doch bevor ich meinen Blick unter dem plötzlichen Glück, das mich wie ein Blitz aus heiterem Himmel traf und lähmte, wieder heben und vielleicht eine Entgegnung stammeln konnte, war sie schon fort. In der nächsten Woche fehlte sie, und in der Woche darauf waren wir schon unterwegs ins Weser-

bergland, wo mein Vater sich eine neue Arbeitsstelle gesucht hatte, von welcher er sich größere Befriedigung versprach. Gudrun sah ich nicht wieder, so sehr ich auch jeden Abend gebetet hatte, es möge ein Wunder geschehen und mein Vater die neue Arbeitsstelle nicht bekommen.
Zwei Jahre lang hatte dieses Mädchen meine Träume fast ganz in Beschlag genommen, hatte mich bei meinen Heimlichkeiten kontrolliert, hatte mir Verbote auferlegt, bis ich vor mir selbst den Trick erfand, mich ihr als ihre beste Freundin anzudienen und von ihr darin Bestätigung zu erfahren. Sie, die nicht durch ein einziges Wort von mir erfahren hat, welche Rolle sie in meinem Leben spielte, bestimmte noch lange Zeit über mich.

Erst sehr spät – mein Vater hatte sich schon Sorgen gemacht, weil ich mit 16 noch keine Freundin oder sonstige Mädchengeschichten hatte – kam ich auf Schulfesten, in der obligaten Tanzstunde und durch die Freundinnen meiner Schwester, zu der sich dadurch das Verhältnis übrigens entscheidend gebessert hatte, dazu, mich mit einem Mädchen zu unterhalten. Ich war bis dahin für sie durch die martialische Haltung, auf die ich nach wie vor angewiesen war, wie eine Festung schwer zugänglich geblieben, obwohl ich mir alle Mühe gegeben hatte, ihre Beachtung oder gar Zuneigung zu gewinnen. Solche Liebe, verklärt von Idealen der Schönheit und Tugend, unwirklich durch die literarische Überfrachtung, die ich ihr als Folge meiner schier unersättlichen Lesewut auflud, distanziert durch eine selbstgewählte Askese, mußte auf der Ebene kindlich unschuldiger Schwärmerei und Verehrung stehenbleiben und schloß den Gedanken an Sexualität aus.
In den Notizbüchern aus jener Zeit dominieren Porträtversuche aus meiner Erinnerung oder Vorstellung heraus, die Reduktion meiner Angebeteten auf den Kopf en face und en profil. Möglicherweise hatte ich dabei unbewußt die süßlichen Engelsdarstellungen auf den Oblaten, wie sie in meiner Kindheit noch üblich waren und mit denen allenthalben getauscht wurde, oder auf Marienbildern des Barock und später, die regelmäßig nur aus Köpfen und Flügeln bestanden, in mein Weltbild eingebaut. Und nachdem ich diese Parallele erkannt hatte, nannte ich meine Art, eine Frau zu lieben, vor mir selbst »katholisch«, ohne mich indessen näher mit diesem Begriff auseinanderzusetzen. Unbewußt hielt ich mich darum wohl auch an Mädchen, die wesentlich jünger waren als ich; ihnen wagte ich

mich eher zu nähern. Sie, die 13-, 14jährigen, die auf Festen meist wie ich schüchtern abseits standen, fühlten sich wohl auch geschmeichelt, wenn ein »Großer« mit ihnen sich abzugeben bereit war. Ihnen gegenüber, die selbst ein Schutzbedürfnis hatten, konnte ich leichter die Rolle des Beschützenden spielen und dabei für einige Zeit eine quasi männliche Identität entwickeln, ja, ich begann, vor Aktivität über mich selbst hinauszuwachsen in dem Maße, wie ich ihre Anerkennung und Bewunderung spürte.

Ich fing erstmals an, mich mit positiven Attributen zu versehen. Ich erfuhr, daß ich ein hübsches Gesicht hätte, eine beim Sprechen und Singen wohlklingende Stimme, Talent hätte zu allem Musischen und daß mein zurückhaltendes Auftreten vor allem von den Müttern besonders gern gelitten war. Sie fühlten wohl instinktiv, daß sie mir ihre Tochter getrost anvertrauen konnten, weil ihnen von mir keine Gefahr drohte. Mit gleichaltrigen Mädchen brachen Kontakte meist schnell ab: Die Merkmale ihrer körperlichen Reife, von meinen Altersgenossen ausschließlich als Garanten einer »lohnenden« Beziehung angesehen, irritierten mich, da sie mir schmerzlich den Konflikt zwischen Verehren und Begehren deutlich machten, und ihnen mußten wohl auch meine Askese-Ideale, mein fertiges Weltbild, meine romantisierende, irreale Liebe suspekt vorgekommen sein. Auf jeden Fall war ich auffällig anders als »die anderen« und für sie bestenfalls interessant und rätselhaft. Dennoch hoffte ich inständig, einmal derjenigen zu begegnen, die den Konflikt auflösen würde, der reifen Frau vielleicht, die mich auch in die anderen Geheimnisse der Liebe behutsam einführte, wie mir's mein Vater empfohlen hatte. Doch wo sollte ich sie jemals finden? Ich hätte nie den ersten Schritt tun können, und so konnte ich ihr auch nicht begegnen.

Minuziös führte ich damals, gegen Ende meiner Schulzeit, in verschlüsselter Form auch darüber Buch, wie ich auf Fremde wirkte: Ein wohlgefälliger Blick, im Vorübergehen erhascht, beflügelte mich für lange Zeit, und allmählich wuchs daraus die Zuversicht, daß ich mit mir selbst doch noch ins reine kommen könne: Einmal würde das Mädchen, noch ein Kind, das ich so glühend verehrte, jene reife Frau sein, der es gelingen würde, Leib und Seele, Erde und Himmel miteinander zu versöhnen, und in die alle meine Sehnsucht nach freier Entfaltung meiner eigenen Weiblichkeit eingehen würden. Ihr würde ich so nahe sein, daß die Grenzen unserer Individualität aufgehoben wären

und ein jeder von uns auch der andere würde in einer totalen Symbiose. Ich richtete mich auf eine lange Wartezeit ein.
Meine Eltern waren durch meine neuerlichen Mädchenbekanntschaften indessen ebenfalls in Konflikt geraten: Einerseits schienen sie darüber beruhigt, daß ich mich »normal« orientiert hatte, andererseits befürchteten sie, jemand könnte meine Unerfahrenheit ausnutzen und meine Zukunft mit einem ungewollten Kind belasten. Meinem Vater wurden die harmlosen Freundschaften seines inzwischen fast erwachsenen Sohnes aber zunehmend unheimlich, so daß die Zweifel an meiner Männlichkeit schließlich wiederum überwogen: Ausgerechnet sein Sohn ein Versager? Wenigstens aber offensichtlich nicht homosexuell!
Auch meine Zweifel wuchsen erneut, als die Zeit nahte, Soldat zu werden: Viele Jahre hatte ich mich systematisch darauf vorbereitet, meine Fassade bruchlos in die Legalität und Normalität des Wehrdienstes zu überführen, der mir helfen würde, mein Inneres wirksam zu unterdrücken oder, falls mir das nicht gelänge, vor dem Zusammenbrechen der Fassade »ehrenvoll« zu sterben. Was aber würde geschehen, wenn mich die Musterungskommission für nicht tauglich befände? Meine körperlichen Mängel hatten sich ja keineswegs ausgewachsen und bereiteten mir nach wie vor, wenn nicht schon körperliche, so doch seelische Qualen. Ich scheute mich, schwimmen zu gehen, da ich fürchtete, aller Augen würden sich auf meine deformierte Brust richten, und was wog schon der Bart, den ich unbeirrt wachsen ließ, obwohl das damals ganz und gar nicht »in« war, gegen die Tatsache, daß ich unterhalb des Nabels, auch im Badedreß durchaus erkennbar, wenig entwickelt war.
Jener Tag, an welchem über meine Wehrdiensttauglichkeit befunden wurde, kristallisierte sich immer mehr als Kulminationspunkt heraus, und ich stellte mich darauf ein, mich ganz und gar fallen zu lassen und mich in jenem zermürbenden Kampf gegen mich selbst endgültig geschlagen zu geben, wenn ich abgelehnt würde. Ich hätte mein Gesicht verloren und könnte nie mehr jemandem in die Augen schauen. Dabei hätte ich es nicht schwergehabt, rechtzeitig den Rückzug anzutreten. Denn niemand in meinem Bekanntenkreis trug meinen Entschluß, Soldat zu werden, mit und konnte ihn sich so recht erklären.
Kurz vor der Schulentlassung nahm mich mein Klassenlehrer zum ersten und einzigen Mal beiseite, um mir zu sagen: »Ich

respektiere deine Entscheidung. Aber ich glaube, daß es nicht die deine ist, und ich fürchte, daß das, was du wirklich bist, dort untergeht. Du bleibst nicht du selbst«, oder sagte er gar: »Du wirst deine Identität verlieren?« Auch von der Mutter Christophs, meines einzigen Freundes, dem ich nicht zuletzt aufgrund der annähernden Übereinstimmung unserer Interessen und Einstellungen und der verblüffenden äußeren Ähnlichkeit wie ein Zwillingsbruder zugetan war, hatte ich mir vorhalten lassen müssen: »Ich glaube, du belügst dich selbst. Du ahnst es schon, doch du willst es nicht wahrhaben, daß du auf das falsche Pferd gesetzt hast. Es wird immer schneller mit dir fortgaloppieren. Wenn du noch springen willst, dann jetzt. Jetzt tut es vielleicht nur weh, doch nachher ist es zu spät, oder du brichst dir den Hals.«
Natürlich konnte nur ich die Doppeldeutigkeit in dem, was beide gesagt hatten, erkennen. Unmöglich konnten sie mich ganz durchschaut haben, zu dicht hatte ich mein Allerinnerstes verdeckt; nur der Widerspruch zwischen trotzigem Wehrwillen einerseits und Schöngeistigkeit und Sensibilität andererseits kann für sie Anlaß zu solchen Äußerungen gewesen sein. Denn sie konnten nicht wissen, daß ich alles auf eine Karte gesetzt hatte, daß ich im Wehrdienst die letzte Möglichkeit sah, meine männliche Identität zu finden.
Immerhin ließ ich mich überreden, wenn ich schon freiwillig gehen würde, so mich doch zunächst für den kürzest möglichen Zeitraum zu verpflichten. Ich hätte nicht zu gehen brauchen: Meine Mängel reichten für eine Freistellung aus. Der Musterungsarzt legte mir die Antworten auf seine Fragen nach Beschwernissen und Schmerzen geradezu in den Mund. Doch als er merkte, daß ich mich beeilte, solche Beeinträchtigungen ganz in Abrede zu stellen, und als er meinem flehenden Blick begegnete, sah er mich nochmals von oben bis unten an, schaute mir lange ernst, fast traurig in die Augen und schrieb mich – mit Einschränkung – tauglich! Ich hatte die entscheidende Probe, von der alles abhing, bestanden. Ich hatte meine Zweifel besiegt, aller Welt gezeigt, daß ich dazugehörte, hatte mich gegen alle Widerstände durchgesetzt und endgültig abgenabelt. Meine Schulkameraden konnte ich damit nicht beeindrucken. Sie hatten sich für dieses oder jenes Studium entschieden; zum Teil hatten sie sich, obwohl sie das Abitur noch gar nicht in der Tasche hatten, zu immatrikulieren versucht. Und bei einigen erschien der erfolgreiche Abschluß

durchaus fragwürdiger als bei mir, der, da ich zuletzt wirklich hart gearbeitet und ihre Pennälerstreiche gegenüber wehrlosen Lehrern als unfair verachtet hatte, in ihren Augen als Streber galt.
Die Wochen zwischen meinem letzten Schultag und dem Tag, da ich einrücken mußte, waren die Zeit eines gründlichen Abschiednehmens. Weit weg von zu Hause würde ich ganz neu anfangen, immer nur kurz zurückkehren, das lang Vertraute würde allmählich verblassen und fremd werden. Ich würde mich einfach hinaustreiben lassen in das Unbekannte und die Augen erst wieder öffnen, wenn es für eine Umkehr zu spät war. In denen, die mir lieb waren, würde ich ein Nachbild hinterlassen wie diese in mir, wir würden einander ein Stück Geschichte sein, ein Stückchen Schicksal, ein paar Takte in einer Melodie. Es würde sich zeigen, was für die Zukunft Bestand hatte, Verknotungen würden sich lösen, Verhältnisse sich klären, ohne daß einer dem anderen einen Vorwurf machen könnte: Daran, daß ich Soldat wurde und fort mußte, hatte ich schon längst nicht mehr Schuld!
Viele Briefe hatte ich zu schreiben, Zeugnisse unerfüllter Liebe, aber auch Rechtfertigungsversuche. Von Monika mußte ich mich endgültig verabschieden, ich wußte nur noch nicht wie. Zwar war sie drei Jahre jünger als ich, doch war sie mir, als ich 20 wurde, buchstäblich über den Kopf gewachsen. Sie war nun fast eine Frau, wohl entwickelt und ihr Blick keineswegs mehr so unschuldig wie damals vor drei, vier Jahren, als wir uns in der Tanzstunde kennengelernt hatten. Sie würde sich nicht länger mit Küssen, Händchenhalten und Gedichten zufriedengeben, würde vielleicht – als Pfand für die Zeit der Trennung – auf einer Verlobung bestehen.
Bei Kathrin war das etwas anderes. Sie war fünf Jahre jünger als ich. Unter dem beißenden Spott meiner Schulkameraden hatte ich mich mit ihr als einer Zwölfjährigen angefreundet. »Ja, schlecht sieht sie nicht aus, vielleicht kann mal was draus werden. Aber da ist doch gerade so viel Fleisch dran wie an einer Bohnenstange! Was willst du denn mit der anfangen?« lachten sie. Doch ich ließ mich nicht beirren, und auch Kathrins Eltern hatten mich schnell in ihr Herz geschlossen, als sie merkten, daß die Liebe ihres Kindes zu dem jungen Mann eine rein literarische war. Für Kathrin selbst war ich wohl zugleich so etwas wie ihr großer Bruder, den sie sich wohl immer gewünscht, statt dessen jedoch nur zwei weitere Schwestern bekommen hatte.

Sie hatte auf einem kindlichen Treueschwur bestanden, was immer auch geschähe: Wir würden eifrig korrespondieren.
Auch zu Christoph wollte ich unbedingt den Kontakt halten, auch wenn er jetzt ins Studium ging und zwischen uns vielleicht eine gewisse Kluft entstehen würde, die ich möglicherweise niemals mehr überbrücken könnte. Notfalls wollte ich mich an seine Mutter halten, eine feine, ältere Dame mit silbergrauem Ponyschnitt und lebhaften Augen, hochgebildet und kunstbesessen wie ihr vor Stalingrad gefallener Mann und ihre drei Söhne, die sie allein hatte durchbringen müssen.
In meinen Briefen würde ich Zeit haben, mich zu konzentrieren, mich ganz auf den anderen einzustellen, ohne daß peinliche Gesprächspausen einträten, die mit Banalem gefüllt werden müßten. Je wichtiger mir die Adressaten waren, desto intensiver bereitete ich die Briefe dann auch tatsächlich vor, entwarf und verwarf, illustrierte sie zuweilen, sammelte schon vorher Gedanken, die ich verfolgen wollte, und verwahrte die Entwürfe, um mich nicht zu wiederholen oder gar in Widersprüche zu verwickeln, wie ich auch die Briefe meiner Freundinnen sorgfältig band und jahrelang verwahrte. Als ich sie eines Tages doch verbrannte, obwohl mir alles immer so bedeutsam gewesen war, daß ich nichts wegwerfen konnte, wurde mir klar, daß ich auch ein Teil meines Selbst abgeworfen hatte.
Bei einer solchen Gelegenheit fand ich auch jenen schon frankierten Brief an Christoph wieder, den ich ihm in den letzten Tagen vor meiner Abreise hatte schreiben wollen, obwohl ich täglich Gelegenheit gehabt hätte, mit ihm zu sprechen wie all die Jahre, die wir gemeinsam verbracht hatten. Christoph, der mir äußerlich so ähnlich war, daß wir oft als Zwillinge angesehen wurden, hatte aber von sich aus keine Anstrengung dazu unternommen, so daß ich das Gefühl bekommen hatte, er wolle mit mir als künftigem Soldaten den Kontakt auf ein Minimum beschränken. Wahrscheinlich war ich auch enttäuscht, daß er meine Begeisterung nicht zu teilen gewillt war, ja mich durch sarkastische Bemerkungen gar der Lächerlichkeit preisgab. Ich wußte und erkannte neidlos an, daß er mir geistig überlegen und daß ich beim Argumentieren ihm selten gewachsen war.
Im Brief aber mußte er mich ausreden lassen, ohne mich zu verunsichern durch kleine Nadelstiche oder fragende Blicke. Ich glaubte auch, ihm endlich einmal sagen zu müssen, was er für mich in der ganzen Zeit, die wir in der Schule, in der Freizeit und auf unseren ausgedehnten Fahrten miteinander verbracht

hatten, bedeutet hatte. Drei Jahre lang hatten wir in den Sommerferien Frankreich kreuz und quer durchstreift, hatten gemeinsame Abenteuer ausgestanden, hatten oft nur Französisch miteinander gesprochen und das so gut, daß wir selbst in Frankreich nicht als Deutsche erkennbar waren. Gemeinsam und voller Ehrfurcht hatten wir die Erhabenheit der großen Kathedralen, die Weite des Himmels über der Provence gespürt, hatten uns in tiefen Gesprächen über die Allmacht des Schöpfers, die allgemeine Beschränktheit seiner Ebenbilder, die Freiheit der wenigen Begnadeten verloren. Das würde er niemals von sich abstreifen können.

Gerade diesen Brief, den ich nie abgeschickt habe, mußte ich später viele Male wieder und wieder lesen, weil ich darin so etwas wie einen Schlüssel zu meinem Innersten vermutete und vielleicht eine Teilantwort darin finden konnte auf meine Frage, wie es kam, daß ich damals nicht an der Diskrepanz zwischen innerem und äußerem Bild zerbrochen bin. Die wesentlichen Passagen aus diesem Brief will ich darum hier wiedergeben.

Lieber Christoph,
Ich habe in den letzten Tagen viel über uns nachgedacht, und ich hoffe sehr, daß Du mir nicht böse bist, wenn ich meine Gedanken in aller Offenheit vor Dir ausbreite. Wir werden uns für eine lange Zeit nicht sehen, und es kann sehr wohl sein, daß wir beide danach verändert sind: Du wirst im Studium sein und ich – ich glaube, Du verachtest mich deswegen, auch wenn Du's nicht direkt ausspricht, und ich werd's Dir gegenüber auch niemals rechtfertigen können – Soldat!

In allem bin ich Dir gefolgt: Du hast mich für die Kunst aufgeschlossen, für eine individualistische und nonkonformistische Lebensweise, hast mir die Augen dafür geöffnet, welch ein Spießerleben ich immer geführt habe. Du bist damals – weißt Du noch? – gleich am ersten Tag, als ich als Neuer in die Klasse kam, in der Pause auf mich zugekommen und hast mich gefragt, ob ich Lust hätte, mit Dir im Sommer eine Radtour durch Frankreich zu machen. Wir waren beide 17, ich ein paar Tage älter als Du; wie ungeheuer selbstbewußt konntest Du auftreten! Und wie kleinlich und wahrhaft spießig war meine Reaktion darauf: Ich wüßte noch nicht und wir kennten uns doch noch gar nicht. Und heimlich dachte ich – sei mir nicht böse, wenn ich Dir's ehrlich sage – »Warum spricht er gerade dich an,

warum nicht einen von den anderen, mit denen er doch schon länger zusammengewesen ist. Vielleicht mögen sie ihn alle nicht; wahrscheinlich ist er ein Außenseiter, weil er der Schlechteste ist oder Sitzenbleiber oder wegen der vielen Pickel im Gesicht; oder weil er im Gegensatz zu den anderen kurze Hosen trägt. Sei auf der Hut, warte erst einmal ab!«
Ich habe Dich im Unterricht beobachtet, habe bemerkt, was Dich langweilte und wofür Du Dich engagiertest, daß Dir im Zorn der Schaum vor den Mund trat; daß Du die Albernheiten Halbwüchsiger nicht mitmachtest, Dich aus dem üblichen Schüler-Lehrer-Konflikt heraushieltest, unnormal kooperationsbereit warst, ohne ein Streber oder Primus zu sein. Du gehörtest nicht zu ihnen, legtest auch keinen Wert darauf, doch sie respektierten Dich.
Ich aber bewunderte Dich, daß Du es offenbar vermochtest, Dich den Normen der Gruppe zu entziehen, ohne Schaden zu erleiden. Du konntest es Dir erlauben, gegen »man« und »wir« »ich« zu stellen, weil Du es kompromißlos tatest und unverstellt, was Deine Gefühle betrifft. Alle Dinge hast Du benannt, wie Du sie sahst, auch wenn Du dabei Menschen, die Dir zugetan waren, vor den Kopf gestoßen hast.
Du sollst auch wissen, daß ich mich deswegen manchmal für Dich schämte, oft den Tränen nahe war, getroffen von Deinen Wahrheiten, die Du nur allzuoft in bittere Ironie zu kleiden wußtest. Und dennoch hab' ich Dich verehrt, war ich bereit, Dir blind zu folgen. Es hat mir geschmeichelt, wenn uns die Lehrer gelegentlich verwechselten oder wir andernorts für Zwillinge gehalten wurden. Du hast mich in die Museen und Ausstellungen mitgenommen, die Dir wichtig waren, hast mir die Bücher geliehen, die Dir etwas bedeuteten, hast mir Einblick gewährt in die rätselhaften Bilder, die Du maltest, die tiefen Gedanken, die Du als Gedichte oder Essays niederschriebst und die niemand sonst je zu sehen bekam. Allmählich lernte ich, die Dinge mit Deinen Augen zu sehen, wohl wissend, ohne Deine Augen selbst blind zu sein.
O ja, ich habe von Deinen Augen profitiert: Daß ich schließlich unbefangen mich einem Mädchen nähern konnte, daß ich diese und jene für mich einnehmen, Dich – Du weißt schon, wen ich meine – sogar ausstechen konnte, verdanke ich Dir! Meine »katholische« Liebe, für sich genommen vielleicht abnorm, fand bei Dir ihr Pendant und eine nachträgliche Legitimation.
Manchmal kam ich mir vor wie einer jener Krebse, die in den

Seepocken hausen, die wir am Atlantik fanden, und oft hatte ich das Gefühl, Dich geradezu auszusaugen. Doch dann klammerte ich mich wieder daran, was mir Deine Mutter einmal sagte: Daß ich ein Segen für Dich sei, weil ich auf Dich stabilisierend wirke. Hast auch Du das so gesehen? Es wäre mir sehr wichtig, das zu wissen, damit ich nicht immerfort mit diesem Gefühl der Dankverpflichtung herumlaufen muß, das mich daran hindert, mein neugewonnenes Selbstvertrauen von Dir abzulösen und darüber wirklich frei verfügen zu können. Ich werd' es brauchen in der Auseinandersetzung mit den Dingen, die uns trennen ...

Später machte ich noch eine Notiz, die ich in eine Neufassung des Briefes einfügen wollte: »Ich habe mir einen Teil Deiner Identität ausgeliehen und hoffe sehr, daß er ausreicht, die Probleme zu lösen, von denen nie jemand erfahren darf, auch Du nicht ...«

Dabei blieb es dann auch; statt dessen wechselten wir – er als Philosophie- und Romanistikstudent, ich als Soldat – ein paar Briefe, mehr und mehr zu Monologen werdend, welche uns geistig zu trennen begannen, und schließlich versiegte der Briefwechsel ganz.

Und dann war es sowieso zu spät für einen Neubeginn: Im folgenden Herbst – tagelang hatte es geregnet, die dunkle Erde des Ackers hinterm Haus war aufgeschwemmt und die Luft voll von dem herb-süßen Duft verwesenden Pappellaubes – brachte mir der Briefträger mit verlegenem Blick die Nachricht von Christophs plötzlichem Tod! Stundenlang, schien es mir, hatte ich unbewegt durch die Verandatür in die dampfende Nässe hinausgestarrt, bis ich meinen Tränen freien Lauf lassen konnte und mich schließlich schluchzend in meinen Kissen vergrub.

Jahrelang hatte Christoph an einem Gehirntumor gelitten, ohne daß ich davon erfahren hatte, daß er ungezählte Ärzte konsultiert, sich zeitweise in Anstalten einer längerfristigen Beobachtung unterzogen hatte. Und als man endlich die richtige Diagnose gestellt hatte, war es für eine erfolgreiche Operation zu spät gewesen: Christoph war aus der Narkose nicht mehr erwacht.

In der Schule der Nation

Endlich kam der Tag, an welchem ich einrücken sollte. Monika hatte mich bis auf den Bahnsteig gebracht. Es wimmelte dort von koffer- und flaschenbewehrten, frischgebackenen Rekruten, dazwischen Mütter und Väter, Bräute und mehr oder weniger ergreifende Abschiedsszenen. Ich hatte einen Fensterplatz erobert und schaute von da auf Monika herab, von der ich mich nun auch innerlich trennte. So wie sie da stand, ihr Täschchen vor sich traurig herunterbaumelnd, die blonden Locken unter einem blauen Strohhütchen hervorquellend und gequält lächelnd, kam sie mir doch wieder so rührend vor wie das Kind, als das ich sie kennengelernt hatte.
Doch da fuhr der Zug an, und Monika, noch ein Stückchen mitlaufend und das Taschentuch schwenkend, wurde kleiner und kleiner und war bald in der Kurve verschwunden, ein Bild, millionenfach beschrieben und dennoch für mich von einer faszinierenden Einmaligkeit: Dieses sollte ein Abschied für immer werden, ganz neu wollte ich beginnen, die Brücken zu meiner Vergangenheit ein für alle Male abbrechen. Ich wollte mich der neuen Ordnung unterwerfen, 24 Stunden täglich total darin aufgehen, mich allen möglichen Prüfungen und den Anforderungen einer militärischen Karriere unterwerfen, mich gänzlich anpassen, um den unheimlichen Schatten, der mich auf Schritt und Tritt unermüdlich verfolgte, abhängen zu können oder zumindest nicht mehr wahrzunehmen. War ich nicht gut präpariert für mein Vorhaben?
Wer von den anderen 20jährigen, die mit mir fuhren, wußte besser Bescheid in der Geschichte der letzten 200 Jahre, hatte sich intensiver mit Waffen und Uniformen, mit dem militärischen Zeremoniell und den Helden der Kriegsgeschichte befaßt als ich? War ich ihnen durch meine Zeit bei den Pfadfindern nicht weit voraus, was das Leben im Felde, in der Gemeinschaft und unter erschwerten Bedingungen betraf? War mir das System von Befehl und Gehorsam nicht längst in Fleisch und Blut übergegangen?
Welch verhängnisvoller Irrtum, dem ich aufgesessen war! Die Festung, die ich mir in verzweifelter Anstrengung gebaut hatte,

begann noch am selben Tage zu bröckeln, kaum daß sich der Zug auf einem Nebengleis des Bestimmungsbahnhofs zu leeren begonnen hatte: Da ging ein Getöse an von gellenden Rufen, Kommandos, Trillerpfeifen, Flüchen und Schimpfworten, und wir – feingemacht, wie uns die Mütter auf den langen Weg geschickt hatten, und in Freiheit aufgewachsen – quirlten, anfangs träge, doch dann schneller und schneller wie aufgescheuchte Schafe durcheinander, ängstlich darauf bedacht, nicht aufzufallen, bevor es überhaupt richtig losging, bis wir durch eine unglaubliche Fügung gleichmäßig verteilt auf den dunklen dreiachsigen Lkws saßen, die im Hintergrund auf uns gewartet hatten.

Ich versuchte, alles noch als einen Spaß zu begreifen, als dramaturgischen Effekt, als maßlose Übertreibung des an sich Notwendigen, um es uns nachher leichter zu machen, die Vorbehalte und Vorurteile, welche die meisten von uns ihrem neuen Lebensabschnitt entgegenbrachten, als solche zu erkennen und aus innerer Überzeugung abbauen zu können. Doch die Gesichter der Uniformierten blieben undurchsichtig, und ihr Auftreten verhieß nichts Gutes.

Als ich am anderen Morgen vom Geräusch des Gleichschritts Hunderter von Stiefeln und von dem dumpfen Dröhnen und dem eigentümlichen Kettengeklirr anfahrender Panzer erwachte, wurden im selben Augenblick früheste Kindheitserinnerungen in mir wach, und für einen Moment fürchtete ich, der Kreis habe sich um mich geschlossen und ich bliebe mit allem, dem ich zu entrinnen versuchte, für immer gefangen. Doch dann sah ich auch die Chance darin, wie damals als kleines Kind nochmals anfangen zu können, an dem gleichen Ausgangspunkt, jetzt jedoch mit der Erfahrung zweier Jahrzehnte und gewillt, nichts mehr dem Zufall zu überlassen und bewußt meinen Weg zu wählen, sofern es überhaupt so etwas gäbe wie eine freie Wahl.

Ich wollte noch einmal bei Null anfangen dürfen, und so nahm ich's zwar enttäuscht, doch nicht sonderlich beunruhigt, hin, daß »Pfadfinderromantik« nicht gefragt, mein einschlägiges Wissen unbrauchbar, meine Ideale nicht zeitgemäß waren. Doch in dem Maße, wie ich sie zu opfern bereit war, spürte ich auch, wie ich ein Stück meiner Seele verriet, und ahnte dumpf, daß sich das Vakuum, welches sich so bildete, schnell füllen würde, ohne daß ich Einfluß darauf nehmen könnte, womit.

Wie Tausende vor mir und nach mir erlebte und erlitt ich fortan die sinnlosen Schikanen, den geisttötenden Leerlauf und stumpfen Trott des »Dienstes«, die Primitivität und den Zynismus einzelner Vorgesetzter. Doch daran starb man nicht, konnte man sich gewöhnen, indem die Seele allmählich eine Hornhaut um sich bildete: »Du wirst nicht mehr du selbst sein«, hatten sie mich gewarnt, »du wirst verändert zurückkehren.« Wer aber war ich denn wirklich? Hatte ich nicht all das willig auf mich genommen, um darauf erst eine Antwort zu finden? Meinten wir überhaupt denselben, wenn wir vor »mir« sprachen? Wie schnell war die Begeisterung darüber, endlich dazuzugehören, die Attribute tragen zu dürfen, die aus mir unzweifelhaft einen Mann machen sollten, rechtmäßig eine Waffe zu führen, einer tiefen Verzweiflung gewichen! Was außer der gemeinsamen Uniform und vielleicht der grundsätzlichen Bereitschaft, unsere Pflicht zu tun, verband mich mit jenen, die dort zu einer Gemeinschaft der Ungleichen zusammengefügt wurden? Mit jenen, deren Bekanntschaft ich unter anderen Umständen nie und nimmer gemacht hätte! Welch heile Welt hatte ich verlassen!

Gewiß, ich hatte auf ausgedehnten Fahrten mit Christoph die deutschen Landschaften und die Nachbarländer im Süden und Westen, nicht zuletzt durch drei Umzüge in jeweils Hunderte von Kilometern auseinanderliegende Gegenden die verschiedensten Menschen und Lebensweisen kennengelernt, hatte meine Naivität allmählich dabei verloren, hielt mich auch frei von Bildungsdünkel. Aber ich war dabei doch immer draußen geblieben, ein ziemlich unbeteiligter Zaungast; und nun war ich ich mitten hineingezogen in eine Männergemeinschaft, deren äußere Bedingungen offenbar das Ausufern abartiger Phantasien geradezu herausforderten. Schon früher hatte ich erlebt, mit welcher Selbstverständlichkeit Männer eine Frau auf ihre sexuelle Verfügbarkeit reduzieren, auf ein, zwei, höchstens aber drei Körperteile, zu denen der Kopf so gut wie nie gezählt wird. Doch nun, in der – vom Küchen- und Schreibpersonal einmal abgesehen – totalen Trennung vom anderen Geschlecht, kreisten die Gespräche und Prahlereien unter gegenseitigem Überbieten in perverser Ausschmückung ungeniert nur um dieses Thema, und ich errötete voller Scham anstelle jener, die so fürchterlich geschmäht wurden.

Einmal hatte ich einen schüchternen Versuch gemacht, den kaum verhohlenen Zweideutigkeiten entgegenzutreten, und meinen Zugführer nach dem Exerzieren gefragt, was es zu be-

deuten hätte: »Halten Sie Abstand, Heimann hat noch nicht geduscht!« Daraufhin hatte er mich groß angeschaut, fast belustigt, aber auch etwas befremdet, und gesagt: »Sie sollten von der alten Tante Heimann Abstand halten, weil Sie ihr beinahe in die Hacken getreten wären!« Zu näheren Ausführungen sah er keine Veranlassung, denn er hatte gemerkt, daß ich verstanden hatte. Indessen hatte die Anspielung nicht mir, sondern meinem Kameraden gegolten, der – etwas unbeholfen und linkisch – sehr bald zur Zielscheibe aller Aggressionen wurde. Ich aber hütete mich fortan, meine Dünnhäutigkeit zu zeigen: Empfindsamkeit lernte ich mehr und mehr als Lebensgefahr einzuschätzen, und das Mitschwimmen im Strom stellte sich mir als die einzige Möglichkeit dar, nicht unterzugehen. Ich mußte heraus; doch da Fahnenflucht in meinen Augen keine Alternative darstellte, blieb mir nur die Hoffnung darauf, aufgrund meiner Schulbildung und meiner Bereitschaft zur Anpassung in der militärischen Hierarchie aufsteigen und damit dem Sumpf entrinnen zu können. Dazu mußte ich mein Innen hermetisch gegen unbefugte Einblicke verschließen. Wie durch eine Schleuse aber strömten Bilder und Erlebnisse in mich ein, die mir immer wieder bestätigten: »Du gehörst nicht dazu, verdankst dein Dabeisein nur deiner Tarnung, auf die du deine ganze Kraft verwenden mußt.«
Im Nachbarzug gab es einen Erwin Schöne, der, da er wenig soldatisch, vielmehr sogar etwas mädchenhaft zart wirkte, sehr schnell eine tragische Figur wurde. Denn da ihn der Unteroffizier gleich an einem der ersten Tage mit »du Trottel« anherrschte und Schöne daraufhin noch ganz bürgerlich und schlicht antwortete, er lege Wert darauf, beim »Sie« zu bleiben, schaltete jener zwar verblüfft, doch geistesgegenwärtig und befahl Schönes Nachbarn: »Fühlen Sie erst mal nach, ob ›sie‹ bloß rasiert ist«, worauf der Zug in ein unbändiges Gelächter ausbrach. Von nun an war Schöne »die« Schöne, und da dazu der Vorname nicht recht passen wollte, fand sich schnell ein anderer, exotischer, geradezu verruchter, und binnen kurzem hatte die 2. Kompanie ein Maskottchen in Uniform, »die Schöne Elvira«, die sich ergeben in ihr Schicksal fügte wie in die Eigenschaften, echte und angedichtete, die einem solchen Unglückskind zukamen.
Ich dachte bei mir, daß es doch ein Glück sei, daß ich so kernig auftreten konnte, eine kräftige Stimme hatte und jedenfalls in der Lage wäre, die üblichen körperlichen Strapazen jeweils

unbeschadet zu überstehen. Denn ich wäre gewiß nicht in der Lage gewesen, ein solches Los zu tragen wie »die Schöne Elvira«, die ich andererseits aber beneidete, in eine quasi weibliche Rolle hineingedrängt worden zu sein, deren Attribute sie nur bereitwillig oder nur unter angedeutetem Protest anzunehmen brauchte, um toleriert zu werden.

Indessen hielt sich mein Neid in Grenzen; denn es war klar, daß jener Kamerad mehr oder minder ausdrücklich als homosexuell eingestuft wurde, obwohl er meines Wissens niemals konkret Anlaß dazu gegeben hätte, und eine homosexuelle Orientierung lag mir noch viel ferner als die Überzeugung von meiner eigenen Männlichkeit, hätte sie doch das vorbehaltlose Akzeptieren eines männlichen Prinzips bedeutet.

Und dabei war ich nicht einmal in der Lage, mit meinen Kameraden gemeinsam zu duschen, um mich nicht mit meiner unbehaarten und deformierten Brust und meinem unscheinbaren Genital zum Gespött machen zu lassen. Wie hatte ich mich damals geschämt und welche Verwirrung hatte mich ergriffen, als ich mit 14 Jahren beim Umkleiden für den Sportunterricht bemerkt hatte, daß sich aus meiner linken Brust ein Tropfen milchartiger Flüssigkeit gelöst hatte! Wenn jene, die in der vulgärsten Weise mit ihrer Männlichkeit prahlten, geahnt hätten, wie es um mich stand: Sie hätten mich fertiggemacht, physisch und psychisch; denn als Freiwilliger und möglicher Offiziersanwärter war ich vielen als Erfüllungsgehilfe der Vorgesetzten im Grunde suspekt.

Durch einen glücklichen Zufall stand ich damals mit meiner Verzweiflung nicht allein. Vielmehr teilte ich die Stube u. a. mit zwei Kameraden, für welche die Freizeit nach dem Dienst ebenfalls aus mehr bestand als den »Weibergeschichten«, Männlichkeitswahn, Disco und Trinken: Paul wollte Theologe werden und hatte wie ich seine Laute mitgebracht, Dag einen Koffer voller meist gesellschaftskritischer Bücher, die wir reihum lasen und diskutierten. Wir drei stellten zwar nur die Hälfte der Stubenbelegschaft, konnten uns den anderen gegenüber jedoch durchsetzen und bestimmten wenigstens in unserer Stube den Ton. So halfen wir uns gegenseitig über die ersten Wochen und Monate hinweg, bis Dag von heute auf morgen zur Sanitätstruppe versetzt wurde: Beim ersten Schießen mit scharfer Munition auf Pappkameraden hatte er einen Weinkrampf bekommen, als der Ausbilder ihn bei der Zielanweisung aufgefordert hatte, »immer auf die Fresse« zu zielen. Er hatte sich auf

sein Gewehr gelegt, von lautem Schluchzen geschüttelt, bis sie ihn aufhoben und fortführten.
Wir, die wir ohne Bedenken, manche gar aus einem vielleicht natürlichen Jagdeifer heraus, auf die Köpfe geschossen hatten, standen betreten herum. Paul und ich blickten einander verlegen an: Dag war der erste von uns gewesen, dessen verletzbare Seele sichtbar geworden war. Würde es uns je gelingen, dieses Panzerhemd aus Konventionen, Klischees und Vorurteilen abzulegen, das wir seit Kindesbeinen trugen? Dieses Hemd, das sich von selbst trägt, ohne eines Rückgrates zu bedürfen? Wie aber sollte sich ein Wesen ohne Rückgrat dieses Hemdes je entledigen können?
Ein Bild kam mir lebhaft in Erinnerung aus dem dicken Geschichtsbuch im Bücherschrank meines Vaters: In stolzer Pose, die gepanzerten Beine leicht gespreizt, steht dort ein Ritter, die eisenbewehrten Hände schwer auf sein Schwert gestützt. Mächtig wölbt sich der Brustharnisch, auf welchem reich verziert der Helm sitzt. Das Visier ist hochgeklappt wie nach vollbrachter Heldentat, doch der Helm ist leer, der Held ist gänzlich hohl!
Ich betrachtete die Menschen ringsum mit neuen Augen. Wie viele bestanden wohl nur aus ihrer Uniform, ihren Winkeln und Sternen, ihrer Dienstvorschrift und ihrer Haltung, hinter welcher sich gähnende Leere verbarg? Vielleicht waren gar welche darunter, die wie ich tagein, tagaus am bröckelnden Mauerwerk ihrer selbstgeschaffenen Festung flickten, ängstlich darauf bedacht, sie wenigstens nicht vor den anderen einstürzen zu lassen.
Manchmal sah ich aber auch hinter einem verkniffenen Mund oder einem kalten Blick eine Spur Güte und Erbarmen; und dann biß ich die Zähne zusammen und schob das Kinn vor, bis mein Gesicht ganz und gar eckig schien und alles Weiche daraus verschwunden war. Denn um Spuren von Güte legen zu können, mußte ich mich, so gut es ging, unverwundbar machen. Ich mußte mir einen Freiraum schaffen, über welchen ich allein bestimmen konnte, ein freies Schußfeld vor meiner Festung, damit ich notfalls, bevor jemand anderes mein Visier aufheben konnte, ich jenem oder mir ein Ende bereiten könnte: Auch darum war ich schließlich Soldat geworden ...
Ich wußte, wie ich's anfangen würde: Beim Gefechtsschießen ein paar scharfe Patronen zu unterschlagen war ein Kinderspiel.
Sie sicher zu verstecken, war wesentlich schwieriger, aber nicht

unmöglich. Es war nur wichtig, in jedem Augenblick einen klaren Kopf zu behalten, auch für den Fall, daß es erforderlich würde, Hand an mich selbst zu legen; immer wieder die »Lagen« durchzuspielen, kühl und ohne jede Panik.
Heimlich probierte ich die Möglichkeiten aus, das Sturmgewehr todsicher gegen mich selbst zu richten. Doch selbst bei ausgestrecktem Arm reichte ich nicht soweit, auf mich selbst einen gezielten Schuß, ins Herz oder durch die Schläfe abgeben zu können. Hin und wieder hörte man zwar von irgendwelchen Soldaten, die durchgedreht hatten und sich beispielsweise mit einer Platzpatrone, die sie in ihren mit Wasser gefüllten Mund abfeuerten, selbst den Kopf gesprengt hatten. Aber das fand ich nun ganz und gar unästhetisch: Wenn ich mich selbst auch nicht mehr zu sehen bekäme, so wollte ich doch meinen Kameraden oder gar meinen Eltern, die mich vielleicht hätten identifizieren müssen, einen solchen Anblick nicht zumuten!
Eine Pistole müßte man haben, ganz legitim als Panzerfaustschütze oder – als Offizier! (Da war es also wieder: Die früh geäußerte Erwartung der Eltern, ich müsse in die Fußstapfen des Großvaters treten, und nun die vermeintliche Notwendigkeit dazu aus der Erfahrung heraus, diesen Erwartungen nie entsprechen zu können: Welch ein Teufelskreis!) Mit einer Pistole könnte man auch glaubhafter einen Unfall vortäuschen. Dann brauchte sich niemand irgendwelche Vorwürfe zu machen, Ursache für meinen Tod zu sein, und wenn ich's recht anfinge, könnte ich, alles in allem, eine durchaus appetitliche Leiche abgeben.
Neu waren solche Überlegungen indessen nicht, denn mit diesen Gedanken hatte ich schon viele Jahre vorher gespielt, als ich meine erste Waffensammlung zusammengetragen hatte. Ich erinnere mich sehr wohl der Faszination, die das Harakiri, das »Russisch Roulett« und die Selbsttötung römischer Feldherrn, von denen ich gelesen oder gehört hatte, auf mich mit 14, 15 Jahren ausübten. Damals hatte ich mir gegen Briefmarken und Münzen ein paar Blankwaffen, Bajonette und Säbel, ertauscht, dazu ein paar verrostete Schußwaffen und besagten Karabiner, zu welchem ich auch ein paar gefüllte Ladestreifen besaß. Da hatte ich schon einmal durchgeladen, mit einer Übungspatrone zwar, die Situation aber bis zum Druckpunkt durchspielend. Denn im Ernstfall mußte es auf Anhieb klappen, sonst hätte ich die Freiheit auf meinen Tod verloren. Mit einem Knall, den ich vielleicht nicht einmal mehr vernehmen würde, wäre ich die

Angst vor meinem Schatten los. Und dann machte es »klick«, als der Schlagbolzen auf den Patronenboden schlug, und ich dachte: »Eigentlich müßte jetzt alles aus sein. Was aber ist danach? Wird es ein Leben nach dem Tod geben? Ist es vielleicht lebenswerter als dieses hier? Was aber, wenn danach absolutes Nichts kommt?« Ich hängte den Karabiner wieder zurück an die Wand, denn ich brauchte die Antworten auf diese Fragen nicht sofort zu suchen.

Doch dann war eines Tages Polizei bei mir erschienen und hatte die wirksamen Stücke aus meiner Sammlung beschlagnahmt, und nur dem aufopfernden Einschreiten meines Vaters hatte ich es zu verdanken, daß das Ermittlungsverfahren wegen unerlaubten Waffenbesitzes schließlich eingestellt wurde.

Ich hatte damals jahrelang gelitten wie ein Vogel, dem man die Flügel gestutzt hat, mich dann aber neu orientiert und mehr an antike Waffen gehalten. Dadurch, daß mir das Recht auf meinen Tod nach freier Wahl durch die Wegnahme und Kriminalisierung der entsprechenden Mittel genommen worden war, hatte ich ein wesentliches Attribut meiner Freiheit verloren. Ich wollte meine Freiheit zurückhaben und war bereit, dafür Gesetze zu brechen. Es sollte jedoch noch harter Anstrengungen und großer Geduld bedürfen, sie durch eine Dienstpistole wiederzuerlangen.

Als ich nach etlichen Monaten erstmals wieder heimfuhr, war mir vieles fremd geworden. Gewiß, meine Mutter fand mich hinreißend in meiner Uniform und reichte mich im Bekanntenkreis herum, und es bekümmerte mich auch nicht allzu sehr, daß mein Vater meinen »vaterlandslosen Kriegerverein« nicht ernst nahm. Doch ich merkte schon, als mich meine Schwester im Auto vom Zug abholte, daß die Uniform eine Barriere zwischen uns war, und dasselbe spürte ich, als ich nacheinander einige Freundinnen aufsuchte. Irgend etwas war inzwischen geschehen, an irgend etwas war ich vorbeigegangen; oder war ich stehengeblieben und die anderen waren weitergeschritten? Wie innig hatten wir uns damals zum Abschied geküßt, und nun, als wir uns an unserem Stammtisch in dem kleinen Eiscafé trafen, war da eine Kühle zwischen Monika und mir, die mich frösteln, mein Lächeln gefrieren ließ. Ich erzählte ununterbrochen, zwischendurch an meinem Martini nippend; denn ich merkte, daß etwas Entscheidendes mir noch bevorstand, sobald ich Monika Gelegenheit zum Reden geben würde. Und dann war es soweit: Verlegen vor sich hinschauend sagte sie: »Du, ich war neulich auf einer tollen Party, lauter interessante Leute – du kennst sie leider nicht. Ein junger Arzt hat mich nach Hause gefahren, und nun ruft er ständig an. Da hab' ich mich für morgen, damit er endlich Ruhe gibt, noch einmal mit ihm verabredet.«

So war sie mir denn zuvorgekommen, hatte sich wie ich bis zuletzt an einer Entscheidung vorbeigedrückt. Ich hätte mit dem Stand der Dinge zufrieden sein sollen; dennoch war ich über diese Eröffnung tief betroffen, hatte sie doch ein weitere meiner Wurzeln gekappt.

Und Kathrin, der ich, bevor ich ging, meine schönsten Gedichte geschenkt hatte, war in einer Weise überschwenglich und aufgekratzt, daß ich zweifelte, ob sie überhaupt nüchtern sei. Sie war noch ein paar Zentimeter gewachsen, so daß sie auch auf flachen Absätzen inzwischen größer war als ich, was mich sehr irritierte, paßte es doch nicht zu den Rollenklischees, denen ich mich unterworfen hatte. Und während ich ihr wie früher von den Dingen erzählte, die mich bewegten und sie immer wieder verliebt in diese meine Welt mit einbezog, bemerkte ich, wie sie strahlend und nonchalant den hehrsten Gedanken und Gefühlen einen kleinen ironischen Tupfer aufsetzte, was mich ziemlich verletzte.

»Wir spielen ein Märchen miteinander«, hatte sie früher einmal zu mir gesagt, »das wollen wir nie zu Ende gehen lassen. Die anderen müssen draußen bleiben, dürfen nur zuschauen.« Nun wurde mir klar, daß dieses Spiel nur in unserer Phantasie eine Realität besaß, nur einen Teil unser selbst in Anspruch nahm, daß wenigstens Kathrin sich aber weiter – von mir fort – entwickelt hatte, und so verließ ich auch sie, ehe das Wiedersehen für uns beide unausweichlich peinlich wurde.

Gewiß hatten sie trotz der Liebesbezeugungen in den Briefen, die ich täglich bekam, neue Freundschaften geschlossen: andere waren an meine Stelle nachgerückt. Gewiß aber auch, daß sie – inzwischen immerhin erwachsen oder zumindest auf der Schwelle zum Erwachsensein – sich nicht mehr hinhalten lassen und endlich wissen wollten, woran sie bei mir seien. Doch ich konnte den nächsten Schritt, der über die Zärtlichkeit hinausgegangen wäre, ja nicht als erster tun und fürchtete die Herausforderung dazu, und so mögen sie zu Recht meine Meldung zum Wehrdienst als eine Flucht auch vor der aus unseren Beziehungen verdrängten Sexualität begriffen haben.

Tief enttäuscht und voller Grauen stellte ich mir vor, meine Kameraden würden nun meinen Platz einnehmen bei jenen Engeln, die sie als solche nie zu erkennen in der Lage sein würden, und sie in ihren Sumpf herabziehen, vielleicht sogar ohne Gegenwehr oder gar allzu bereitwillig, wenn ich den dauernden Behauptungen meiner Kameraden Glauben schenken wollte. Ich begann einzusehen, daß meine »katholische« Liebe mit den letzten Heiligen sterben mußte: Sie war nicht mehr gefragt.

Meinen Eltern hingegen mußte es scheinen, als habe es mit meinen Mädchenbekanntschaften wohl seine Richtigkeit, als meine Mutter in einem Urlaub fürsorglich die Taschen meines Uniformhemdes, das sie schnell noch durchwaschen wollte, geleert und dabei neben dem Truppenausweis und dem Urlaubsschein ein Päckchen Präservative hervorgezogen hatte. Abends, als ich von einem Besuch zurückkehrte, fragte meine Mutter mit einem merkwürdigen Gesichtsausdruck, ob ich nichts vermisse; und da es mich nun siedendheiß überkam, welch peinlichen Fund sie gemacht hatte, versuchte ich, diesen zu bagatellisieren. Das sei das sogenannte »Nuttensturmgepäck«, erklärte ich, und das gehöre, so hätten wir's gelernt, mit zur Truppenhygiene und damit auch in die Ausgehuniform hinein.

Mein Vater schien überzeugt und quittierte die Auskunft mit einem wissenden Lächeln. Hätte ich ihm sagen sollen, daß ich mich damit auf den Tag hatte vorbereiten wollen, an dem mir die reife Frau, die er mir damals, als er mich, wie er meinte, aufgeklärt, in Aussicht gestellt hatte, irgendwo begegnen würde, um mich mit nach Hause zu nehmen und mich in die Geheimnisse der Liebe einzuweihen? Hätte ich ihm sagen sollen, daß ich ihr mit 21 Jahren noch immer nicht begegnet war, auch nicht mehr an ihre Existenz glaubte? Daß dieses unscheinbare Pappetui in meiner Brusttasche meinen Kameraden gegenüber eine Alibi-Funktion hatte? Und überhaupt: Woher durfte meine Mutter wissen, was es mit diesem Päckchen auf sich hatte, sie, deren Sexualität sich in meiner Vorstellung – selbst das fiel mir unendlich schwer einzusehen – ausschließlich auf die Empfängnis beschränkt hatte!

Auf der Suche nach Erkenntnis

Bevor der Urlaub zu Ende ging, fand sich regelmäßig für kurze Zeit Gelegenheit, ungestört in den Keller hinabzusteigen, in welchem für mich, seit ich von zu Hause fort war, ständig Quartier gemacht war.
Dort stand ein großer Schrank, der im Sommer die Winterkleidung, im Winter die Sommerkleidung vornehmlich meiner Mutter und meiner Schwester aufnahm. Auch befand sich dort eine Kiste mit Verkleidungsutensilien, die in der Zeit von Mitte November bis Aschermittwoch ziemlich häufig benutzt wurden, da in der Gegend, wo wir wohnten, die Faschingszeit sehr intensiv gefeiert wurde. Wie so viele ungezählte Male stand ich zitternd und mit weichen Knien davor, während mir das Blut in den Schläfen hämmerte, als wollte es meinen Schädel sprengen. Wie im Fieberwahn zog ich heraus, was ich benötigte und was ich als passend längst ausprobiert hatte: Wäsche, Mieder, Strümpfe, das himmelblaue Seidenkleid mit der breiten Schärpe und den Flügelärmeln, das meine Schwester zum Abschlußball bekommen hatte, dazu die zerdrückte schwarze Perücke aus der Faschingskiste. Doch aus dem Spiegel sah mich nur wieder ein trauriger Pierrot an, an Lächerlichkeit kaum zu überbieten, so daß ich mich, beschämt und bestürzt zugleich, von ihm abwenden mußte. Im Spiegel zurück blieben die antiken Waffen an der Wand, kunstvoll geschmiedete Degen mit ziselierten Klingen, schwere Reitersäbel und klobige Steinschloßpistolen, um den Küraß herum gruppiert, den ich bei Christoph damals gegen eine Mandoline eingetauscht hatte, Zeugen von Zeiten, in welchen Männer Ritter und Helden gewesen sein mußten. Zurück blieb auch die graue Uniform auf dem Stuhl darunter, auf deren Ärmel ein erster Stern zu sehen war. Und tiefer noch fiel ich in meine Schande zurück.
Was war das nur, was sich mir so unüberwindlich und übermächtig in den Weg stellte, das eines Tages in der Lage sein würde, mein Herz zerspringen zu lassen; das unsichtbare Mauern zwischen mir und meinem Spiegelbild errichtet hatte. Lichtschranken, Spannungsfelder, ein Zauberbann, den ich nur mit größter Anstrengung zu durchbrechen in der Lage war? Wi-

derstände waren in mir, gegen die alles, was ich bisher überwunden hatte, unbedeutend war: Abitur, Musterung, Unteroffizierslehrgang, Offiziersschule, und in irgendeiner Weise, das war mir inzwischen klar, hatten sie mit dem, was in meinem Körper vor sich ging, zu tun, und ich bekam sie nicht unter Kontrolle. Ich mußte herausbekommen, was da los war, klammerte mich an die vage Hoffnung, vielleicht doch nicht ganz allein zu sein in meiner Not.

Doch ich wußte niemanden, dem ich mich hätte anvertrauen können, und so beschloß ich, zunächst auf eigene Faust Klarheit über mich zu bekommen, indem ich alles, was mir an psychologischen Büchern in die Hand kam, zu verschlingen begann, zunächst aber ohne konkrete Erfolge, da ich nicht recht wußte, unter welchen Stichworten ich in der Universitätsbibliothek nachschlagen sollte. Meine Informationen blieben vorläufig recht allgemein.

Erste Hinweise hatte ich allerdings daheim im Keller schon gefunden, wohin ein uraltes zweibändiges Werk Krankheitslehre im Laufe der Zeit abgestiegen war. Da hatte ich unter dem Stichwort »Geschlechtstrieb, verkehrter« eine Fülle von Informationen bekommen, zu welchen Abartigkeiten und Perversionen der im Grunde unkontrollierbare Geschlechtstrieb selbst äußerlich angepaßte Menschen zu verführen in der Lage ist, und ich versuchte nun, die Obszönitäten und perversen Phantasien meiner Kameraden als krank einzustufen. Das wollte mir jedoch nicht recht gelingen, denn nur eine Minderheit beteiligte sich ja nicht daran, und ganz wenige waren selbstsicher genug, nicht über einen unanständigen Witz, der ihren Anschauungen zuwiderlief, zu lachen. Wie konnte aber das Kranke das »Normale« sein? Die Männergemeinschaft, in der ich lebte, konnte in ihrer überwältigenden Mehrheit doch unmöglich krank sein. Ich mußte sie mit falschen Maßstäben gemessen haben.

In jenem Werk waren die heiklen Stellen in den Lebensläufen der »Kranken« übrigens in Latein abgefaßt, so daß ich trotz des Großen Latinums nicht ohne Mühe mir den Inhalt erschloß.

Unter dem Stichwort »Geschlechtstrieb, verkehrter« wurde ich schließlich auch in anderer Hinsicht fündig: Da gab es also schon früher Männer, die sich als Frauen kleideten und schminkten und z. T. so überzeugend auftraten, daß sie zunächst dem Auge des Gesetzes entgingen und eventuelle Freier auch nüchtern bis zuletzt im unklaren über ihre wahre Identität ließen. Darin bestand offenbar hauptsächlich das öffentliche Ärgernis und damit eine kriminelle Verfehlung, daß unsere Urgroßväter in ihrem untrüglichen Instinkt für das ewig Weibliche getäuscht werden könnten. Travestien wurden nur dann geduldet, wenn sie das Weibliche bewußt parodierten, der Wolf im Schafspelz unübersehbar blieb; andernfalls war davon auszugehen, daß solcher »Mummenschanz« ausschließlich dazu diente, Männer zu unzüchtigen Handlungen zu verleiten: Travestie also als Variante effeminierter Homosexualität. Damit hatte ich ja nun wirklich nichts im Sinn, hatte ich doch sogar alles getan, nicht weiblich zu erscheinen, und bis auf ein, zwei Annäherungsversuche, denen ich mich ausgesetzt sah und die ich erst später als homosexuell hatte interpretieren können, war ich in dieser Beziehung in jeder Hinsicht gefeit. Ich mußte also weitersuchen.

Die Verbindung zu Paul hatte sich mehr und mehr gelockert, nachdem Dag versetzt worden war. Er hatte »Junkerallüren« angenommen, entwickelte als Vorgesetzter gegenüber seinen früheren Kameraden eine mir schwer faßbare Härte und Distanz, ja sogar ein beträchtliches Maß an Sadismus bei der Gefechtsausbildung. So hatte er sich bald das Vertrauen des Chefs erworben und sich zu dessen Favoriten gemausert, hatte sich mit unseren früheren Vorgesetzten, die uns z. T. bis aufs Blut gepeinigt hatten, in einer unheiligen Allianz verbunden. Seine Laute hatte er längst als kompromittierend tief in seinem Spind verstaut und anläßlich eines Urlaubs klammheimlich aus der Kaserne geschafft. Statt dessen saß er mit dem Schinder Eberswald abends auf der Bude, trank mehr, als er vertrug, und jagte mitten in der Nacht die Rekruten aus den Betten. Hatte er nicht Schulter an Schulter mit mir im Laufschritt, das Gewehr in »Vorhalte«, halb erstickt vom »Hurra-Gewinsel« unter der ABC-Schutzmaske, beim Strafexerzieren des 1. Zuges die Panzerrampe, von welcher Eberswald breitbeinig und zynisch grinsend zu uns herunterblickte, ungezählte Male umrundet, während vor und hinter uns die Kameraden, bis zur Bewußtlosigkeit erschöpft, mit dem Helm zuerst auf den Beton knallten? Und hatten wir nicht im selben Augenblick denselben Entschluß gefaßt: Noch eine Runde und dann mit letzter Kraft die Rampe empor und dem Schwein Eberswald das Sturmgewehr über den Schädel schlagen, erst ich, dann er, und bis zum Ende im Wechsel? Waren wir nicht gleichzeitig zu töten bereit gewe-

sen? Und unser tiefes Aufatmen darüber, daß unser Entschluß nicht in der vorletzten, sondern in der letzten Runde gefallen war? Wie konnte er das je vergessen!
Ich fand viel Zeit zum Lesen und zum Nachdenken in jenen zwei Jahren. Ich ging an den Wochenenden und vornehmlich nachts freiwillig und für andere auf Wache, und bei der Gefechtsausbildung fand ich immer Verwendungen als Feldposten oder Beobachter, wo ich mit mir allein sein konnte. Wahrscheinlich habe ich niemals vorher und nachher in solcher Ruhe und Konsequenz die Dinge, die mich betrafen, durchdenken können, habe mich niemals so sehr eins gefühlt mit der gesamten Schöpfung: Wer steht schon nachts freiwillig auf, um bis zum Schwindel in die Unendlichkeiten eines glasklaren Sternenhimmels zu schauen in der absoluten Stille einer Winternacht über der Heide?
Wie oft zog ich das Magazin aus meiner MP, ließ die Fingerkuppen über die golden schimmernden Patronen gleiten, die von einem Augenblick zum anderen Leben in bloße Materie zurückverwandeln würden, in jenen Urlehm, aus dem alles Leben entstanden ist. Welch ein Gefühl von tiefer Ruhe und Unüberwindlichkeit, ja von Glück, überkam mich in solchen Augenblicken: Leben in meiner Hand! Ich könnte es der Unendlichkeit zurückgeben wie ein ungenutztes Lehen: »Hier, nimm, ich hab's nicht verwenden können! Mit bestem Dank zurück! Vielleicht kann ich's beim nächsten Mal besser nutzen.« Sich auf der Erde wie zum Schlaf ausstrecken, ihren würzigen Geruch noch einmal tief einatmen, eiserne Ration auf meinem Weg durch die Ewigkeit.
Einschlafen, bevor ich alle aufgeweckt, alle Maßstäbe verwirrt hätte: die der Kameraden, der Eltern, der Liebsten. Ihnen ihre Illusionen zu lassen, ihr Selbstverständnis, ihre Selbstverständlichkeiten, ehe ich ihre Fundamente gänzlich untergraben, ihre Ordnung ins Wanken gebracht hätte. Den unheimlichen Begleiter, der sich mir unlösbar verbunden zu haben schien, ein einziges Mal überlisten, ihn zu zwingen, mir zu folgen, bevor irgend jemand von seiner Existenz erführe.
Ich würde darum keinen Brief hinterlassen; nicht einmal aus meiner Schrift sollten sich Schlüsse ziehen lassen. Denn seit ich mir mit 21 Jahren ein graphologisches Gutachten hatte erstellen lassen, aus welchem sehr viel mehr hervorging, als der Gutachter aus dem Inhalt, der Form und anderen Kriterien der Schriftprobe geschlossen haben konnte, war ich vorsichtig ge-

worden. Nein, Anzeichen einer geistigen Erkrankung waren nicht festgestellt worden; aber unter anderem fand sich in dem Gutachten eine dringende Ermahnung, der Verfasser müsse ernstlich danach trachten, seinen Willen zu stärken. Der Gutachter diagnostizierte also bei mir eine Willensschwäche, die ich mir selbst nicht hatte eingestehen mögen. Ich war bereit, daraus die erforderlichen Konsequenzen zu ziehen, meinen Willen zu stärken. Doch zuvor mußte ich die Frage für mich entschieden haben: Wille wozu? Wohin sollte ich ihn richten? Zur totalen Unterwerfung etwa unter die gesellschaftlichen Zwänge?

Oder zur Konfrontation der Gesellschaft mit meinem So-Sein, zu dem ich mich vorbehaltlos zu bekennen hätte? Ich mußte Zeit gewinnen, um eine umfassende Antwort auf diese Fragen zu bekommen, mir Freiräume erhalten oder schaffen, in welchen ich meine Seele lebendig halten konnte. Dazu mußte ich aber auch alles daransetzen, in der militärischen Hierarchie so weit zu kommen, wie mir das überhaupt möglich war: Je höher der Dienstgrad, desto mehr Möglichkeiten zu Freiräumen und Intimsphären.

Ich bekam es, das Einzelzimmer mit eigenem Schlüssel und mit eigener Waschgelegenheit, bei welcher ich niemandem mehr durch vorzeitiges Aufstehen und Zubettgehen meinen unbehaarten Oberkörper und dessen unübersehbare Deformation verhehlen mußte. Ich erklomm die Stufen, auf denen ich mir Blumen auf dem Tisch, Kunst an den Wänden, schöngeistige Literatur auf dem Bücherbord und Pinsel und Palette im Spind erlauben konnte, ohne notwendigerweise den Respekt meiner Kameraden und Untergebenen einzubüßen, während solche Extravaganzen meinen Vorgesetzten verborgen bleiben mußten: Sie hatten in meinem Zimmer nichts zu suchen. Doch ich erreichte auch, daß ich im Urlaub vor jenem Kleiderschrank noch mehr zu leiden hatte als zuvor: ein schneidiger junger Offizier, sich selbst der totalen Lächerlichkeit preisgebend! Wenn es mir doch nur gelänge, mein Gesicht zu wahren: Ich wäre bereit, mein Leben dafür einzusetzen, mich in die vorderste Linie zu stellen und als Held oder tot daraus zurückzukehren!

Die Probe aufs Exempel war indessen näher, als ich – als wir alle – ahnten. Eines Abends wurde unmittelbar nach Dienstschluß Alarm gegeben, an und für sich eine häufig wiederkehrende Übungsmaßnahme. Doch dieses Mal schien etwas verändert. Die Führer und Unterführer schienen selbst völlig überrascht, wirkten keineswegs überlegen wie sonst: Etwas Ungeheures lag in der Luft. Die Kommandos waren weniger herrisch, alles wartete auf nähere Befehle und schien sich unter der wachsenden Erkenntnis zu ducken: Diesmal ist es ernst. Hatte es nicht schon seit Tagen ein erbittertes Tauziehen der Supermächte um die Frage gegeben, bis zu welchem Grad Kuba militärisch aufgerüstet werden dürfte?

Nach einer kleinen Ewigkeit wurden die Einheiten zum Fernsehen kommandiert, ein nie dagewesener Befehl. Und nun – weiterhin unter Helm und Gewehr – sahen wir über tausende Kilometer hinweg, wie sich die Katastrophe eines Dritten Weltkrieges anzubahnen schien: ein sowjetischer Konvoi in Richtung Kuba, Transportschiffe mit Trägerraketen darunter, und ein amerikanischer Flottenverband, der mit hoher Fahrt dem Konvoi entgegenlief. Die Stimmen der Nachrichtensprecher überschlugen sich, Funksignale blendeten ein, während draußen die Panzermotoren dröhnten, die Ketten klirrten: Im Depot wurde fieberhaft aufmunitioniert!

Ich spürte, wie ich mich langsam entspannte: Meine Stunde war gekommen, ich würde mich teuer verkaufen. Gelassen konnte ich die anderen betrachten, las in vielen Gesichtern blanke Angst, in anderen dumpfe Resignation. Der aufgedunsene Gefreite aus der Schreibstube, der vorhin noch mit widerwärtigsten Pornokarten bei einigen Unterführern mit Erfolg um eine zweifelhafte Anerkennung gebuhlt hatte, und Kaufmann, der kurz zuvor noch am Telefon seine Frau mit zärtlichen Worten belogen hatte, er könne an diesem Wochenende nicht kommen, weil er überraschenderweise Wache schieben müsse, obwohl er sich mit ein paar anderen schon für einen ausgedehnten Bordellbesuch verabredet hatte, auf den sie sich unter Zoten und Gelächter schon entsprechend eingestimmt hatten: Sie und andere spürten in diesen Augenblicken mit vor Entsetzen geweiteten Augen die unmittelbare Nähe der Stunde der Wahrheit.

Ich beobachtete Paul. Seine Augen glänzten fiebrig unter halb geschlossenen Lidern. Er hatte die Mundwinkel herabgezogen, das Kinn vorgeschoben, seine Beine weit von sich gestreckt und lässig übereinander geschlagen. Doch mir konnte er nichts mehr vormachen; ich sah, wie seine Zähne unablässig mahlten, das Spiel seiner Kaumuskeln verriet den Grad seiner Erregung: Paul hatte Angst; am meisten aber wohl davor, daß jemand etwas davon merken würde. Vielleicht war seine Seele noch nicht ganz verschüttet.

Hin und wieder stand einer auf, um festzustellen, ob die Telefonleitung nach draußen wieder frei wäre, um der Liebsten noch Lebewohl sagen zu können, den Angehörigen noch Anweisungen zu geben. Doch wir blieben von der Außenwelt abgeschnitten, während wir gebannt auf dem Bildschirm verfolgten, daß die feindlichen Schiffe inzwischen auf klaren Kollisionskurs gegangen waren. Einige holten verstohlen Briefpapier hervor, versuchten sich an einem kurzen Abschiedsgruß, baten vergeblich um Briefmarken. Diesesmal war alles anders, es konnte keine Ausnahme gemacht werden; auf Gedeih und Verderb waren alle unter einen Befehl gestellt.

Was würde aus meiner kleinen Iris werden, die gleich hinter dem Kasernengelände, greifbar nahe, wohnte? Ihr Vater konnte in diesem Augenblick ja nichts für seine Familie tun, saß verzweifelt vor einem ebensolchen Bildschirm in einem der Gebäude des Nachbarbataillons. Gewiß schlief sie in der Unschuld ihrer 14 Jahre, den Mund leicht geöffnet, ihr langes dunkelblondes Haar auf den Kissen wie ein Strahlenkranz ausgebreitet.

Vor einem Jahr hatte ich sie im Bibelkreis der kleinen Garnisonsgemeinde kennengelernt, wohin sich kaum je ein Soldat verirrte; wir waren dort wie selbstverständlich miteinander ins Gespräch gekommen. Ich hatte mich gleich in ihre großen, ernsten Augen verliebt, aus denen nur ab und zu wie ein Sonnenstrahl ein Lächeln zuckte, das Einblick in ihr Innerstes gewährte. Fast täglich hatten wir uns nach dem Abendessen an jenem Kreuzweg im nahen Kiefernwäldchen getroffen, in welchem sich im Sommer die Wärme staute und der Geruch des Harzes sich mit dem des sandigen Waldbodens und des Heidekrautes zu einem betäubenden Duft mischte. Fast täglich waren wir um das Karree des Wäldchens herumgewandert, bei trockenem Wetter mit einem Abstecher ins aufgewühlte Panzergelände, in welchem wie Inseln einzelne Heideflächen mit zerzausten Kiefern oder Vogelbeerbäumen stehengeblieben waren, in deren Windschatten wir uns ausstrecken, aneinanderschmiegen und in die Wolken über uns schauen konnten, ohne viel zu erzählen.

Iris! Sie hatte mir an einem der ersten Wochenenden, die wir uns kannten, voller Eifer angeboten, mir die Besonderheiten der Gegend zu zeigen; und dann waren wir weit hinter dem Dorf durch ein Kornfeld hindurch auf einen einsamen Hügel gestiegen, auf dem sich im Schatten uralter Eichen eine Grab-

kammer, aus Sandsteinquadern gefügt, verbarg. Durch die vergitterten Fensterluken hindurch spähend, gewahrten wir im Dämmerlicht des Gewölbes eine Reihe steinerner Särge, mit einer dicken Staubschicht bedeckt.
Gleichzeitig hatten wir uns wieder ins Licht gewandt, die Pupillen vom Blick ins Dunkle noch weit geöffnet; und dann hatte Iris plötzlich meinen Kopf in ihre Hände genommen und mich geküßt! Ich war einen Augenblick lang verwirrt vor Glück; doch als ich sie umarmen wollte, war sie schon lachend den Hügel hinabgelaufen. Von diesem Tage an waren wir unzertrennlich gewesen.
Ihre Eltern würden, wenn es jetzt losginge, einer Sorge wenigstens enthoben. Denn obwohl sie mich bei einem Sonntagsmahl, zu welchem sie mich hatten bitten lassen, als einen zurückhaltenden und vertrauenswürdigen jungen Mann kennengelernt hatten, fürchteten sie doch, daß ihre jüngste Tochter sich zu sehr an mich hängen würde und daß ich sie nach meiner Dienstzeit gewiß mit einer unheilbaren seelischen Wunde zurücklassen würde.
Einen Augenblick dachte ich daran, beim Ausrücken in den Einsatzraum unter Iris' Fenster vorzufahren, sie durch das Turmluk in meinen Panzer einsteigen zu lassen und sie irgendwo in Sicherheit zu bringen. Und dann dachte ich in bitterer Erkenntnis, daß ich's niemals gewagt hatte, aus einer Formation auszuscheren, es niemals wagen würde. Gewiß, ich war total aus der Reihe getanzt, als ich, ein ausgewachsener Mann, mich in Iris, ein Kind noch, verliebt und dessen tiefe Zuneigung gewonnen hatte, eine Liebe ohne Körperlichkeit, für die meine Kameraden nur Spott aufbrachten. Gewiß auch, daß ich mit meiner Liebe eine klare Zäsur zwischen Dienst und Freizeit, mir und meinen Kameraden zog. Aber so richtig hatten sie mir nie etwas anhängen können, denn ich hatte es ihnen gegenüber nie an Solidarität und Anteilnahme fehlen lassen, mir im militärischen Bereich nichts zuschulden kommen lassen.
Ich konnte nur hoffen, Iris wenigstens am Fenster zu sehen, faßte aber den Beschluß, wenn wir uns noch jemals treffen sollten, dann sollte unser Abschied beim Auseinandergehen jedesmal wie ein Abschied auf unbestimmte Zeit sein, alle Gedanken, Wünsche, Hoffnungen und Ängste bis zu Ende gedacht worden sein.
In diesem Augenblick wurde ich durch Stühlerücken, Lachen, das Scheppern von Helmen und Sturmgewehren, von Klat-

schen und Sich-auf-die-Schulter-Klopfen aus meinen Gedanken gerissen. Auf dem Bildschirm hatte sich eine dramatische Wende vollzogen: Unmittelbar vor dem Zusammenstoß der Schiffsverbände hatten die sowjetischen Schiffe beigedreht und waren auf Heimatkurs gegangen. Schnell wurde die Distanz zu den amerikanischen Schiffen größer, die sie noch eine Weile wie wütende Köter eskortierten, und dann wurde nach Washington übergeblendet, wo Kennedy, dessen Gesicht die ungeheuere Anspannung der letzten Stunde dauerhaft gezeichnet hatte, sich zu einer Ansprache anschickte: Der Kelch war noch einmal an der Menschheit vorübergegangen! Alles war beim alten geblieben: Nicht einmal im Angesicht der Katastrophe waren wir eines Geistes gewesen. Mit welchem Recht trug ich noch ihre Uniform?
Ein paar Tage später rückte das Bataillon in ein längeres Manöver aus, und dann ging meine Dienstzeit zu Ende. 200 Kilometer würden mich von Iris trennen! Sie würde nach dem Realschulabschluß eine Lehre beginnen; ich wollte Pädagogik und Gesellschaftswissenschaft studieren, um später Lehrer zu werden oder vielleicht in einem Jugendamt zu arbeiten.
Iris war in den letzten Tagen sehr still und noch ernster als sonst geworden. »Du wirst an der Universität bald eine andere kennenlernen und mich schnell vergessen haben«, sagte sie unter »unserer« Kiefer, indem sie über meine Schulter hinweg in die beginnende Dämmerung blickte, »ich bin ja noch viel zu jung für dich.« Und dann fügte sie, in sich hineinlächelnd, hinzu: »Ehe du drei Monate fort bist, hast du mich dreimal verleugnet.« Sie sollte recht behalten, obwohl ich mir's nicht vorstellen konnte.

Trotz allem ist es mir sehr schwergefallen, die Uniform nach Ablauf der Zeit auszuziehen, ja, ich habe die endgültige Abmusterung durch Reserveübungen hinausgezögert, solange ich konnte. Ich fürchtete mich vor der »uniformlosen« Zeit, davor, ich selbst sein zu müssen ohne den Halt, den mir das militärische Zeremoniell, die angezogene Männlichkeit, der in den Dienstgradabzeichen nach außen hin sichtbar gemachte Rang in der Männergesellschaft gegeben hatten. Immerhin hatte mir ein graphologisches Gutachten eine Ich-Schwäche bescheinigt; diese hatte ich offenbar erfolgreich verbergen können, andernfalls hätte ich die Ziele, die ich mir gestellt hatte, unmöglich erreichen können. War ich nicht immer wieder Menschen begegnet, die nicht nur ein schwaches Ich, sondern vermutlich gar keines besaßen und dennoch lebten und erfolgreich waren? Hatte ich nicht gestandene Männer gesehen, die ihr möglicherweise starkes Ich durch Alkohol und anderes absichtlich zumindest zeitweise ausgeschaltet hatten, um etwas vermutlich wesentlicheres ihrer Persönlichkeit zur Wirkung kommen zu lassen? War das Ich nicht vielleicht etwas Hinderliches bei der Integration in eine Gemeinschaft? Streben nicht sich ihrer selbst bewußte Individuen natürlicherweise auseinander?

Ich ahnte, daß ich ohne eine ehrliche Antwort auf die Frage nach meinem Ich nicht weiterkommen würde, mein Leben keinen Sinn bekäme, daß ich im Augenblick meines Todes die furchtbare Feststellung hätte treffen müssen: »Ich habe nicht gelebt!« Ich spürte aber auch, daß die Antworten, die ich bislang vermeintlich gefunden hatte, nur vorläufige oder gar falsche, auf jeden Fall unzureichende gewesen waren.

Wie eine Offenbarung mußte mir darum in einer der ersten Psychologie-Vorlesungen nach meiner Entlassung das Denkmodell von den Schichten der Persönlichkeit vorkommen: Das Ich zwischen den Instanzen Es und Über-Ich! Der Professor hatte das Modell an der Tafel ziemlich nüchtern entwickelt; doch ich hatte die Illustration in meiner Phantasie längst präzisiert: Das Ich in vermeintlich freier Willensentscheidung, das auf seinem krummen Rücken den Riesenfindling Über-Ich schleppt, aber nicht voranschreiten kann, weil seine Füße im Es Wurzeln geschlagen haben. Um die Wurzeln kappen zu können, müßte es den Findling abwerfen. Um ihn abwerfen zu können, müßte es einen Ausfallschritt tun; denn andernfalls könnte es vom Über-Ich erdrückt werden.

Mühelos konnte ich das Modell auf mich übertragen: Ein übermächtiges Über-Ich als die Summe der bewußten und unbewußten Erziehungserwartungen meiner Eltern, der idealisierenden Lebensbilder meiner bevorzugten Dichter und Schriftsteller, der Rollenzwänge, deren Akzeptieren Voraussetzung für die Integration in die verschiedenen Gruppen war; der strengen Moralgesetze, die jedes versuchte Abweichen mit einer unerträglichen Gewissensnot enden ließen; der abstrakten und nicht mehr hinterfragbaren Begriffe Ehre, Charakter, Tugend, Gewissen. Das Über-Ich bestimmte unerbittlich meinen Weg, versuchte es zumindest.

Doch da waren noch die Wurzeln, und die waren mit mir organisch verbunden: meine Triebe, Angst und Lust, meine Sexualität, die dunkle Ahnung, aufs falsche Pferd gesetzt zu haben. Sie waren beängstigend mächtig, sie nicht minder. Und ich hatte mich dabei immer wieder als entmachtetes, zwischen diesen beiden Supermächten fast zermalmtes Individuum erlebt, das ohnmächtig dem Kampf der Giganten zusehen mußte, dem lächerlichen Kampf um den Kleiderschrank im Keller meines Elternhauses beispielsweise! Mit welchem Recht nahmen sie mir meine Entscheidungsfreiheit, bevormundeten, entmündigten sie mich? Ich mußte versuchen, sie loszuwerden, beide!

Als Mann unter Frauen

Meine neuerlichen Lebensumstände als Student kamen diesem Entschluß entgegen. Endlich getrennt und weit entfernt vom Elternhaus, trug ich erstmals die alleinige Verantwortung für mich selbst, ohne mich dauernd kontrollieren zu müssen. In einer akademischen Ausbildung begriffen, die damals ganz überwiegend von weiblichen Kommilitonen frequentiert wurde, welche – in der zahlenmäßigen Übermacht ihre Stärke ausspielend – im Umgang mit den männlichen Studenten wie selbstverständlich die Initiative ergriffen, verlor ich sehr schnell meine Befangenheit und Prinzipientreue und ließ mich treiben. Trunken von so viel Weiblichkeit, die mich umfing, taumelte ich bald hierhin, bald dorthin, begehrend und begehrt. Ich erlebte mich als geliebtes Objekt, brauchte dazu nicht mehr zu tun, als eine der jungen Frauen um mich herum freundlich anzuschauen, sie zu grüßen, in der Diskussion auf ihre Argumente einzugehen. Doch ich fühlte mich auch in meiner Körperlichkeit gefordert, und erstmals war ich bereit, das Tier in mir freizulassen, und entwand mich nicht mehr brüsk und voller Scham einer Umarmung, sobald ich spürte, daß mein Körper eigenständig zu reagieren begann, ich Lust und Begehren erfuhr. Obwohl ich nicht sehr wählerisch war und mich von dem erhebenden Gefühl, begehrt zu werden, nur zu gerne bestechen ließ, kam es dennoch nicht zu mehr als zu heftigen Küssen; denn den nächsten Schritt von mir aus zu tun, war ich nicht imstande, und meine wechselnden Partnerinnen waren wohl auch etwas irritiert, daß ich mit meinen 23 Jahren noch so ganz unerfahren war.

Es blieb nicht aus, daß in den kurzen Augenblicken höchster Lust sich mir jedesmal deutlicher die Frage stellte, ob ich auf diesem Wege jemals zu einem Frieden zwischen Körper und Psyche kommen würde. Denn je weniger mir meine Partnerin bedeutete, desto mehr empfand ich meine körperlichen Reaktionen als autonom, fremd und nicht zu mir gehörend. Je mehr ich ihr aber zugeneigt war, desto stärker identifizierte ich mich mit ihr und empfand meine Sexualität als aggressiv und gewalttätig und unvereinbar mit meinen Vorstellungen von Zärtlichkeit und Liebe und versuchte darum, sie zu unterdrücken. Je stärker die Identifikation mit der Geliebten war, desto mehr verlor ich auch das Gefühl für die Grenzen unserer Körper und erlebte das unfaßbare Glück, daß in der innigen Umarmung sich meine männlichen Merkmale verloren und ich selbst jene meiner Geliebten erwarb.

Wie hatte ich gewünscht, aus diesem Erleben nie aufwachen zu müssen, die sanften ästhetischen Formen eines weiblichen Körpers gegen die verachteten meines eigenen für immer eintauschen zu dürfen! Nie wieder einem männlichen Körper begegnen zu müssen! Immer wieder beschäftigten mich diese Gedanken, die ich sorgsam hüten mußte. Denn in letzter Konsequenz bedeutete das: Niemals eigene Kinder zu haben, auf eine männliche Partnerschaft sowieso, auf eine weibliche wahrscheinlich ebenfalls verzichten zu müssen, allein mein Leben zu führen.

Noch aber ahnte ich nichts davon, daß solche Träume überhaupt realisierbar sein könnten. Und so suchte ich in all dem Chaos, das auf mich ganz persönlich einstürzte, während an anderen Hochschulen die ersten politischen Studentenunruhen aufflammten, nach der Frau, die meine Identifikation mittragen würde, mir erlauben würde, mich aus meinen Rollenzwängen zumindest teilweise zu befreien, mit der ich Kinder haben würde, denen ich Vater und Mutter zugleich sein könnte. Ich richtete mich auf eine lange Zeit der Suche ein.

Immerhin waren die Engel von ihren Podesten zu mir herabgestiegen, hatten sich auch objektiven Kriterien unterwerfen lassen. In wenigen Wochen hatte ich gelernt, auch hinter die Fassaden zu blicken, hatte an manchen häßlichen Entlein hohe menschliche Qualitäten erkannt, manche Schönheit als hübsche Larve und Dekorationsobjekt kennengelernt. Ich hatte auch gelernt, daß manche abwertenden Rollenklischees durchaus zuzutreffen schienen, da die Frauen selbst sie niemals in Frage stellten, sie vielmehr in erstaunlicher Demut trugen, sie sogar zu brauchen schienen, um ihre Rolle behaupten zu können. In einem Spiel ohne Worte, sogar ohne Zeichensprache stand die Rolle der Frau für Hilflosigkeit bzw. -bedürftigkeit, die des Mannes für Überlegenheit und Hilfsbereitschaft, jedenfalls in den meisten Beziehungen zwischen den Geschlechtern. Wehe der Frau, die sich diesem hierarchischen Prinzip widersetzte und aus der Rolle fiel! Natürlich gab es sie, etliche sogar, unter meinen Kommilitoninnen. Doch dank zahlenmäßiger Überlegenheit hatten sie es nicht nötig, ihre Stärke jedesmal voll auszuspielen, und so saßen sie wie gelangweilt blinzelnde Löwinnen souverän in den Hörsälen, wo eine unscheinbare graue Maus ein wissenschaftliches Feuerwerk abzubrennen versuchte. Ich konnte mir nicht vorstellen, daß diese Frauen, die alle Aspekte der Macht – sowohl die ihrer Körperlichkeit als auch des damals noch automatisch funktionierenden Rollenverständnisses und ihres brillanten Intellektes – in sich vereinigten, sich jemals mit einem Manne vereinigen könnten, es sei denn für das eine Mal einer gewollten Schwangerschaft. Sie erschienen mir als der Inbegriff der Vollkommenheit, und dennoch litten sie offensichtlich unter der weitgehenden Isolierung, in welche sie auch von ihren eigenen Geschlechtsgenossinnen gedrängt wurden, mürbe und zu Kompromissen bereitgemacht.

Einige machten aus ihrer Rollenverachtung kein Hehl und zeigten offen, daß sie die anwesenden Männer nicht im geringsten wahrzunehmen bereit waren, indem sie sich auf der Liegewiese hinter der Mensa, die zwischen den Vorlesungen im Sommer jedesmal dicht belegt war, mehr oder weniger nackt sonnten, oder aber auch mit der Nachbarin unverhohlen kleine Zärtlichkeiten austauschten. Zwar nahm niemand Anstoß daran, waren doch erotische Beziehungen zwischen Frauen nie in dem Maße tabuisiert gewesen wie die zwischen Männern; doch sie wurden nicht ernst genommen, allenfalls als Clowns und Exoten toleriert. Schlimmer dran waren allerdings noch diejenigen, die ihre übrigens allseits bekannte Männerverachtung dadurch zu realisieren vermeinten, daß sie wahllos jeden Mann eroberten und anschließend – wie sie meinten – »fertigmachten«, indem sie in völliger Verkennung der Tatsachen die Bedürfnisse der allermeisten Männer nicht als nur kurzfristig erkannten, sondern vielmehr von ihrer eigenen, mehr auf Totalität abzielenden Vorstellung von Partnerschaft ausgingen. Von ihren angepaßteren Kommilitoninnen wurden sie dafür gehaßt und gefürchtet, zu Unrecht, glaube ich; denn diese Frauen habe ich als alles andere als »mannstoll« kennengelernt, auch wenn sie Außenstehenden so erscheinen mochten. Widerstrebend mußte ich allerdings auch einsehen, daß es jene Frauen aus den Zoten und »Witzen« der Männergesellschaft eben doch auch außerhalb der Bordelle gab und daß Frauen unter sich zwar mit anderen, subtileren, aber keinesfalls humaneren Mitteln ihre Machtkämpfe austragen, in einem Falle bis zur – wenigstens zeitweiligen – physischen, im anderen Falle bis zur psychischen Vernich-

tung. Ich war blind gewesen, hatte mich blenden lassen und die Welt mit den geliehenen Augen Eichendorffs und anderer Romantiker zu erfahren versucht. Und ich war irgendwo auf einem Bahnsteig stehen geblieben, während der Zug auf einem anderen Gleis eingelaufen und weitergefahren war.
Ich hatte in kürzester Zeit eine Menge an Wirklichkeit eingeholt. Die Kluft zwischen Sein und Schein war zwar erheblich verringert, doch ich ahnte, daß ich sie niemals würde ganz schließen können. Zu weit waren die unnahbaren Engel zu mir herabgestiegen, zu weit hatte ich mich selbst ihnen genähert. Denn nach und nach hatte ich sie alle, die ich voller Hingabe geliebt und nicht hatte um mich scharen können, mir einverleibt, sie unwiederbringlich in mich einbezogen: Gudrun mit dem Haar des Pagen des Schwedenkönigs; Heidi, die so stolz den Kopf in den Nacken werfen konnte; Monika mit dem Gemüt eines Kindes und dem Leib einer reifen Frau: Kathrin, die so herrlich durch die Nüstern schnaubte, wenn sie sich über irgend etwas mokierte; Karin mit dem hintergründigen Lächeln; Renate mit dem Schmollmund; Iris mit den Augen tief wie ein See. Und endlich Beate, bei der es mir schien, daß ich endlich den Konflikt zwischen Seele und Leib aufheben könnte, bei der ich das Glück erlebte, meine körperlichen Begrenzungen und Konturen zu verlieren, eins zu werden mit ihr, mit ihrem Leib und ihrer Seele. Doch ich spürte auch, daß ich dieses Glück nur erfahren würde, wenn für sie meine Männlichkeit außer Frage bliebe, und ich gab mir entsprechende Mühe.
Beate war mir gleich an einem der ersten Tage aufgefallen. Unsere Blicke waren sich für einen Augenblick begegnet. Sie war deutlich kleiner und schien jünger als ich, dunkelhaarig, hatte ein Lachen in den Augen, das so schien, als könne es nie verlöschen, und strahlte eine Wärme und Herzlichkeit aus, die jeden sofort für sie einnehmen mußte. Sie war jedoch ein Semester weiter als ich und hatte somit andere Seminare belegt, so daß sich zunächst nicht die Gelegenheit bot, einander näher kennenzulernen, worauf sie auch keinen großen Wert gelegt hatte, wie sie mir später gestand: »Du warst ja immer dicht umringt von lauter anderen Frauen; dazu war ich mir zu schade, nur eine von denen zu sein.«
Doch gegen Ende des Wintersemesters überredete mich eine Kommilitonin, sie zu einem Kostümfest zu begleiten, und da fand ich Beate wieder, in einem Müllsack als Verkleidung! Unüberhörbar ihr helles, fröhliches Lachen, unübersehbar die Un-

befangenheit, mit der sie sich unterhielt. Da nahm ich all meinen Mut zusammen und bat sie zum Tanz, und wir tanzten zusammen, bis auch die Letzten gegangen waren und die Musik verstummte. Ihr Müllsack hatte längst »griffige« Löcher bekommen, damit ich sie besser umfassen und sie selbst Luft bekommen konnte, und da uns zuletzt das Knistern der Plastiktüten zwischen uns irritierte, hatten wir sie kurz entschlossen von oben bis unten zerteilt, um uns noch näher zu sein. Artig brachte ich sie bis vor die Tür ihrer Studentenbude, und als ich mich unter ungezählten Küssen von ihr verabschiedete, lud sie mich zum nächsten Wochenende zum Essen ein, das sie auf dem Kohleöfchen in ihrem Zimmer zubereiten wollte! Sie hatte mich eingeladen! Auf ihr Zimmer! Ich jauchzte vor Glück und sang auf dem Heimweg laut in den stillen Gassen.

Endlich war es soweit: In Ermangelung eines weiteren Stuhles – den einzigen hatte Beate mit einer Serviette als Tisch ausstaffiert – saßen wir aneinandergeschmiegt auf der Kante ihres Bettes. Und dann erfuhr ich, worauf ich seit vielen Jahren vergeblich gehofft hatte: In Beate war mir endlich jene reife Frau begegnet, welche nicht meinen ersten Schritt abwartete und uns behutsam und zärtlich zueinander, mich zu nie geahnten Wonnen führte. Beate ließ sich das Tier, das ich mitbrachte, gefallen, ließ ihm duldsam freien Lauf, schien es aus Liebe zu mir in Kauf zu nehmen. Aber es war nicht das ihre; vielleicht würde es ihr erst allmählich gelingen, es für sich zu gewinnen. Wenn nicht, wollte ich es gerne opfern für unsere Gemeinsamkeit, in der es nichts geben sollte, was dem einen fremd blieb: Wir waren füreinander bestimmt.

Auf dem hohen Kleiderschrank in meiner Studentenbude jedoch stand die ganze Zeit über ein Koffer, der – für meine Wirtin sorgfältig verschlossen – ein paar Schätze barg, die mir, wenn ich wieder allein war, das höchste Glück bedeuteten: ein paar Kleidungsstücke meiner Schwester, die sie damals, als sie das Elternhaus verließ, nicht mitgenommen hatte, aber auch nicht hatte wegwerfen mögen, weil sie inzwischen zwar unmodern, aber zweifellos weiterhin ansehnlich und vielleicht später einmal wieder tragbar waren: das himmelblaue Sommerkleid mit der Schärpe, ein weißer Pulli und ein schwarzer Samtrock, die nötigen Dessous und ein paar sonstige Habseligkeiten, auf die damals kein junges Mädchen verzichten konnte, wenn es »dazu« gehören wollte, nämlich Puderdose, Wimperntusche und -zange, Eyeliner und Nagellack.

Hier konnte niemand gegen meinen Willen Einlaß begehren, hier hatte ich endlich den Freiraum, den ich bis dahin nicht hatte finden können, und war niemandem darüber Rechenschaft schuldig, weshalb ich den winzigen Frisierspiegel neben dem Waschbecken durch einen großen Garderobenspiegel ersetzt hatte. Hätte meine Wirtin, die ausdrücklich nur an junge Männer vermietete, nur einen Blick durchs Schlüsselloch werfen können! Doch das hatte ich wohlweislich jedesmal verhängt und den Schlüssel im Schloß so gedreht, daß er von außen nicht herausgedrückt und die Tür nicht mit einem Nachschlüssel geöffnet werden konnte.

Dem ebenso unfaßbaren wie unwiderstehlichen Verlangen, mich selbst als Frau erleben zu dürfen, hatte auch unsere Liebe immer nur kurzfristig Einhalt gebieten können. Doch nach wenigen Wochen, ja Tagen, wenn ich über meinen Büchern saß, war die Anziehungskraft meines Koffers wieder so groß geworden, daß ich ihr nachgab. Denn um mich zumindest als Frau sehen zu dürfen, waren Kleider, Schminke, ein Haarteil unverzichtbar. Endlich konnte ich's fast ohne Angst vor Entdeckung tun. Und da die Angst fehlte, war auch mein Blick vor dem Spiegel freier und gelassener, und klarer konnte ich sehen, welche Möglichkeiten mir objektiv zur Verfügung standen, um mich selbst als Frau akzeptieren zu können: Mittelgroß und nicht allzu kräftig gebaut, paßte ich durchaus in normale Kleidergrößen. Auch bei den Schuhen waren Schwierigkeiten kaum zu erwarten, und meine Beine waren nicht stämmiger als bei vielen Frauen meines Alters auch. Busen und Haarfülle ließen sich vortäuschen, der Anflug von Bart durch Schminke, das Geschlechtsteil unter engen Dessous und jedem Rock verbergen. Augen und Mund ließen sich durch Schminke noch vergrößern, das Gesicht schmaler machen. Gab es nicht auch genug Frauen mit groben oder herben Gesichtszügen? Und ich brachte von Natur aus große Augen, lange Wimpern, volle Lippen mit, um welche meine Schwester mich immer beneidet hatte. Die Fingernägel müßten nach und nach in eine gefälligere Form gebracht werden, um sie mehr lang als breit erscheinen zu lassen. Als unüberwindliches Hindernis blieben eigentlich nur die ausgeprägten Brauen; denn im Gesicht durfte ich am wenigsten etwas auf Dauer verändern, mußte es doch täglich neu Zeugnis für meine Identität als Mann ablegen.

Schließlich brachte ich's fertig, eine Perücke mit ausreichend langem Pony zu kaufen, der meine Brauen ziemlich verdeckte, hatte damit allerdings bis zur Faschingssaison warten müssen, denn andernfalls hätte ich nie gewagt, ein solches Utensil zu kaufen, und dazu noch ein solch naturgetreues, wie ich es mir unter großen finanziellen Opfern zulegte. Der Kontrast zu meiner gewohnten Erscheinung war in der Tat frappierend: Das also war ich, und dann wiederum auch nicht! Sollte es wirklich möglich sein, daß ich mich mit ein paar Handgriffen und etwas Fingerspitzengefühl nach Belieben in eine Frau verwandeln oder in einen halbwegs kernigen Mann zurückverwandeln konnte? Oder gab ich mich einer Selbsttäuschung hin, wie ich mich so viele Male hatte täuschen lassen? Ich würde diese Fragen mir beantworten lassen, sehr bald und objektiv, von Menschen, die mich nicht kannten und denen ich nichts schuldig war: Ich mußte mich als Frau unter Menschen wagen!

Des Rätsels Lösung

In jenen Tagen – ich war in den Semesterferien zu meinen Eltern gefahren – sah ich mich unversehens mit der Antwort auf meine fortwährende Frage, was es mit meinen Ängsten und Zweifeln auf sich habe, konfrontiert. Meine Mutter hatte darauf bestanden, daß ich, bevor ihr Kaffeekränzchen mich zu Gesicht kriegte, zum Friseur ging. Mißmutig wartete ich darauf, an die Reihe zu kommen, während vor dem Fenster des Salons in der warmen Vorfrühlingssonne sich die ersten Krokusse aus dem Rasen wagten. Gelangweilt blätterte ich in den ausgelegten Zeitungen; eine Schlagzeile erregte endlich meine Neugier: »Auge des Gesetzes ließ sich nicht täuschen!« Und dann las ich mit wachsender Erregung, daß irgendwo ein Mann in Frauenkleidern bei einem nächtlichen Polizeieinsatz erkannt und vorläufig festgenommen worden war!

So erschüttert ich darüber war, daß offenbar allein die Verkleidung als Frau als kriminelles Vergehen geahndet werden konnte, so grenzenlos beglückt war ich, in jenem Artikel einen Arbeitsbegriff gefunden zu haben, der mir weiterhelfen würde: den Begriff »Transvestismus«. Nun war ich mir selbst auf der Spur, hatte – wenigstens vorläufig – einen Namen!

Nie hatte ich einen größeren Wissensdurst entwickelt, häufiger die Seminarbücherei und andere Bibliotheken aufgesucht! Ich wälzte Lexika, deren Auskünfte mich nicht befriedigten, schmökerte mit unermüdlichem Eifer in Fachbüchern und ließ mir von einem befreundeten Arzt Fachliteratur geben mit der Begründung, man müsse in meinem künftigen Beruf auf alle Fälle menschlichen Verhaltens vorbereitet sein, und stieß so endlich auf den Begriff »Transsexualität«, meines Rätsels Lösung offenbar.

Gewiß, da war auch von Konsequenzen die Rede, die mich tief beunruhigten, z. B. die Behauptung, daß Transsexuelle die körperliche Umwandlung zur Frau begehrten, um mit einem Mann intim sein zu können, eine Vorstellung, die ich entsetzt von mir wies. Aber es war auch davon die Rede, daß solche Umwandlungen von Ärzten für notwendig erachtet und durchgeführt wurden, vor allem aber, daß ich eben nicht verrückt sei, viel-

mehr rein statistisch mit einer beträchtlichen Zahl von Menschen in ähnlicher Lage in meiner weiteren Umgebung zu rechnen hätte, die wie ich sich nicht in das Licht der Öffentlichkeit wagten und mir jederzeit unerkannt im Hörsaal, in der Straßenbahn und sonstwo begegnen konnten.
Erst viel später tauchten dann in mehreren Illustrierten zugleich und z. T. in Fortsetzungen Transsexuellenschicksale auf, die ich immer und immer wieder las und die mir im nachhinein zu einer Art Offenbarung wurden: daß es nötig sei, eine positive Einstellung zu seiner Form der Sexualität, zu seiner Unterschiedlichkeit zu finden, »ja« zu sich selbst zu sagen; daß es Menschen gäbe, die an ihrer Heimlichtuerei und Verlogenheit zugrunde gegangen wären, wenn sie nicht andere Menschen gefunden hätten, die diese Abweichung respektiert und den Leidenden zu einer Befreiung ihrer Individualität verholfen hätten; daß ich nicht allein sei, daß jeder vor dem anderen etwas zu verbergen habe.
Aus allem hatte sich bei mir ein neues Selbstverständnis geformt, das mich meine Lage gelassener sehen ließ. Es mußte nicht unbedingt gleich die ganze Welt aus den Fugen geraten, wenn ich mich außerhalb der bürgerlichen Normen und Wertvorstellungen, die ich bisher niemals in Frage gestellt hatte, begeben würde: Nicht ich würde die Welt zerstören, sondern allenfalls die Welt mich selbst zermalmen. Mehr und mehr wurde ich bereit, dieses Wagnis einzugehen.

Auf ganz andere Weise, als ich gedacht hatte, fiel ich dann jedoch aus meinem bürgerlichen Rahmen. Beate war in den letzten Wochen stiller gewesen als sonst, geradezu in sich gekehrt. Und dann hatte sie mich an einem verregneten Nachmittag im November, als ich sie beim Arzt abholte, unter ihrem roten Schirm auf eine nasse Bank in der Wallanlage gezogen, mich verlegen auf die Stirn geküßt und mich lange und hintergründig lächelnd angeschaut. »Was hast du denn?« fragte ich verwirrt, »Stimmt etwas nicht?« Sie zögerte mit der Antwort. Plötzlich überkam mich die Ahnung siedend heiß, was ihr zu sagen offenbar schwerfiel, doch da sprach sie es schon selbst aus: »Liebster, wir werden ein Kind haben! Ich bin im dritten Monat schwanger!«
Während sie unverständlicherweise glücklich darüber schien, ergriff mich panisches Entsetzen, tat sich ein Abgrund vor mir auf: Zwei Studenten ohne Einkommen, ohne eigene Wohnung,

ein uneheliches Kind ohne ein richtiges Zuhause, ein erfolgreicher Studienabschluß und ein entsprechender Beruf unter solchen Voraussetzungen unmöglich! Was wog dagegen unsere Liebe? Und wenn unser Kind gar mißgestaltet wäre, weil wir, wie ich fieberhaft nachrechnend mit Schrecken erkannte, in jener Nacht mehr als nur angeheitert miteinander geschlafen hatten?

Ich hätte selig sein sollen darüber, wenn schon nicht Mutter, so doch wenigstens Vater werden zu können, aus der Hoffnung auf ein eigenes Kind die Zuversicht beziehen sollen, daß ich in der Vaterrolle, die ich ja bis in Beates Kompetenzen hinein erweitern könnte, mit mir selbst fertig, sich alles noch zum Guten wenden würde. Doch Scham und Angst überwogen und ein unbändiger Haß auf meinen männlichen Leib, dessen Eigenmächtigkeit mich in diese verzweifelte Situation gebracht hatte.

Eine Abtreibung stand für uns in keinem Augenblick zur Debatte: Der Gedanke allein hätte eine ungeheure Verletzung der Würde meiner Geliebten, die sich auf ihre Mutterschaft freute, und damit das Ende unserer Beziehung bedeutet. Wir wollten ja später heiraten und Kinder haben, nur eben noch nicht jetzt, da wir nicht darauf vorbereitet waren. Das Entsetzen meiner Eltern würde noch hinzukommen.

Mir schwindelte von all dem, was in diesem Augenblick auf mich einstürzte. Verzweifelt versuchte ich, einen klaren Gedanken zu fassen, um Beate eine Stütze sein zu können. Endlich beschlossen wir, als erstes Beates Onkel und Tante, die in der Nähe wohnten und wo wir häufig die Wochenenden verbrachten, einzuweihen. »Wie freue ich mich darauf!« rief die Tante entzückt, als wir ihr das kommende Ereignis beichteten, »Macht euch keine Sorgen, wir werden das Kind schon schaukeln!« Und der Onkel meinte: »Darauf müssen wir uns doch gleich mal zuprosten, damit ihr eine andere Weltanschauung kriegt! Und dann wird schnellstens geheiratet, verstanden?«

Wie grenzenlos erleichtert waren wir, als auch Beates Mutter am Telefon über die Nachricht jubelte! Sie würde das Kleine zunächst zu sich nehmen, damit wir zu Ende studieren konnten. Die Hochzeit aber wollten Onkel und Tante ausrichten.

Meine Eltern dagegen waren zutiefst schockiert: Welch eine Schande hatte ich der Familie gemacht! »Wie kannst Du uns nur so etwas antun«, jammerte meine Mutter, »du wirst in dein Unglück stürzen; eine Muß-Ehe kann gar nicht gutgehen, dazu ohne eigenes Einkommen und eigene Wohnung! Und außer-

dem kennt ihr euch doch erst so kurze Zeit!« Ich erwiderte darauf sarkastisch: »Vielleicht solltet ihr lieber stolz darauf sein, daß euer Sohn bewiesen hat, daß er ein ganzer Kerl ist!«
Mein Vater aber wollte gar ein Komplott wittern: »Die haben alle deine Unerfahrenheit richtig ausgenutzt, um ihr spätes Töchterlein noch unter die Haube zu bringen. Wer weiß, am Ende ist es nicht einmal dein Kind!« Doch als meine Eltern merkten, wie trotzig entschlossen ich mich gegen sie auf Beates Seite stellte, lenkten sie ein und sahen in ihr schließlich eine würdige Schwiegertochter; und auch meine Mutter erklärte sich bereit, das Kind zunächst zu sich zu nehmen. Zu guter Letzt bot uns Beates Wirtin, die sonst recht prüde darüber gewacht hatte, daß ich um 22 Uhr das Haus verließ, an, angesichts der bevorstehenden Hochzeit von nun an das Zimmer gegen eine geringe Mieterhöhung uns beiden zu vermieten und dazu ein zweites Bett ins Zimmer zu stellen.
Bevor ich zu Beate zog, mußte jedoch der Inhalt des Koffers auf meinem Kleiderschrank verschwinden. Ich entfachte darum in meinem Kanonenöfchen ein Höllenfeuer und übergab alles, was brennbar war, den Flammen, festen Willens und Glaubens, durch die Heirat, ein normales Eheleben und die künftige Vaterrolle die Frau in mir überwinden zu können.
Mitten im Winter heirateten wir, Beate 25 Jahre alt, ich ein Jahr jünger. Fröstelnd saßen wir in der kleinen Dorfkirche, ich im schlechtsitzenden schwarzen Anzug, den mir der Onkel geliehen hatte, Beate – im Gesicht schon von der Schwangerschaft gezeichnet – in ihrem weißen Brautkleid, auf dem verstohlen die Blicke der zahlreichen Verwandten und Freunde ruhten, um dort vielleicht Aufschlüsse für die plötzliche Hochzeit mitten im Semester zu finden. Beate ging es an diesem Tag denkbar schlecht, und ich litt mit ihr. »Am schönsten Tag im Leben einer Frau«, wie es in der Werbung immer heißt, war es Beate speiübel, kam der Pastor eine halbe Stunde zu spät, weil er unsere Trauung glatt vergessen hatte; und dann verlosch während der Andacht für Minuten das Licht, so daß der Küster das Orgelspiel unterbrechen mußte, um den offensichtlichen Kurzschluß zu beheben: Ein Omen schlechter als das andere!
Beate brachte das Semester zu Ende, kehrte nach den Ferien jedoch nicht zurück, sondern blieb bis zur Niederkunft bei ihrer Mutter. Ich aber konnte in meiner künftigen Vaterrolle, so ahnte ich dunkel, nicht finden, was ich suchte, würde eifersüchtig auf die schon körperlich bedingte, viel intensivere Mutter-

Kind-Beziehung sein und resignierend einsehen müssen, daß ich den Kampf gegen mich selbst bereits verloren hatte.
Ein neuer Mensch wuchs dort heran, und ich hatte Anteil an der Gestaltwerdung jenes Kindes, das – noch hilflos – unserer Liebe und Fürsorge bedürfen würde.
Endlich war die Zeit reif: Ich brachte Beate in die Klinik und erfuhr noch in der Nacht, daß Beate ein gesundes Mädchen zur Welt gebracht hatte. Von heillosen Ängsten befreit, fiel ich weinend ihrer Mutter um den Hals, die schon alles vorbereitet hatte, um die kleine Jeanne, wie wir sie taufen lassen wollten, aufzunehmen.
Doch dann stand ich hilflos und unbeteiligt abseits, wenn Beate und ihre Mutter unser Kind – mein Kind! – versorgten, sah mit unendlicher Traurigkeit, mit welchem Selbstverständnis und welcher Lust Beate das Kind an ihre Brust legte.
Eines Abends faßte ich mir ein Herz und sagte zu Beate so beiläufig, wie mir das möglich war, während mir das Herz bis zum Halse schlug: »Ich wollte, auch ich hätte Brüste so wie du, um unser Kleines säugen zu können. Was für ein unbeschreibliches Gefühl muß es doch sein, so innig mit einem Menschen vereint zu sein!« Beate schaute mich halb verwirrt und halb belustigt an und meinte: »Das fehlte gerade noch! Unser Herrgott hat sich schon etwas dabei gedacht, daß er die Menschen als Mann und Frau schuf.«
Kopfschüttelnd lachte sie in sich hinein: Hatte nicht sie selbst an einem der ersten Wochenenden, die ich mit ihr verbrachte, die Idee gehabt, mir – da ich auf eine gemeinsame Nacht nicht vorbereitet war – eines ihrer Nachthemden zu geben? »Wie lustig du darin aussiehst«, hatte sie gelacht, »geradezu rührend unschuldig wie ein kleines Mädchen!« Und hatte sie mir nicht vor Jahresfrist von ihrer Kleidung zum Wechseln gegeben, während die meine über dem Stuhl vor dem Ofen zum Trocknen hing, als ich auf dem Weg zu ihr an einer Grabenböschung ausgerutscht und ins kalte Wasser gefallen war? Wie glücklich hatte ich mich in Beates Sachen gefühlt, in die hinein mich aus ihrer Sicht »höhere Gewalt« gezwungen hatte, und ich hatte ihr das auch zu verstehen gegeben. Doch sie hatte es für einen Scherz genommen.
Selbst als ich ihr eines Tages erklärte, ich sei meine blöden Pyjamas endgültig leid und wolle künftig auch nur noch Nachthemden tragen, schöpfte sie noch keinen Verdacht: »Wenn du darin besser schlafen kannst, meinetwegen! Die Nachbarn wer-

den sich natürlich wundern, wenn von dir niemals Nachtwäsche auf der Leine hängt!« Ja, sie freute sich gar, als ich meine Oberhemden und Krawatten in denen sie mich sowieso nie recht hatte leiden mögen, weil sie mich darin herausgeputzt und steif fand, dem Roten Kreuz stiftete und fortan nur noch Pullis und T-Shirts trug.

Schritt für Schritt, fast unmerklich, ersetzte ich meine entschieden männliche Kleidung durch zumindest neutrale, bis Beate eines Tages, wenige Monate nach Jeannes Geburt, meinte: »Ich hab' bald den Eindruck, du würdest am liebsten Kleider tragen, wenn du nur könntest!« Und da brach es wie eine Sturmflut über die Deiche, die ich über all die Jahre mühsam um mich herum aufgeworfen hatte, und unter Tränen gestand ich ihr, was ich fühlte, und wie es um mich stand.

Beate war zutiefst getroffen, hatte doch auch sie ungewisse Ahnungen lange verdrängt. Ich erzählte ihr schluchzend von dem Koffer, den ich voller Hoffnung für sie geopfert hatte, und daß ich nun, da wir eine gemeinsame Wohnung hätten und ständig zusammenlebten, nicht mehr ein noch aus wüßte.

Beate fing sich als erste wieder. Sie zog meinen Kopf an ihre Schulter und nahm mir ein feierliches Versprechen ab: »Du mußt es mir schwören, mich niemals zu verlassen und nach außen hin weiterhin Mann zu bleiben! Niemand außer mir darf davon wissen, hörst du? Dann sollst du in unserem Zuhause die Freiheit haben, die du für dich brauchst!«

Als ich Beate drei Monate später zu ihrer Mutter und unserer kleinen Jeanne brachte, um für die nächsten Wochen allein zu sein, fragte sie mich beim Abschied fast flehentlich: »Wirst du auch keine Dummheiten machen, wenn ich nicht da bin?« Nein, betrügen würde ich sie wirklich nicht, aber das meinte sie wohl auch gar nicht. So hastig brach ich zur Rückkehr auf, daß ihre Mutter argwöhnte, es wartete zu Hause schon eine andere auf mich. Aber tatsächlich konnte ich es kaum erwarten, meine Träume zu realisieren, und auf der ganzen Fahrt schmiedete ich Pläne, wie ich es anfangen wollte.

Ich seufzte tief auf, als ich endlich die Tür hinter mir schloß, nahm ein Bad, rasierte mich sorgfältig und hielt große Toilette. Ich bebte am ganzen Körper, als ich erstmals Hand an mich legte, um mit einer Pinzette die Haare über meiner Nasenwurzel auszuzupfen: Ein erstes Loch hatte ich in meine Tarnkappe gerissen, tausend andere, ahnte ich, würden nach und nach hinzukommen! Besondere Sorgfalt wendete ich an mein Gesicht, das sich, wie ich fand, vor dem Spiegel langsam in das einer reifen Frau mit etwas herben Zügen und melancholischem Blick verwandelte. Wieder und wieder probierte ich Beates Garderobe aus und die Schminkutensilien, soweit Beate diese zurückgelassen hatte, prüfte Sitz und Arrangement der Kleidung, spürte meine Unsicherheit, Erscheinung, Stimmung und Wesen mit der Kleidung in Übereinstimmung zu bringen, die Unentschlossenheit der Frau im Kleidergeschäft oder vor dem Kleiderschrank, die so oft bewitzelt wird: Ich hatte so viel zu lernen und stand doch erst am Anfang. Zu lange hatte ich die eisenbeschlagenen Stiefel getragen, hatte martialische Gang- und Schrittarten üben müssen, um ohne Übergang in grazileres Schuhwerk umsteigen und die kraftvoll eckigen Bewegungen ablegen zu können.

Als ich endlich einen letzten prüfenden Blick in den Spiegel warf, war ich meiner Sache und meines Mutes, mich unter Menschen zu wagen, gar nicht mehr sicher: Der karierte Rock war eine Handbreit zu kurz, meine Beine auf flachen Absätzen optisch zu kräftig, die weiße Bluse spannte, da ich den BH wohl etwas zu üppig ausgestopft hatte, über der Brust, die Manschetten ließen sich über meinen Handgelenken kaum schließen und schauten aus den Ärmeln des hellen Popelinemantels zu weit hervor. Die reichliche Farbe auf Lippen, Wangen und um die Augen herum verfremdete meine Züge, die falschen Perlen um den Hals und auf den Ohrclips erschienen mir, je länger ich sie betrachtete, wie Sahnetupfer auf einem mißratenen Kuchen. Wenigstens aber die schulterlange dunkelblonde Perücke, zu welcher ich Beate hatte überreden können, saß gut und wirkte leidlich echt.

Gewiß, für die anderen würde ich eine Frau sein; aber eine auffällige Erscheinung jedenfalls. Hatte ich in meinem Bestreben, alles Männliche an mir zu kaschieren, möglicherweise übertrieben? Würde ich nicht allein dadurch schon auffallen, daß die Kleider und sonstigen Utensilien, die ich trug, vielleicht gar nicht à la mode waren? Mit Schrecken wurde mir bewußt, welchen Zwängen auch Frauen unterliegen, daß ich mich bisher so gut wie gar nicht für Fragen der Mode interessiert hatte und daß es für eine Frau sehr wichtig sein mußte, auch gegen ihren eigentlichen Willen doch mitschwimmen zu können! Aus den Reaktionen der Passanten auf meine Erscheinung wollte ich meine Schlüsse ziehen.

Für den Fall einer Verkehrskontrolle wollte ich vorgeben, Be-

kannte besuchen und verulken zu wollen oder auf dem Wege zu einem Kostümfest zu sein. Ich mußte lediglich ungesehen durch die Nachbarschaft hindurch- und wieder hereinkommen können. Das ging aber nur in der Dunkelheit oder dann, wenn ich mich unterwegs im Auto zurechtmachte. Jedenfalls würde ich eine Brille aufsetzen, um für eine zufällige Begegnung mit einem Bekannten unkenntlich zu sein und weniger attraktiv zu erscheinen: Mit einer randlosen Brille konnte ich zur Not für eine gestrenge Lehrerin oder Bibliothekarin durchgehen.
Ich war furchtbar aufgeregt und zitterte am ganzen Leibe, als ich – inzwischen 26jährig – an einem regnerischen Spätnachmittag, der mir für mein Vorhaben besonders geeignet schien, zum ersten Male losfuhr. Erst nach 20 km wagte ich, die fehlenden Requisiten anzulegen und meinen Dufflecoat gegen Beates Mantel zu wechseln, und erst nach weiteren 30 km, als es bereits dämmerte, in die nächste Stadt zu fahren, den Wagen in einer Seitenstraße zu parken und – halb verdeckt durch den Regenschirm – den Wagen zu verlassen. In diesem Moment sprach mich ein junger Mann an! Die Beine schienen mir unter meinem Körper wegzusacken, und mühsam mußte ich mich an der Wagentür festhalten! Doch er wollte mich nur darauf aufmerksam machen, daß ich die Scheinwerfer hatte brennen lassen, und ging daraufhin zum Glück weiter. Ich hatte nur stumm nikken können; wie fassungslos hätte er dreingeblickt, wenn ich ihm mit meiner unverstellbaren Stimme geantwortet hätte! Aber er hatte auch »Hallo, junge Frau« gerufen, und nachträglich durchrieselte es mich selig.
Doch als mir in der Einkaufspassage ein paar angeheiterte Männer entgegenkamen, mich frech angrinsten und im Vorbeigehen hinter mir herpfiffen, wurde mir klar, daß ich irgendetwas verkehrt gemacht hatte, und beeilte mich, unbehelligt zu meinem Wagen zurückkehren.
Welcher Schreck aber durchfuhr mich, als ich hinter meinem Wagen ein Polizeiauto erkannte! Ich versuchte, möglichst ungezwungen weiterzugehen, und überlegte, was zu tun sei: Vielleicht hatte jemand meinen Wagen beschädigt, der nächste TÜV-Termin war überzogen oder die Parkzeit abgelaufen; jedenfalls war ich sicher, daß ich beim Einsteigen kontrolliert und von den Polizisten erkannt würde, und dann wäre alles aus. Ich beschloß darum, den Wagen stehenzulassen und mit dem Zug heimzufahren, falls nach einer weiteren Runde um das Geschäftsviertel der Streifenwagen immer noch dort stünde. Als

ich zurückkam, war er zu meiner grenzenlosen Erleichterung jedoch fort, und ich fuhr schleunigst nach Hause.
Ich war mit mir selbst unzufrieden, weil ich mich wie ein Dieb nur in der Dunkelheit sicher gefühlt hatte, weil ich mich so unsicher bewegt hatte und mich so leicht aus der Fassung hatte bringen lassen. Am hellichten Tag hätte es so leicht niemand gewagt, mir nachzupfeifen: Eine Frau meines Alters ging eben nicht abends allein zum Schaufensterbummel! Ich hatte mich nicht frei und unbefangen zwischen den anderen Menschen bewegen können, und darum beschloß ich, daß nächste Mal am hellichten Tage zu fahren und mich in den Einkaufsrummel zu mischen, vielleicht im Gedränge sogar selbst etwas einzukaufen. Bis dahin wollte ich das Gehen auf Schuhen mit hohen Absätzen üben und dann auch auf den schützenden Schirm verzichten.
Beim nächsten Mal fühlte ich mich dann auch schon viel freier, blieb auch ruhig einmal vor den Auslagen der Läden stehen, und selbst gelegentlich prüfende Blicke – meistens von älteren Frauen, die sich wahrscheinlich nur wunderten, daß eine Frau in meinem Alter mitten am Tage mit falschen Wimpern und weißen Handschuhen Einkäufe machte, oder befriedigt für sich feststellten: »Die trägt bestimmt auch eine Perücke!« – brachten mich nicht aus der Fassung. Wenn mich jemand in diesem Augenblick angesprochen und gesagt hätte: »Geben Sie's doch zu: Sie sind ein Mann!« hätte ich ihm wahrscheinlich kalt antworten können: »Nur noch bis morgen, dann werde ich operiert!«
In gehobener Stimmung kehrte ich zum Wagen zurück, hätte um ein Haar – welch unmöglicher Gedanke! – ein junges Mädchen, das aus einem anderen Wagen stieg, angelacht! Da es noch früh war, fuhr ich anschließend in einen Nachbarort; denn vor Anbruch der Dunkelheit konnte ich nicht nach Hause zurück. Es dunkelte schon, als ich meinen Rückweg zum Wagen durch eine wenig belebte Straße abkürzen wollte und entsetzt bemerkte, wie ein Auto langsam hinter mir herfuhr. Ich bemühte mich, ruhig zu bleiben und gleichmäßig weiterzugehen, wechselte die Straßenseite und erkannte aus den Augenwinkeln ein Auto mit englischem Nummernschild, wahrscheinlich Soldaten der nahen Garnison! Endlich erreichte ich meinen Wagen, wurde aber noch einige Zeit von dem anderen Auto verfolgt.
Ich hatte meine Lektion gelernt: Eine Frau geht abends nicht

allein auf die Straße, andernfalls muß sie es sich gefallen lassen, als Freiwild zu gelten! Irgendwann in der Kulturgeschichte hatten Frauen sich durch andere Frauen kompromittieren lassen. Ich hatte solche Weisheiten früher nie bedacht; jetzt aber wurde mir ganz schlecht bei dem Gedanken, was Beate ohne mich in der Ferne alles widerfahren konnte.

So erfolgreich für mich die ersten Schritte als Frau in der Öffentlichkeit objektiv auch gewesen sein mochten: Allzu schmerzhaft hatte ich doch die neue Lüge empfunden, mich als Mann hinter der Fassade der Frau versteckt und meine Mitmenschen getäuscht zu haben, ein Umstand, der einem Transvestiten eher zum persönlichen Triumph gereicht hätte. Ich hatte versucht, eine Lüge durch eine andere Lüge zu ersetzen und war dabei von der ersehnten Harmonie zwischen Leib und Seele gleich weit entfernt geblieben. Solange ich die Attribute körperlicher Männlichkeit an mir trug, würde ich nicht aus meiner Gewissensnot zu erlösen sein.

Meine ganze Phantasie begann nun um diesen Punkt zu kreisen, wie ich auf »anständige« Art meine männlichen Körpermerkmale loswerden könnte. Eine Wehrübung, bei der ich täglich eine Pistole mit scharfer Munition tragen durfte, kam mir sehr gelegen: Ich würde einen Dienstunfall vortäuschen, indem ich mir beim Laden oder Entladen der Waffe scheinbar versehentlich zwischen die Schenkel schießen würde! Doch je mehr ich mich mit dem Gedanken befaßte, desto fragwürdiger wurde der erhoffte Erfolg einer solchen Manipulation: Mehr als einen Schuß würde ich glaubhafterweise nicht abfeuern dürfen; der aber würde nur einen Teil meiner Genitalien zerstören, und die Ärzte würden zweifellos all ihre Kunst darauf verwenden, mich als Mann zu restaurieren.

Beate, der ich meine Eskapaden nach ihrer Rückkehr beichtete, hatte meine Travestien, wenn auch mit wachsender Sorge, bisher immer noch als Marotte hinnehmen können, die sich auf einen Freiraum eingrenzen ließ. Doch nun mußte sie verzweifelt erkennen, daß ich ihrer Kontrolle entglitt. »Du hast geschworen, unserem Kind der Vater und mir der Mann zu bleiben«, schluchzte sie, »wie kann ich dir nur vertrauen, da du immer mehr zur Frau wirst?« Und ich mußte ihr dieses Mal unter Tränen feierlich versprechen: »Den letzten Schritt, der mich aller meiner Männlichkeit berauben würde, werde ich nicht tun.«

Lange waren wir in jener Nacht wach. Beate begann, die Ausweglosigkeit meiner Lage zu erkennen und schlug von sich aus vor, daß ich in den nächsten Ferien einen kompetenten Arzt aufsuchen sollte, der versuchen sollte zu retten, was noch zu retten war. Endlich rückte sie ganz dicht an mich heran, biß mich zärtlich ins Ohrläppchen und sagte: »Laß uns Kinder miteinander haben, solange es noch geht. Du weißt, wie sehr ich mir als Kind Geschwister gewünscht habe. Ich möchte es Jeanne ersparen, auch als Einzelkind aufwachsen zu müssen. Der Zeitpunkt wäre heute, glaub ich, günstig...«

Am Scheideweg

Das Vorhaben, einen kompetenten Arzt zu finden, entpuppte sich als recht schwierig, ganz abgesehen davon, daß ich eine Ärztin entschieden vorzog, da ich von einer Frau mehr Verständnis oder gar eine gewisse Solidarität erwartete.
Schließlich fand ich im Branchenverzeichnis mehrere Fachärzte für Neurologie und Psychiatrie, darunter drei Ärztinnen: Dort wollte ich mein Glück versuchen. Meine ersten Anläufe waren jedoch vergebens: Einmal wurde ich an die – männliche – Urlaubsvertretung verwiesen, ein anderes Mal ließ mir »Frau Doktor« sagen, sie werde dringend abgerufen, und ich möchte mit der Sprechstundenhilfe einen späteren Termin aushandeln; ich hatte jedoch das Gefühl, daß es ihr nicht genehm war, sich mit mir befassen zu müssen.
Beim dritten Mal schien ich endlich Glück zu haben. Zwar fand ich trotz der Urlaubszeit ein überfülltes Wartezimmer vor, aber diesmal war ich entschlossen zu warten. Die Praxishilfe fragte mich, ob ich zu »Frau oder Herrn Doktor« möchte. Ich wollte zu ihr und faßte auch Vertrauen zu ihr, als sie mich nach meinem Anliegen fragte; dann aber meinte sie plötzlich, daß, wenn es mir recht sei, ihr Mann sich meiner annehmen wolle. Obwohl ich bereits zwei Stunden gewartet hatte und längst an der Reihe war, stellte dieser meinen »Fall« mit der Begründung zurück, bei mir dauere es »etwas länger«, und ließ mich noch eine weitere Stunde warten.
Schließlich saß ich dem Arzt gegenüber, einem grobschlächtigen Menschen mit Bierbauch und mächtigem Schädel und der Jovialität eines Reichsmarschalls, was mich nicht besonders für ihn einnahm. Und dann begann ein entsetzliches Verhör, auf welche Weise ich onaniert, in welchem Alter ich damit begonnen und welche Phantasien ich dabei gehabt hätte – ich hörte kaum hin, so verstört war ich.
Stockend antwortete ich endlich: »Sie unterstellen mir Dinge, zu denen ich überhaupt keine Beziehung habe und hatte.« – »Ja, wenn Sie mir nicht rückhaltlos Vertrauen entgegenbringen, kommen wir nicht weiter«, entgegnete er barsch, während er scheinbar gelangweilt aus dem Fenster schaute, und fügte

hinzu: »In diesem Fall müßten Sie sich jemand andres suchen, meine Zeit wäre mir dafür zu schade!«
Dabei war die Zeit doch auch die meine, und was sie kostete, hatte ich zu begleichen! Schnell merkte ich dann auch noch, daß ich über meine Problematik mehr gelesen hatte und besser informiert war als der Arzt!
Er versuchte nun auf einem anderen Weg ans Ziel zu kommen: »Erzählen Sie doch mal was über Ihre Frau: Wie sieht sie aus, wann, wie und wie oft hat sie's am liebsten?« Naßforsch stellte er mir peinliche Fragen über Beate und meinte, daß sie offenbar nicht die richtige Frau für mich sei: Ich hätte ihn dafür ohrfeigen mögen!
Unvermittelt schien er dann auf mich einzugehen. Gesetzt den Fall, Sie könnten wählen, mit wem würden Sie ins Bett gehen, mit einem hübschen Jungen oder mit einem hübschen Mädchen«, fragte er naiv. »Natürlich mit dem Mädchen«, antwortete ich etwas verwirrt. »Na also!« meinte er darauf sichtlich erleichtert, »die Sache ist nicht schwer zu erklären. Das Verkleiden ist auch ohne körperliche Erregung und Orgasmus eine Form von Onanie und Narzißmus (von ›Selbstgefälligkeit‹, wie er erläuterte!). Sobald Sie in die Öffentlichkeit gehen, handeln Sie wie ein Exhibitionist. Es ist nur gut, daß Sie intelligent genug sind einzusehen, daß Sie damit die Existenz Ihrer Familie aufs Spiel setzen: Vergessen Sie nicht, daß Sie Beamter sind!«
Verzweifelt fragte ich: »Was kann ich denn bis zu dem Augenblick, da Ihre Behandlung die ersten Erfolge zeigt, tun, um mit mir selbst fertigzuwerden?« Strafend schaute er mich an und belehrte mich: »Haben nicht auch Sie einen freien Willen? Dadurch unterscheidet sich der Mensch letztlich vom Tier. Übrigens hat es früher keine Neurosen gegeben, weil die Norm eng gesetzt und alles außerhalb davon konsequent ausgemerzt wurde. Das sind Zivilisationserscheinungen, die Folge von zu großer Freizeit, zu viel Geld und Langeweile! Im Krieg hatte keiner Zeit für solche Dinge. Wir hatten vor Stalingrad weiß Gott andere Sorgen!« Zaghaft wies ich darauf hin, daß ich selbst Soldat gewesen sei. Doch da lachte er polternd los und wischte meine Militärzeit mit einer Handbewegung beiseite, obwohl sie ihm als Arzt unbezahlbare Aufschlüsse über mich hätte bringen können!
So einfach war das alles! Mir dröhnte der Kopf von all dem Unsinn und den Halbwahrheiten, die er über mich ausschüt-

tete. Ich konnte zu ihm einfach kein Vertrauen fassen, weil er mich nicht zunächst so, wie ich zu ihm kam, tolerierte, weil er mich nicht zu Worte kommen ließ und von mir »freie Willensentscheidungen« forderte unter dem Druck seiner unverhohlenen Drohungen mit der vergangenen Zeit, der Existenzgefährdung meiner Familie, und mich durch seinen Hinweis auf meine »Luxuskrankheit« beleidigte. Es kam mir vor, als hätte ich diese ewigen Wahrheiten schon einmal vernommen vor einer unendlich langen Zeit, in deren Dunkel die Erinnerungen längst hätten verblaßt sein müssen.
Zweimal sprach er von »Transvestismus«, und beide Male sprach er das Wort erst nach zweimaligem Anlauf richtig aus; auch das fand ich bezeichnend.
»Sie können von Glück reden, daß Sie gleich zu mir gekommen sind«, sagte er schließlich selbstherrlich, »ich kann auf zwanzig Jahre Tätigkeit als Gerichtsmediziner und Sachverständiger zurückblicken, dazu auf sechs Semester Kriegspsychologie. Ich – übrigens – bin beruflich voll ausgelastet und möchte mir auch einmal einen bescheidenen Urlaub gönnen können!« Ich verstand den kleinen Seitenhieb auf die Beamten im allgemeinen und die Lehrer im besonderen sehr wohl.
Dann war die Zeit um. Ich fragte ihn nach der voraussichtlichen Behandlungsdauer. »Tja, sehen Sie, die alte Psychoanalyse dauerte ca. 100 bis 200 Stunden«, antwortete er, »bei Ihnen jedoch werde ich nach 6 bis 8 Stunden mit Sicherheit erste Erfolge verzeichnen können. Übrigens gehört es zu meinem Therapieprogramm, daß ich mir die 50 DM für die lehrreichen 45 Minuten immer gleich bar auf die Hand zahlen lasse. Sie haben als Lehrer heute doch ein beachtliches Gehalt, dafür muß ich hart arbeiten! Und Sie legen doch sicher Wert darauf, daß niemand von dieser Behandlung erfährt?«
Als »Hausaufgaben« zum nächsten Mal verlangte er Aufzeichnungen über die mir unterstellten Masturbationsvorstellungen – »›Fickvorlagen‹ nannten wir das früher beim Militär«, meinte er dazu – sowie über meine Träume und Phantasien. Ich sollte sie skizzieren, er wollte sie interpretieren. Als wenn ich das nicht selber konnte! Er hat beides nicht bekommen, weil ich's bei diesem einen Male hatte bewenden lassen.
Er hatte auch so schon genug Porzellan zerschlagen! Innerlich völlig aufgewühlt, ließ ich mich hinter das Lenkrad meines Wagens fallen und ließ meinen Tränen freien Lauf. Wie Sturzbäche brachen sie aus mir heraus, gespeist von Scham und Wut, wäh-

rend auf der Straße in der späten Sommersonne ein paar Jungen Fußball spielten.
Erst viel später habe ich mich doch an den »Hausaufgaben« versucht, ganz privat, und selbst meine Schlüsse daraus gezogen. Um keinen Preis der Welt hätte ich sie jenem Arzt überlassen, der mir – so wie ich ihn einschätzte – gierig die vermeintlichen »Pornos« aus der Hand gerissen hätte. In jedem Fall hätte er sich zuviel davon versprochen: Zu der ersten Aufgabe hätte ich nichtviel zu sagen gehabt, es auch nicht gewollt, und ich habe damit heute sowieso nichts mehr zu tun. Erst recht enttäuscht hätte ihn die zweite Aufgabe, für die ich auf ein seit langem gesammeltes Material zurückgreifen konnte und dessen immer wiederkehrende Motive leicht zu deuten waren: verschachtelte Treppenhäuser und Treppenstürze, wobei im letzten Moment mir Flügel wachsen; belebte Straßenszenen, in denen ich mich unversehens fast nackt wiederfinde; Träume von Verfolgung und Flucht, von Staub- und Steineessen, wobei mir die Zähne ausfallen ... Auch feuchte Träume – natürlich –, Träume von zärtlichen Berührungen mit und durch eine Frau: Wie ein Verrat wäre es mir erschienen, sie jenem Wüstling zu überantworten. In immer neuen Variationen kehrte ein Traum wieder, der mich ungeheuer beglückte und sich geradezu zu einer Vision verdichtete:

»Das Barometer ist wieder gestiegen. Die Luft ist frisch, es riecht nach reifem Obst. Ich fühle mich leicht und frei wie ein Vogel, bin die Treppe zur Straße hinabgeschwebt, und mein himmelfarbenes Kleid hat sich dabei wie ein Fallschirm gebauscht. Ein leiser Wind streichelt meine nackten Beine, und erregt spüre ich im Schreiten das Auf- und Abwippen meiner Brüste. Die Straße ist leer, und das Klappern meiner Schuhe hallt von den Häuserwänden wider. Das könnte eine Straße in Avignon sein« oder in Lyon, wenn ich nicht wüßte, daß ich auf dem Wege zu Beate bin. Ich habe mir für sie eine hübsche Schleife ins Haar gebunden, damit sie sich mit mir sehen lassen kann. Sie hat ja hoffentlich daran gedacht, daß wir heute nachmittag mit den Kindern in den Zoo wollen. Ich besorge noch eben ein paar Bananen für die Schimpansen. Als ich in die belebte Hauptstraße einbiege, trifft mich die Sonne voll und glitzert in meinen Wimpern, wenn ich die Augen ein wenig schließe. An der Omnibushaltestelle komme ich kaum vorbei: So viele Menschen wollen heute plötzlich busfahren und schieben und drängen, doch man macht mir höflich und zuvorkom-

mend Platz. Ein älteres Ehepaar kommt mir entgegen. Mein Gott ... das kann doch nicht ...! Die Beine knicken mir unter dem Leib weg. Alles dreht sich vor meinen Augen, erschöpft lehne ich mich an eine Hauswand. Einige Passanten sind stehengeblieben, eine freundliche ältliche Dame bemüht sich um mich. ›Es wird gleich wieder bessergehen. Vor meinem ersten Kind ist mir das fast jeden Morgen passiert‹, und sie erzählt beruhigend von sich. Ich versuche ein Lächeln und wage endlich, aufzuschauen: Sie sind nicht mehr da! Sie haben mich nicht erkannt! Meine Eltern sind an mir vorbeigegangen!«
Inständig hoffte ich, diesen meinen Traum in die Wirklichkeit einbringen zu können, ohne dadurch meine Familie zugrunderichten oder aufgeben zu müssen, war willens, jedes – oder fast jedes – Opfer dafür zu bringen, um mein Leben leben zu dürfen, nicht nur die eine oder andere eng begrenzte und befristete Rolle. Ich wollte nicht länger jemanden darstellen, sondern ein Jemand sein.
Ungezählte Nächte durchwachten und durchweinten wir deswegen in tiefster Verzweiflung. Inzwischen hatte Beate unseren kleinen Matthias geboren, auf dessen gesunde seelische Entwicklung sie mich immer wieder verpflichtete: »Unseres Sohnes wegen mußt du Mann bleiben! Er braucht doch einen richtigen Vater, um selbst einmal ein Mann zu werden. Ich flehe dich an: Versündige dich nicht an unserem Kind!« Und wieder und wieder mußte ich ihr versprechen, nur jenen letzten Schritt, das unwiederbringliche Verlassen meines männlichen Körpers, nicht zu tun, und wir wußten doch beide, daß das Vertrauen auf ein solches Versprechen nur ein Wunschdenken war und allenfalls einen Zeitgewinn bedeutete, die Schuldgefühle, die emotionale Abhängigkeit und den Leidensdruck jedoch vergrößerte. Wie ein Keimling sich mit Gewalt durch den Asphalt der Straße ans Licht drängt, so brach ich durch meine eigene Panzerung, in winzigen Schritten zwar und in geraumer Zeit, aber unaufhaltsam.
Nur bei dem ersten Zupfen über meiner Nasenwurzel hatte ich damals noch gezittert, nun aber kamen Schritte hinzu, die behutsam und dauerhaft mein Erscheinungsbild veränderten und von den Menschen meiner Umgebung dennoch kaum wahrgenommen wurden. Ich durfte sie ja nicht verletzen, war und blieb ich doch auf ihre Toleranz angewiesen. Lebten nicht auch sie in Rollenabhängigkeiten, in denen auch ich wiederum einen festumrissenen Part spielte? Als Nachbar, Kollege, Lehrer,

Vorgesetzter und Untergebener? Niemand soll sich einbilden, ohne Rücksicht auf den anderen das Bild, das der sich von einem macht, ungestraft erschüttern zu können. Vielmehr muß er sich ganz besonders um den anderen kümmern, sich ihm besonders zuwenden, um ihn bereitzumachen, sein Bild zu revidieren. Wie Hohn mag eine solche Strategie den jüngeren Kommilitonen, mit denen ich nach wie vor zu tun hatte, in den Ohren geklungen haben, die mit dem Ruf »macht kaputt, was euch kaputt macht« anfangs der 70er Jahre nicht nur das Gefüge der Universitäten ins Wanken brachten! Ich begriff sie nicht, und sie konnten nicht verstehen, wie ich angesichts meiner Lage mich in Sanftmut und Geduld übte. Dabei waren sie zum Teil schon durch eine »zwangfreie« Erziehung gegangen, hatten Rollenvarianten entwickeln dürfen, die für mich tabu gewesen waren. Im äußeren Erscheinungsbild hatten sich auch die Geschlechter angenähert: Mädchen im unscheinbaren Military- oder Gammel-Look, in Trenchcoat mit Zigarre, junge Männer mit Pferdeschwanzfrisur, mit Stirnbändern in der nabellangen Mähne, Schmuck an Hals, Ohren und Armen, in hochhackigen Stiefeln und leuchtenden Farben; Make-up für beide Geschlechter und – auch öffentlich – hetero- und homosexuelle Zärtlichkeit.

Mir kamen diese Erscheinungsformen sehr gelegen, konnte ich sie nun doch, ohne sonderlich Anstoß zu erregen, in meine Strategie des allmählichen Überganges integrieren, konnte in mir selbst die Geschlechter annähern.

Längst hatte ich gelernt, auch als Frau sicher aufzutreten. Beate hatte eingesehen, daß sie mich nicht einsperren konnte. Jeanne war inzwischen 3 Jahre alt und nichts mehr vor ihr sicher: Irgendwann würde sie mich überraschen und Fragen stellen. Noch sträubte Beate sich gegen die Vorstellung, ich könnte mich nur außerhalb unseres Zuhauses noch verwirklichen. Doch endlich stimmte sie zu, daß ich mir am anderen Ende der Stadt, wo mich niemand kannte, ein Zimmer nahm: Was wog die finanzielle Belastung gegen Beates Hoffnung, mich auf diese Weise zähmen zu können? Von dort aus machte ich regelmäßig einmal in der Woche alle anfallenden Besorgungen und ging meinen diversen Interessen nach, bestärkt durch meine Wirtin, beraten von Freundinnen, die ich nach und nach durch die Tochter meiner Wirtin kennenlernte, welche selbst in einer eheähnlichen Gemeinschaft mit einer jungen Frau lebte. Sie solidarisierten sich mit mir, stellten Kontakte her zu anderen,

denen es ähnlich erging wie mir, nahmen mich mit zu Treffs im underground, die nur Eingeweihte kannten, versuchten rührend naiv, auch Beate mit einzubeziehen, um ihr die Angst zu nehmen, es spielten sich in ihrer Abwesenheit pikante Szenen oder gar Orgien ab. Doch Beate wollte nicht: »Ich bin eine ganz normale Frau, und das will ich auch bleiben. Das ist doch eine Scheinwelt, was du für die Wirklichkeit hältst. Sieh sie dir doch genau an, alle die Zukurzgekommenen und Ausgeflippten! Und dabei stünde dir die ganze Welt offen! Wärst du doch nicht so blind, ich würde dich lieben, wie nie eine Frau geliebt hat!«
Und so kehrte ich nach solchen Tagen brav und flüchtig abgeschminkt gegen Mitternacht zu ihr zurück. »Na, war's schön?« fragte sie dann jedesmal und fügte hinzu: »Ich möchte nur wissen, was du davon hast. Du bist ein so attraktiver Mann, alle haben mich immer um dich beneidet. Alles könntest du haben und gibst dich mit solchen Leuten ab, mit denen du doch wirklich nichts gemein hast! Nicht einmal mehr für deine Kunst hast du Zeit!«
Doch wenn ich sie in diesem Augenblick in den Arm zu nehmen versuchte, stieß sie mich heftig fort: »Wasch dich erstmal gründlich. Ich kann nicht ausstehen, wenn du nach Parfüm riechst und deine Lippen nach Puder und Schminke schmecken!«
So hatte ich in den vier Jahren zwischen meinem 29. und 33. Lebensjahr, in welchen ich einen tiefen Blick in die Abgründe menschlicher Seelen geworfen hatte, auch Transvestiten und Transsexuelle kennengelernt, Wracks und stolze Fregatten, hatte Tips und Erfahrungen mit ihnen getauscht, gelernt, die »TS« von den »TV« klar zu unterscheiden, zu den ersteren die Kontakte allmählich abzubauen und zu letzteren sie so locker wie möglich zu halten. Denn sie alle glichen doch jenem Keimling, der durch den Asphalt will, notfalls auf Kosten aller anderen. Und jeder brachte dazu seinen Koffer an Leid mit, oft in ansprechender Verpackung, und nicht immer war es leicht, dem anderen klarzumachen: »Wir müssen jeder unseren eigenen Weg suchen, anders geraten wir in ein Ghetto.«
Den meisten gegenüber war ich allerdings entschieden im Vorteil: Ich hatte ein richtiges Zuhause, einen geachteten Beruf, eine richtige Familie und einen großen »normalen« Freundes- und Bekanntenkreis, woraus ich immer wieder das nötige Selbstvertrauen bezog, mein zweites Leben vorzubereiten.
Sie alle hatten vorläufig nicht die geringste Ahnung von meinem Doppelleben oder gar von der Zweitwohnung, argwöhn-

ten allenfalls, ich sei auch nicht besser als die meisten Männer über 30, die sich neben der Familie eine Freundin hielten, wenn ich ein- oder zweimal in der Woche erst spät abends heimkehrte und Gitta, die ein paar Häuser weiter wohnte, das beobachtete. Sie kannte diese Männer und wartete oft selbst erbittert auf den ihren!

Über die finanzielle Belastung eines solchen Doppellebens hatte Beate indessen wenig Grund zu klagen, auch wenn ich mich längst nicht mehr damit begnügte, ihre abgelegte Kleidung aufzutragen: Ich hatte meine Waffensammlung und meine Offiziersuniform auf dem Trödelmarkt zu Geld gemacht, rauchte und trank nicht, verachtete Kneipen und Discos und stellte auch sonst wenig Ansprüche an ein sogenanntes »gutes« Leben.

Ich mochte die Abende in den schummerigen und etwas anrüchigen Lokalen nicht, in welchen sich meinesgleichen sicher und unter sich fühlten, bestand vielmehr auf meinem Anspruch an Licht und Tag. Allenfalls ließ ich's mir gefallen, reihum auf die Zimmer einzuladen oder eingeladen zu werden, nachdem abgesprochen war, wer was dazu beitragen sollte, wie wir's vernünftigerweise auch mit unseren »normalen« Freunden taten. Im übrigen waren solche gesellschaftlichen Kontakte mit den einen wie mit den anderen recht selten; denn mehr noch als Beate fühlte ich mich zu Hause bei künstlerischen oder handwerklichen Arbeiten und zusammen mit meiner Familie am wohlsten. Hätte ich nicht glücklich und zufrieden sein sollen, dankbar für ein Leben, das mir fast alle meine Wünsche erfüllt hatte? Hatte ich nicht schließlich alle Freiheiten bekommen, um auch die Frau in mir nicht gänzlich unterdrücken zu müssen?

Und dennoch: Je sicherer ich mich in der Rolle der Frau fühlte, je geläufiger sie mir wurde, desto schwerer war es, mich jedesmal zurückverwandeln zu müssen. Mit wechselndem Selbstbewußtsein hatte ich gewagt, die dafür nötigen Manipulationen auf ein Minimum zu reduzieren, mit dem Erfolg, daß ich – als Frau auftretend – niemandem, der mich nicht kannte, irgendwie befremdlich erschien. Vom Äußeren würde ich keine Schwierigkeiten haben, ganz als Frau akzeptiert zu werden. Ich wollte nicht mehr zurück, niemals, und mein ganzes Sinnen und Trachten war darauf gerichtet, wie ich dennoch Familie, Beruf und sozialen Status erhalten könnte.

Immer wieder mußte ich mir – wie damals beim Arzt – auch von

Beate die Frage gefallen lassen, was ich denn »davon« hätte, und habe nur mit der Retourkutsche antworten können: »Was hast du davon, eine Frau zu sein?« Denn die Einwände gegen den Rollentausch waren ja nicht von der Hand zu weisen: Nach wie vor ist die Frau dem Manne gegenüber nicht gleichberechtigt, und die meisten Frauen haben ein sehr geringes Selbstwertgefühl und damit ein gebrochenes Verhältnis zu ihren Geschlechtsgenossinnen. Die Risiken, die ich einginge, die Verluste, die ich in Kauf nähme, stünden in keinem vertretbaren Verhältnis zum gewünschten Erfolg. Ganz davon abgesehen, bliebe ich auch als Frau exotisch im weitesten Sinne. Und waren die ersten Schritte in der Rolle der Frau nicht doch wenig ermutigend gewesen? Auf der Ebene vernunftmäßigen Argumentierens ließ sich kaum eine plausible Antwort erwarten. Genauso könnte man jemanden fragen: »Du verachtest die Vergangenheit und die Gegenwart deines Landes und fürchtest dich vor dessen Zukunft: Warum sprichst du Deutsch?«

Eher konnte ich formulieren, was ich nicht wollte: Ich wollte nicht mehr zu jener Hälfte der Menschheit gehören, die es als ihr Naturrecht erachtet, die andere in ihre Abhängigkeit zu zwingen, und sie sogar glauben läßt, diese Unterdrückung selbst zu wollen oder zumindest zu verschulden. Ich wollte nicht länger zu denen gehören, die Gott einen Mann sein lassen und ihn zur Legitimierung ihres Machtanspruches mißbrauchen, obwohl er es ihnen nachdrücklich verboten hat, sich ein Bild von ihm zu machen. Ich wollte mich von denen lossagen, welche die Zivilisation mit Gewalt immer weiter voran- und die Menschenwürde und die Achtung vor der Schöpfung immer weiter zurückdrängen und die Trennung von Gefühl und Verstand für sich selbst als Trick für eine doppelbödige Moral einsetzen. Ich hatte nichts mehr mit jenen zu tun, die schamlos von ihrer »besseren Hälfte« sprechen, sie auf die Tugend verpflichten und sie als Alibi für sich benutzen.

Es gab noch mehr Gründe auszusteigen, denn innerhalb meiner angestammten Gruppe sah ich wenig Möglichkeiten, etwas zu ändern, sah vor allem immer wieder, wie mich die Zugehörigkeit zu der Gruppe zwang, Dinge zu tun und Verhaltensweisen zu zeigen, die nicht aus mir selbst kamen.

In der Zwischenzeit ist das Aussteigen ja hoffähig geworden: Ausgestiegen wird aus der bürgerlichen Gesellschaft, dem kapitalistischen Wirtschaftssystem, der objektiven Wirklichkeit und anderen recht abstrakten Einrichtungen. Doch ziemlich unbeschädigt wird offenbar jedesmal die so konkrete, vermeintlich göttliche Hierarchie in die neuen Verhältnisse hinübergerettet, und mancher männliche Emanzipator entpuppt sich bei näherer Betrachtung schlicht als raffiniert getarnter »Chauvi«.

Gestaltwandel

Eine andere exotische Attraktion scheint seit einiger Zeit ein Indiz für das Aufweichen der starren Fronten zwischen den Geschlechtern zu sein: das gesellschaftsfähig gewordene Auftreten von Transvestiten und Damenimitatoren. Der Jubel des bürgerlichen Publikums über die oft gelungenen Illusionen hat, glaube ich, bei beiden Geschlechtern mehr mit Schadenfreude als mit Toleranz oder gar Emanzipation zu tun und kann die Fronten nur erhärten. Die anderen, die sich nicht so gut »verkaufen« können, bleiben in ihren Käfigen gefangen, verurteilt zu oft lebenslanger Einsamkeit und gesellschaftlicher Isolierung.
Das sollte mein Weg nicht sein: Wenn ich mich schon außerhalb der Normen stellen mußte, so nach Möglichkeit in den Toleranzbreiten der Gesellschaft, und die waren weiter, als ich hatte hoffen können, weiter auch als manche Menschen in meiner Umgebung mich glauben machen wollten. Die meisten nahmen jedoch meinen inzwischen geschlechtsneutralen Status in Kleidung und Erscheinung kommentarlos hin. Er galt als meine persönliche Note, als künstlerische Freiheit, als harmloser Spleen, über den weiter keine großen Worte gemacht wurden, zumindest nicht in meinem Beisein. Denn meine Zuordnung als Mann blieb davon unbeeinträchtigt, und meine Familie war der beste Beweis dafür, daß mit diesem Mann auch sonst alles in Ordnung war.
Kinder und Jugendliche, die eigenen, die der Freunde und Nachbarn, vor allem aber die Kinder in der Schule reagierten darauf spontaner und ehrlicher, sie waren auch ungewollt meine besten Kritiker und Korrektive. »Mein Vater sagt, er dachte zuerst, Sie wären eine Lehrerin!« sagte einmal eine meiner Schülerinnen nach dem Elternabend. Lachend fragte ich zurück: »Und du?« – »Ich auch!« – »Findest du das schlimm?« – »Nee!« Auch Jeanne meinte eines Abends vor dem Schlafengehen: »Wenn du das Haar noch länger wachsen läßt, siehst du bald aus wie Mama!«
Auch kam es vor, daß sich in der Bahn und sonstwo, für mich deutlich vernehmbar, zwei darüber unterhielten, ob ich ein Mann sei oder eine Frau, und ihre Vermutungen durch aufschlußreiche Beobachtungen einander begründeten. Diese Verwirrspiele hatten zweifellos ihren Reiz und beglückten mich in

besonderem Maße, wenn die Argumente »Frau« stichhaltiger waren. Es kam vor, daß ich an der Kasse im Kaufhaus als »meine Dame« angeredet wurde und sich die Verkäuferin mit hochrotem Kopf dafür entschuldigte, nachdem sie durch meine Stimme eines Besseren bzw. Schlechteren belehrt worden war. Die meisten verzichteten jedoch auf jegliche Anrede, um nur ja nichts falsch zu machen.
Ich spürte, wie ich in demselben Maße, in dem ich die eindeutige Zuordnung verließ, fragwürdig und zum Gegenstand des Interesses wurde. Nichts lag mir ferner, mußte meinem Ziel eines bruchlosen, unauffälligen Überganges mehr zuwiderlaufen. Irgendwann würde ich beruflich nicht mehr tragbar sein, würde ich die Grenze der Toleranz erreicht und überschritten haben. Immerhin hatte ich das Ansehen eines Berufsstandes zu wahren, der es mehr als andere mit Öffentlichkeit zu tun hat und an sich schon dauernd im Mittelpunkt der allgemeinen Diskussion steht. Um mich selbst wäre mir nicht bange gewesen; doch ich hatte unendlich mehr zu verlieren. Ich konnte die Katastrophe nur abwehren, indem ich die letzten legitimen Möglichkeiten ausschöpfte, die mir geblieben waren: Mich nicht auf mich selbst und meinen freien Willen mehr zu berufen, sondern mir ein amtliches Etikett anheften zu lassen, ein Alibi, das die Frage der Schuld von mir nehmen und mich der Fürsorgepflicht der Gesellschaft offiziell anheimgeben würde: Ich brauchte – abermals – einen fachkundigen Arzt.
Durch meine »Untergrund«-Bekanntschaften hatte ich von der Existenz sexualwissenschaftlicher Abteilungen an den großen Universitäten mit medizinischer Fakultät erfahren. Wenn überhaupt irgendwo, würde ich dort die Ärzte finden, deren ich bedurfte. Das nächste Institut lag von meinem Wohnort eine knappe Autostunde entfernt, und dorthin wollte ich mich wenden. In der Ambulanz ließ ich mir einen Termin geben, und voller Erwartungen – auch denen Beates, obwohl diese darunter anderes verstehen mochte – startete ich eines Nachmittags, wenige Tage vor meinem 33. Geburtstag, meinen zweiten Versuch.
Dieses Mal, so hoffte ich, würde ich mehr Glück haben und mehr Verständnis finden und Ärzte, die mich nicht gleich mit Vorwürfen und Unterstellungen überhäuften, mich nicht gleich einzuschüchtern versuchten.
Der Arzt, dem ich schließlich gegenübersaß, sah ganz anders aus, als ich ihn mir vorgestellt hatte: Er war kaum älter als ich

und ohne weißen Kittel, ohne Krawatte, ohne goldgeränderte Brille. Wie ein Arzt sah er wirklich nicht aus, schien auch völlig unbeeindruckt zu sein von dem, was ich ihm zu sagen hatte. Da er mir das Gefühl gab, mich so, wie ich war, zu akzeptieren, hatte er bald mein Vertrauen gewonnen und hörte mir zunächst einmal widerspruchslos zu. Was sich so lange hinter mehr und mehr bröckelnden Dämmen gestaut hatte, brach sich nun mit Gewalt Bahn, und ich ließ mich mitreißen. Als die Wogen endlich verebbten und ich mich erschöpft in den Sessel zurückfallen ließ, bemerkte ich erst, daß der Mann im saloppen Texashemd mir gegenüber hinter dem Schreibtisch die ganze Zeit nur an einer erkalteten Pfeife gesogen hatte, mich mit unbeweglichem Gesicht musternd. In der peinlichen Stille, die nun einkehrte, merkte ich, wie mir die Schamröte ins Gesicht stieg bei dem Gedanken, daß ich mich einem mir bis vor kurzem gänzlich unbekannten, mir nicht einmal sonderlich sympathischen Menschen ausgeliefert hatte, ohne jede Gegenleistung. Er hatte meinen Ansturm kühl berechnend abgewartet, und ich ahnte, er würde zum Gegenangriff übergehen, dem ich kaum mehr gewachsen sein würde.

Meine Ahnung trog mich nicht. Die ersten Pfeile flogen herüber, ohne daß ihre geschärften Spitzen mir viel anhaben konnten. Doch dann fuhr mein Gegenüber schwereres Geschütz auf, peinliche Fragen und solche, die mein Innerstes berührten. Ich bemühte mich, nicht unruhig auf meinem Sessel hin und her zu rutschen, doch ich wußte gleichzeitig, daß ich ihm nichts verbergen konnte. Mit seinem fast abwesenden Blick würde er meine Ausweichmanöver durchschauen, Notlügen entlarven.

Natürlich hatte ich inzwischen aus wissenschaftlichen Werken erfahren, aufgrund welcher Lebensgeschichte und Lebensumstände die erhoffte Diagnose gestellt würde; ich kannte einen Großteil der Untersuchungsverfahren, denen ich unterzogen werden würde, wußte, an welchen Stellen Stolperdrähte und Fallen ausgelegt waren und wäre geschickt genug gewesen, diese zu umgehen. Nichts wäre mir leichter gewesen, als ihnen einen solchen Musterlebenslauf hinzublättern, wie er inzwischen in fast jeder Illustrierten nachzulesen ist, oft durchaus rührende Geschichten von einem kleinen Jungen, der von Anfang an als Mädchen empfindet, vielleicht auch von der Mutter als ein solches aufgezogen wird; der sich danach sehnt, einmal einen starken Mann zu heiraten, um diesen in immerwährender

Schönheit und Jugend treu zu umsorgen, bis daß der Tod sie scheidet bzw. das Geld nicht mehr reicht. Und dann wird dieser arme Mensch gar gezwungen sein, seinen Lebensunterhalt – vorübergehend – etwas abseits bürgerlicher Moralvorstellungen zu verdienen, da eben diese Bürger ihm andere Chancen verwehren.

Ich hätte Phantasie genug gehabt, meine Beichte entsprechend zu frisieren. Doch ich unternahm keinen ernsthaften Versuch, meinem Gegenüber etwas vorzuspielen: Ich wollte bei der Wahrheit bleiben, ihn mit Offenheit zu entwaffnen versuchen. Auch bei der Kardinalfrage nach dem erwünschten Partner würde ich, der Wahrheit entsprechend, antworten: Mit einem Mann intim zu werden, wäre das Schlimmste, was ich mir vorstellen könnte! Könnte ich jemals jemand anderen lieben als meine eigene Frau, dann wiederum nur eine Frau!

Und schon saß wieder einer jener widerhakenbewehrten Pfeile im Ziel: »Wozu dann das ganze? Eine Frau ist von ihrer Anatomie her für den Mann gemacht!« gab mein Gegenüber zu bedenken. Ich schoß zurück: »Lesben sind für Sie also keine Frauen oder doch keine richtigen?« – »Sie würden doch eine Außenseiterrolle mit der anderen tauschen, das Leiden würde nur verschoben«, meinte er, ohne auf meine Gegenfrage näher einzugehen. Er konnte sich in seinem Stolz auf seine eigenen männlichen Attribute offenbar nur schwer vorstellen, daß diese nicht begehrt sein könnten, daß es für jemanden andere, schwerwiegendere Motive geben könnte, seine Geschlechtsrolle zu wechseln, als sexuelle: »Nicht einmal zum Kinderkriegen braucht die Frau noch die Vereinigung mit einem Mann«, fügte ich hinzu. »Die Frau ist meiner Meinung nach eher mehr als die eine Hälfte Mensch, und an den angeblichen Penisneid der Frau glauben Sie doch wohl selbst nicht.«

Weil ich es geschafft hatte, bisher ein nach außen hin angepaßtes bürgerliches Leben zu führen, stellte der Arzt einen ausreichenden Leidensdruck bei mir in Frage, schlug die verschiedensten Arrangements vor: »Trennen Sie sich erst einmal von ihrer Familie, dann können wir Ihnen weiterhelfen! Mindestens ein Jahr müssen Sie in der Frauenrolle leben und Ihren Lebensunterhalt verdienen!« – »Was verstehen Sie denn unter ›als Frau leben‹«, fragte ich zurück, und wieder hatte er offensichtlich die Vorstellung, dazu gehöre – wenigstens gelegentlich – ein Mann und zumindest feminine Kleidung. Zählte er Jeans und legere Pullover, die ich seit langem nur noch in der DOB-Abteilung

der Kaufhäuser kaufte, nicht dazu? Sarkastisch fragte ich darum: »Muß eine Frau in ihrem Äußeren wirklich so erscheinen, wie die Männer sie sich wünschen, nämlich offen im Schritt?«
Gewiß, die Mode wird von Männern gemacht, und die allermeisten Frauen lassen sie sich ohne den Willen zur Solidarität und Gegenwehr aufschwätzen. Ist daraus aber so etwas wie ein rechtlicher Status oder eine göttliche Ordnung abzuleiten? Laut fragte ich weiter: »Und wenn ich mich dieser Ordnung unterwerfen wollte: Hieße es nicht, mich zum Transvestismus zu zwingen, zu einer Abweichung, zu der ich mich eben nicht verstehe? Was würden Sie als Mann davon halten, wenn man Sie zum Verkehr mit einem anderen Mann zwingen wollte? Ganz davon abgesehen, daß auch Sie sich wohl keinen seriösen Arbeitgeber vorstellen können, der einen als Frau verkleideten Mann beschäftigt, schon gar nicht in meinem Beruf. Nicht einen Tag eher werde ich in aller Öffentlichkeit als Frau auftreten, ehe ich nicht meine äußerlichen männlichen Merkmale abgelegt habe. Mit einer Lüge kann ich auf die Dauer nicht leben!« Er schien von der Schwere meiner inneren Belastung jedoch noch immer nicht recht überzeugt. Darum bohrte ich weiter: »Wie weit muß der Leidensdruck denn gehen, damit die Ärzte sich zum Eingreifen gezwungen sehen; wie wollen sie ihn denn überhaupt herausfinden? Muß man erst ein paarmal ernsthaft Hand an sich gelegt haben? Um dann erst einmal in die Fänge der Psychiatrie zu geraten, um anschließend ein für allemal gezeichnet zu sein? Da werden Sie bei mir vergeblich warten! Ich will im Vollbesitz meiner Kräfte, souverän und autonom, meine Rolle verlassen und werde Ihnen nicht den Gefallen eines Selbstmordversuches tun.«
Auch meine Familie würde ich nicht aufgeben: Ich wußte nicht erst durch meine Berufstätigkeit, daß die Kinder ohne Vater unter sehr viel ungünstigeren Bedingungen aufwachsen würden als mit einem »mangelhaften«Vater. Und warum wollte man Menschen auseinanderreißen, die sich lieben, nur weil ihr Verhältnis nicht den gängigen Vorstellungen entspricht? Welche Normen mitmenschlichen Seins sind denn überhaupt noch normal, welche bloß ungewöhnlich?
Ein letzter Blitz zuckte herüber: »Ist Ihnen denn nicht klar, daß Sie an den Grundpfeilern der abendländischen Kultur rütteln?« Doch der Blitz war schon wie fernes Wetterleuchten, der Donner kaum mehr vernehmbar: Wo war denn das Abendland ge-

blieben, was war es im ausgehenden 20. Jahrhundert anderes mehr als ein geschichtlich gewordener Begriff, eine vergilbte Sehnsucht, Inventarliste von Museen und Bibliotheken? Und was war aus jenen Idolen geworden, aus jenen Männern, denen meine Verehrung gegolten hatte, den einzigen übrigens? Der Große Friedrich, Napoleon und die anderen Helden der Geschichte: hohle Denkmäler inzwischen, zerfressen von den unersättlichen Nagern einer Zivilisation, für die es nichts Erhabenes mehr gibt. Mit dem Fall jener Männer blieb auch von meiner männlichen Orientierung nichts übrig. Wenige Jahrzehnte hatten genügt, ein jahrtausende altes Bauwerk in Schutt und Asche zu legen: Wer wollte mich noch darauf verpflichten? Mein Leben hatte ich bisher nach seiner archaischen Ordnung auszurichten versucht, indem ich die Augen verschloß vor dem, was nicht mehr zu übersehen war. Ich hatte mich in die Idylle Ludwig Richters, die schlichte heile Welt Eichendorffs, der Romantik und des Biedermeiers zurückgezogen, fest gefügt genug, den Stürmen eines neuen Zeitalters zu trotzen. Mein Reich war nicht realistisch gewesen; nur unter größten Opfern hatte ich es gegen diese Welt verteidigen können. Nun war ich am Ende meiner Kräfte, bereit zur Kapitulation. Welch ein Widersinn, ausgerechnet mich zum aussichtslosen Weiterkämpfen für eine Ordnung aufzufordern, an die sich niemand mehr hält! Es schlossen sich im Laufe der nächsten vier Jahre in unregelmäßigen, mehrwöchigen Abständen ungezählte solcher Gespräche an, und zwar mit wechselnder personeller Besetzung. Alle verwandten Abweichungen waren nach und nach aus dem Rennen, die Diagnose »Transsexualität« blieb als Erkenntnis. Unausgesprochen blieb das »unheilbar« im Raum. Denn jahrzehntelange Erfahrung lehrt, daß dem »TS« nur die größtmögliche Annäherung an das Bild, das er von sich selbst hat, die Stabilität in jeder Hinsicht sichern kann.

Zunächst jedoch verstanden sich die Ärzte nur zu einer hormonellen Behandlung, die mit einem entsprechenden Gutachten von niedergelassenen Ärzten fortgeführt wurde. Für die Gespräche im Institut habe ich nie bezahlen müssen, vielleicht weil sich die dortigen Ärzte vorrangig als Forscher begriffen; die Rechnungen der anderen Ärzte wurden von meiner Krankenkasse einstweilen ignoriert.

Die reversible hormonelle Behandlung zielte auf einen Zeitgewinn ab: Sie wirkte beruhigend, ermöglichte eine körperliche

Annäherung an das Selbstbildnis ohne die endgültige Entscheidung. Denn davor stand die soziale Integration als Frau und – im Falle einer bestehenden Ehe – im allgemeinen die Scheidung, um rechtliche Komplikationen zu vermeiden.
Daran jedoch war vor allem von Beates Seite aus gar nicht zu denken, und so dachte auch ich nicht daran. Wenn Beate zu mir halten würde, warum sollte ich sie dann wohl verlassen?! »Wir haben uns vor dem Altar versprochen: ›Bis daß der Tod uns scheide‹«, rief Beate unter Tränen, als sie einmal mit mir zusammen ins Institut gebeten worden war, »da mach' ich einfach nicht mit!«
Zu Hause hatte sie sich wieder beruhigt: »Noch ist es nicht zu spät, Liebster: Laß uns noch einmal ein Kind miteinander haben.« Neun Monate später wurde Melanie geboren, war ich ein deutliches Stück auf meinem Weg zur Frau vorangeschritten ...

Indessen schien es, als müsse ich noch einmal verweilen, den eingeschlagenen Weg gar verlassen. Denn mit einem Schlage wurde durch einen winzigen Brief, den ich eines Tages im Kasten fand, eine Zeit für mich wieder hell, in welcher für mich noch alles offen, ungeklärt gewesen war, bevor meine Erwartungen an mein Leben gänzlich von Zweifeln erschüttert wurden, die Zeit meiner scheinbar heilen Welt, verklärt im Licht einer unschuldigen und unerfüllten Liebe, die alle Widersprüche, alle Ängste in den Schatten der Erinnerung gedrängt hatte.
Zehn Jahre hatten zwischen dem letzten Winken und diesen Zeilen gelegen, entscheidende Jahre, in welchen wir beide erwachsen geworden waren, uns unendlich weit voneinander entfernt haben mußten: Was mochte Iris bewogen haben, mir nach so langer Zeit zu schreiben? Brauchte sie mich plötzlich eingedenk des Versprechens, das ich ihr gegeben hatte, für sie da zu sein, wann immer sie Hilfe bräuchte? Ich durfte sie nicht enttäuschen; doch ich durfte ihr auch nicht vorenthalten, daß sich Entscheidendes geändert hatte.
Gerührt und liebevoll zwar, doch behutsam auf ein verhängnisvolles Geheimnis hinweisend, hatte ich ihr geantwortet, nicht ohne ihr zu raten, unseren eben begonnenen Briefwechsel wieder zu beenden, bevor ich sie abgrundtief enttäuschen, erschüttern würde. Doch sie hatte, vielleicht überhaupt erst neugierig geworden, auf der Gegenseitigkeit unseres damaligen Verspre-

chens bestanden und in den Brief zwölf winzige Spielkarten, lauter Buben, Damen und Könige, gelegt, die mir helfen sollten, die Wahrheit zu finden. Wie gerne wäre ich die zehn Jahre zurückgegangen, hätte alle Uhren angehalten, um noch einmal in die Idylle zu tauchen!
Und dann hatte ich mich endlich überwunden. Iris sollte die erste und einzige sein, die eine Brücke schlagen würde zwischen den beiden Welten, an denen ich Anteil hatte. Sie hat meinen Brief – wie alle folgenden und alle vorigen – aufbewahrt, ihre heile Welt, in die sie sich jedesmal flüchten kann, wenn ihr danach zumute ist, in ein Kästchen eingeschlossen: Sie sollte wirklich nicht mehr hineinschauen; doch nicht einmal jener Brief, der eben vor mir liegt, hat sie daran hindern können.
»Liebe Iris«, hatte ich damals geschrieben, »ich glaube, Du würdest zu Tode erschrecken, wenn Du mich in diesem Augenblick sehen könntest! Ich habe vorhin Deinen Brief gefunden, ihn mir beim Bummeln durch die Ladenstraße immer wieder durch den Kopf gehen lassen und dabei überlegt: ›Wie sag' ich's meinem Kinde?‹ Und nun sitze ich hier im Sessel, schiele verstohlen in den Spiegel gegenüber und frage mich, ob Du mich wohl erkannt hättest, wenn wir uns irgendwo in der Stadt begegnet wären, und was wohl furchtbarer gewesen wäre: das unerkannte Aneinander-Vorbeigehen oder das gegenseitige Erkennen. Wie ein naserümpfendes Publikum, ja, wie ein Tribunal sehe ich zwölf Buben, Damen und Könige vor mir, zwölf Geschworene, die über mich zu Gericht sitzen, sich abwenden, betreten zur Seite schauen, jenen nicht sehen wollen, der sich nicht in ihre Ordnung einzufügen vermag.
Ich muß Dir gestehen, daß mir die Zuneigung, die Du Dir trotz der langen Zeit, die vergangen ist, mir gegenüber bewahrt hast, sehr nahegeht. Und ich wollte wohl, daß jenes Märchen, dessen Hauptfiguren wir beide gewesen sind, in unseren Herzen unverblichen bleiben könnte, auch wenn es uns ein wenig den Blick für die Wirklichkeit verstellt hat. Aber ich sehe auch ein, daß ich ein Teil Verantwortung dafür trage, Dich aus dem Traum, in welchem ich Dich gewiegt habe, nach meinem eigenen Erwachen wieder zu erwecken, und nur darum, liebe Iris, werde ich Dir schweren Herzens anvertrauen, was Dein Traumschloß bis in seine Grundmauern erschüttern und wodurch Dich mit einem Schlage ein Abgrund von mir trennen wird. Ich kann nicht erwarten, daß Du mir jemals auf diesen Brief ant-

worten wirst; würdest Du's dennoch tun, wärest Du mir näher denn je.

Schau, Iris, Du meinst, daß unser Märchen Dich daran gehindert hat, erwachsen zu werden. Doch was bei Dir allenfalls ein retardierendes Moment gewesen ist, war bei mir, ohne daß ich mir dessen richtig bewußt war, Symptom einer gänzlich ausgebliebenen Entwicklung bzw. einer Fehlentwicklung. Nicht wahr, Du hast mich deshalb besonders liebgehabt, weil ich nicht so war wie »die anderen Männer«, und so ging es nicht nur Dir. Und ich habe gefunden, daß ich mit Frauen viel besser zurechtkam als mit Männern, weil ich in ihnen so etwas wie eine seelische Verwandtschaft erahnen mochte. Den typischen Männergemeinschaften und -freundschaften bin ich darum aus dem Wege gegangen oder, wenn ich sie bewußt suchte, wie z. B. die Pfadfinder und später die Bundeswehr, habe ich sie als eine Bewährungsprobe angesehen oder gar als wirkungsvolle Tarnung meiner in sich damals wenig gefestigten, keinesfalls männlich harten Persönlichkeit. Ja, ich habe mit diesen Mitteln sogar einen fast männlichen Kampf gegen mein Innerstes geführt, das von Zeit zu Zeit schemenhaft aus mir hervortrat und von dem ich seit meiner Kindheit geglaubt hatte, daß es für immer in den Urgrund meines Ichs zurücktreten würde, wenn ich erst die letzte Bewährungsprobe als Mann, nämlich als Ehemann und Vater, bestanden hätte.

Ich hatte gute Hoffnung, diese Probe zu bestehen, hatte ich doch als wohlerzogener und gehorsamer Sohn seit meiner Kindheit gelernt, mich der Rollenerwartung, die meine Eltern, meine Schwester und die vielen, vielen Miterzieher in einem jungen Menschenleben auf mich projiziert hatten, so gut ich konnte zu entsprechen.

Und dann war ich plötzlich in ein Alter gekommen, wo die fremden Miterzieher – und auch die allermächtigsten – zurücktraten und mich mit der Rolle allein ließen, da meine Freundinnen – inzwischen im heiratsfähigen Alter – sich nicht mehr mit einer irrealen Liebe begnügen wollten und an mir zu zweifeln begannen. Auch ich wollte es nun genau wissen, ohne indessen den ersten Schritt tun zu können. So ließ ich mich denn in die Arme nehmen, gab mich dem Rausch hin. Bald war ein Kind unterwegs, ich heiratete.

Doch nur kurze Zeit vermochte ich unter dem Eindruck der neuen Erlebnisse meiner merkwürdigen Begleitung die Tür zu verstellen; bald mußte ich einsehen, daß mich meine Hoffnung

ganz und gar betrogen hatte. Denn je mehr mir Leib und Seele der Frau mit all ihren Eigenarten vertraut wurden, desto mehr gewann meine Begleitung Gestalt und trat endlich aus meinem Inneren ganz deutlich ans Licht: Es war die einer Frau mit meinen eigenen Zügen! Was mir selbst seit meiner Kindheit ein vertrauter, dennoch unheimlicher Spuk war, was sich meinen Eltern und den Menschen meiner Umgebung und Bekanntschaft als Feinsinnigkeit, romantische Verspieltheit, Idealismus, Tugend und gar Charakterfestigkeit dargestellt hatte, diagnostizierte der Arzt schließlich kühl und sachlich als Fehlentwicklung bezüglich meiner Geschlechtsidentität, als geistigseelischen Hermaphroditismus oder – prosaischer – Transsexualität!
Nun ist es heraus, und schaudernd wendest Du Dich ab wie die zwölf Geschworenen auf dem Tisch vor mir. Verstört blickst Du über mich hinweg in jenen Spiegel, siehst darin das Gesicht einer Frau mit dunklem, schulterlangem Haar, etwas herben Zügen und großen, traurigen Augen, greifbare Gestalt gewordene Illusion einer Existenz, die mir Vernunft und Verstand verbieten, ein böser Streich der Natur verstellt, die sich aus sich selbst heraus gebiert und mit ein bißchen Tusche und Schminke glaubhaft wird.
Nun weißt Du auch, was es mit meiner blauen Blume auf sich hat, warum ich sie nicht pflücken darf und was es mit der geheimnisvollen Adresse auf sich hat: Mein selbstgewählter Name für jenen Teil meines Ichs, der sich dank des Verständnisses meiner Frau, der Toleranz meiner Wirtin, die ich von Anfang an eingeweiht hatte und die bereit war, mich als Frau zu akzeptieren, der Indifferenz der Nachbarn und der Ahnungslosigkeit der übrigen Mitmenschen sich wenigstens gelegentlich verwirklichen darf, damit das Rest-Ich vor Kindern, Familie, Verwandten, Freunden, Bekannten und Kollegen als ausgeglichener, in sich ruhender, heitere Gelassenheit ausstrahlender Ehemann, Schwiegersohn, Lehrer, Familienvater, Kamerad und Kollege weiterhin überzeugen kann.
Nun verstehst Du auch, warum ich keine Entscheidung treffen kann, die über einen Kompromiß hinausgeht. Bis vor kurzem war ich entschlossen, mich notfalls auf Kosten meiner Familie meiner verhaßten Männlichkeit zu entledigen. Je mehr ich mich aber mit den Konsequenzen auseinandersetzte und je mehr ich über andere Schicksale erfuhr, desto mehr sah ich mich im Vergleich zu anderen in einer glücklichen Lage; und je älter ich

wurde, desto klarer wurde mir auch, daß dieser Zug für mich wohl abgefahren ist. Inzwischen kenne ich einige Menschen mit einem ähnlichen Schicksal und sehe ein, daß ihre Probleme nur teilweise mit den meinen vergleichbar sind, daß die Unterschiede gegenüber den Gemeinsamkeiten sogar überwiegen. Denn sowohl als Mann als auch als Frau ist mir alles Männliche zuwider.

Eines der schönsten Erlebnisse ist es für mich, wenn Beate, meine Frau, es einrichten kann, mit mir auszugehen, wenn ich Frauenkleider trage, was ihr inzwischen nichts mehr auszumachen scheint. Neulich allerdings war sie einmal sehr erbost, als der Kellner sie mit ›meine Dame‹, mich aber mit ›mein Fräulein‹ anredete, und ich hatte Mühe, ihr klarzumachen, daß der Mann ihr ein Kompliment auf ihre mütterliche Reife, die ihr ins Gesicht geschrieben ist, machen wollte und ich mir dagegen wie ein dummer, etwas altgewordener Backfisch vorkommen mußte!

Bei schlechtem Wetter fühle ich mich allerdings in Parka und Jeans am wohlsten und verzichte dann gern auf den ›Fummel‹, die Pumps, Röcke und Blusen, den Blazer, den leichten Mantel und die vielen Tücher, die immer ›passen‹ müssen, auch wenn die Gelegenheit, so auszugehen, mal wieder günstig ist. Beate nennt mich dann etwas verächtlich eine ›Schönwetterfrau‹, freut sich aber auch darüber, daß mein Bedürfnis, mich als Frau zu präsentieren, doch nicht übermächtig ist.

Du siehst also, daß ich keinesfalls an meinem Sosein leide, ich habe mich darein gefunden, bewege mich zunehmend sicher darin, genieße die Dimensionen der Wahrnehmung und des Erlebens, die mir als Mann immer verschlossen blieben, und versuche, das Beste aus der verfahrenen Situation zu machen.

Jetzt weißt Du alles Wesentliche über mich: Ich habe nichts beschönigt und nichts verschwiegen. Es war vielleicht ein bißchen viel auf einmal für Dich, aber die Wahrheit ist unteilbar. Ich habe sie Dir mitgeteilt, weil Du Dich reif genug für sie gefühlt hast und ich Dir helfen sollte, illusionslos und erwachsen zu werden. Ich fürchte, daß letzteres mir nur in Ansätzen gelungen ist. Ich habe Dich mit meinem Geheimnis beladen, an welchem Du schwer zu tragen haben wirst, habe den Schleier über Deinen Träumen zerrissen und möchte so gern alles heil machen, den Schleier flicken, die Wunde, die ich Dir schlug,

aufopfernd pflegen, möchte Deine Augen, nachdem sie in den Abgrund geschaut haben, wieder emporrichten, daß sie sich wieder mit Sonne füllen. Wie sehr wünsche ich mir, daß Du mir dazu Gelegenheit gibst! Mögen die zwölf Geschworenen den Stab über mich brechen: Ich wage ja nicht, auf Deine Antwort zu hoffen!«
Doch schon wenig später mußte ich ihr gestehen: »..., aber ich frage mich auch immer wieder, ob es mein Recht und mein Los ist, die Rolle stur zu Ende zu spielen, die mir durch meinen männlichen Körper aufgezwungen ist, und was den Menschen wesentlicher bestimmt, seine Körperlichkeit oder seine Seele, ob endlich der Körper der Seele zum Ausdruck verhelfen soll oder, umgekehrt, der Körper bestimmt, wie die Seele beschaffen zu sein hat ... Wie ich die ganze Weltgeschichte immer von ihrer Bedeutung für mich selbst her beurteile, wie ich die Schicksalsfragen der Menschheit immer ganz individuell – die Menschen, die ich liebe, eingeschlossen – auf eine Weltanschauung hin deute, so nehme ich mir auch das Recht heraus auf eine freie Entfaltung meines gespaltenen Ichs. Wem füge ich denn Schaden zu, indem ich fragwürdige Normen für mich in Frage stelle? Und wenn ich mich wirklich eines Tages vor meinem Schöpfer verantworten müßte und er mich fragen würde: ›Warum bist Du nicht geworden, wozu ich Dich geschaffen habe?‹ müßte ich ihm nicht antworten: ›Ich habe Dich nach meinem Weg gefragt, doch ich habe Deine Antwort nicht vernommen. Deine Stimme ging unter im Klang meiner Laute, dem harten Tritt meiner eisenbeschlagenen Stiefel, dem Motorendonner und dem Kettengerassel meiner Panzer. Vergib mir meine Schuld!‹? Müßte er mich nicht für zu leicht befinden, wenn ich die Gabe, meine Situation klar zu sehen und die Konsequenzen daraus zu ziehen, nutzlos vertan und gegen ein würdeloses, fremdbestimmtes Leben eingetauscht hätte? ... Allerdings ist mir auch klargeworden, daß ich immer auf Pfaden gehen und Ziele anlaufen werde, die ich eigentlich gar nicht will; sie verlaufen mehr oder weniger parallel zu dem, was ich wirklich will und wohl auch meine Bestimmung ist. Das Äußerste, was ich erreichen kann, ist eine unbewußte, zufällige Annäherung an jene verborgene Bahn; die endgültige Kongruenz, die letzte Harmonie werde ich vielleicht erst nach meiner Zeit erreichen.
Erinnerst Du Dich noch meiner Laute? Ich habe sie inzwischen verkauft mitsamt den bunten Haarschleifen vergangener

Freundschaften daran. Du hattest Dich damals geweigert, solch eine Trophäe beizusteuern, wolltest, daß ich Dich auch so in meiner Erinnerung behielte, und Dir allein ist es gelungen. Wenn Du wüßtest, wie sehr Du meine Gefühle verwirrt hast!«

Die Grenzen des Möglichen

In Wirklichkeit hatte ich jedoch keine Wahl mehr. In dem Maße, wie ich mich als Frau sah, mußte sich auch – unmerkbar für mich – in meinem Verhalten und Auftreten anderen gegenüber etwas geändert haben, das diese fast regelmäßig wiederum bewog, mich als Frau einzustufen und zu behandeln. Vielleicht trugen auch die Medikamente, die ich nun regelmäßig bekam, bereits dazu bei. Dadurch erfuhr ich erneut Bestätigung und Verstärkung und konnte in jenen seltenen Fällen, wo ich nicht meinem Wunsch entsprechend spontan identifiziert wurde, mit Gelassenheit, Humor und Selbstironie reagieren, lebenswichtige Eigenschaften geradezu angesichts der Tatsache, daß ich auf einem schwankenden Seil ohne Netz balancierte, jederzeit in der Gefahr, abzustürzen.
Die Tagebücher aus jener Zeit sind voll von an sich banalen und teils durchaus amüsanten Episoden, in deren Mittelpunkt ich jedesmal stand, ohne deren Verlauf steuern zu können oder – ungeschminkt und neutral gekleidet – durch sonderliche Auffälligkeiten deren Entstehen willentlich veranlaßt zu haben:
»9. 1. Sparkasse in Mannheim: Ich lege einen Scheck vor, dazu meinen Personalausweis. Da meint die Angestellte: ›Ich brauche aber *Ihren* Ausweis!‹ Als ich sage, daß ich das selbst sei, ist sie ganz verwirrt, mustert mehrmals mich und mein Bild und stellt dann fest: ›Sie sehen ja ganz anders aus. Ich hab' Sie völlig verkehrt eingeordnet!‹ Verkehrt! Welche Ironie!«
»12. 1. Im Bus: Ein paar Schulkinder unterhalten sich ungeniert über mich. ›Der sieht aus wie eine Frau!‹ sagt ein Mädchen. Ein anderes dagegen: ›Das *ist* eine Frau, sieht man doch!‹ Ein drittes darauf: ›Kannst sie ja mal fragen!‹ Dazu fehlt ihnen aber doch der Mut.«
»21. 4. Auf dem Markt hält mir eine Halbwüchsige einen Stoß Nylonstrümpfe entgegen und ruft: ›Alles 1. Wahl, 3 Paar für nur 2 DM. Kaufen Sie doch, meine Dame!‹ Als ich zögere, fragt sie nach meiner Größe und hat blitzschnell den richtigen Stoß beisammen: Ich kaufe.«
»28. 11. Auf das Namensschild an meiner Klassentür hat jemand gekritzelt: ›Klapsmühle? Sie? Er? Es?‹ Andreas macht

mich empört darauf aufmerksam, will dem Übeltäter, wenn er ihn herausbekommt, ›eins in die Fresse hauen‹. Ich lache nur und denke nicht daran, die Inschrift zu entfernen.«
»14. 12. Hospitation in der Wichern-Schule: Im Hinausgehen zeigt ein Junge auf mich und sagt: ›Die Dame hat aber eine tiefe Stimme!‹«
Ich brauchte einfach nur da zu sein und zu schweigen; alles übrige lief wie von selbst ab. Es war inzwischen an der Tagesordnung, daß vor allem Halbwüchsige sich hinter meinem Rücken oder auch ungeniert mich anstarrend über meine mutmaßliche Geschlechtszugehörigkeit unterhielten, während ich vergeblich versuchte, solche Taktlosigkeiten zu überhören oder mich durch meine Lektüre, mit der mir solch ein Versuch am ehesten noch gelingen konnte, abzulenken. Der Trost, den ich aus der abschließenden Feststellung: »Ich glaub', das ist eine Frau«, empfing, war nur gering, denn er zwang mich zu weiteren Schritten, die mich eindeutig definierbar machen würden, was jedoch unweigerlich zu Konflikten führen mußte am Arbeitsplatz, in der Nachbarschaft und in der Familie.
Vor allem Kinder mit ihrem noch wenig differenzierten Rollenverständnis, das nach eindeutigen Erkenntnissen verlangt, zwangen mich immer wieder zur Reflektion, während Erwachsene eher zum Verdrängen, zum Nicht-zur-Kenntnis-Nehmen, zum Bagatellisieren neigen. Als z. B. einmal eine junge Mutter mit ihrer lebhaften Tochter mir gegenüber in der Bahn saß und diese von ihrem Platz aus die Beine hin- und herschwang, ermahnte die Mutter das Kind mit den Worten: »Hör' bitte auf mit dem Hampeln, du stößt ja der Dame ans Bein!« Daraufhin sah mir die Kleine lange ins Gesicht und musterte mich von oben bis unten und stellte dann unbefangen und ganz sachlich fest: »Das ist ja gar keine Dame«, worauf die Mutter heftig errötete und eine Entschuldigung stammelte, die ich leider nicht verstand. Ich hätte zu gerne gewußt, ob sie sich für die durch ihr Kind in Zweifel gezogene weibliche Identifizierung oder für ihre eigene spontane Rollenzuschreibung entschuldigte. Ich hütete mich jedoch, auch nur mit einem Wort darauf zu reagieren und beschränkte mich statt dessen auf ein gütiges Lächeln, bis ich mich wieder hinter meiner Lektüre versteckte.
Beim Besuch einer Schule passierte es einmal, daß mich Kinder ein und derselben Klasse gegensätzlich identifizierten. Nachdem mich der Klassenlehrer als »Herrn« vorgestellt hatte, wurde ich von mehreren Kindern umringt. Ein Junge fragte gera-

deheraus: »Wie kommt es, daß Sie ein Mädchengesicht haben?« und ein anderer meinte: »Wir haben Sie schon gestern gesehen, da haben wir gedacht, das ist eine Verkleidung, weil doch Rosenmontag war.« Ein anderes Kind, das hinzudrängelte und die Vorstellung wohl nicht mitbekommen hatte, meinte dagegen: »Wenn Sie was sagen, denkt man, Sie sind ein Mann!«
Es konnte auch geschehen, daß mich eine Marktfrau von der Seite mit »junger Mann« ansprach, und in dem Augenblick, wo ich ihr mein Gesicht mit fragendem Blick zuwandte, sich erschrocken entschuldigte, mich nicht gleich als »meine Dame« angesprochen zu haben, dabei verzweifelt nach Erklärungen suchend, weshalb ihr eine solche Fehlidentifizierung unterlaufen war. Paradoxerweise wurde ich in männlicher Begleitung oder in Begleitung meiner Kinder regelmäßig als Frau angesehen, in Beates Begleitung jedoch häufig als Mann, ohne daß wir unserer engen Verbundenheit durch Zärtlichkeiten oder Anfassen Ausdruck gaben. Offenbar lag das an der Art, wie Beate mich ansah oder ansprach bzw. daran, wie ich darauf zu reagieren gewohnt war: unschätzbare Hinweise für mich.
Auf dem Weg zu meiner Arbeitsstelle kam ich täglich an einer anderen Schule vorbei, deren Schulhof unmittelbar an meine Haltestelle grenzte, so daß es sich nicht vermeiden ließ, dort immer wieder denselben Schülern zu begegnen. Zwei halbwüchsige Mädchen, die sich offenbar gegenseitig Mut gemacht hatten, sprachen mich eines Tages an: »Entschuldigen Sie bitte, wir haben eine Wette abgeschlossen; sind Sie eine Frau oder ein Mann?« Einen Augenblick überlegte ich, ob ich empört oder gelassen reagieren sollte; doch mir imponierte diese Direktheit, und so fragte ich zurück, ob das denn nicht klar sei. »Von der Stimme her ein Mann«, meinte die Fragerin ungerührt, »doch vom Wesen her eine Frau«, wobei sie es mir überließ zu ergründen, was sie unter Wesen verstand. Ich schlug vor, sie sollten sich überlegen, welches Argument gewichtiger sei und den Ausschlag geben könnte für ihre Antwort und sich im Zweifelsfalle den von mir dafür ausgesetzten Preis – eine Tafel Schokolade – zu teilen, womit sie sich zufrieden zu geben schienen.
Nicht alle waren jedoch so leicht zu beschwichtigen. Von Tag zu Tag spürte ich stärker die Provokation, die von mir ausging und offenbar von Jugendlichen schlichterer Herkunft – nir-

gendwo ist das Geschlechtsrollenverständnis so rigide und unflexibel – mit Aggressionen beantwortet wurden. Das hinterhergerufene Schimpfwort »Zwitter« gehörte zu den harmloseren. Einige gingen weiter.
Eines Tages, als ich wiederum an der Haltestelle stand, näherte sich vom Schulhofzaun, durch welchen er mit ein paar Schülerinnen der Oberstufe gesprochen hatte, ein widerlicher, schmuddeliger Bursche und kam auf mich zu. Während ich gedankenverloren mich damit befaßte, in welcher Beziehung der Mann wohl zu den Mädchen stand, mit denen er gesprochen hatte, umfaßte er plötzlich von hinten meine Schulter und sprach mich an. Dutzende von Augenpaaren fühlte ich in meinem Rücken, begierig darauf, was nun folgen würde. Brüsk riß ich meine Schulter fort; doch ehe ich meiner Empörung und meinem Ekel mit einem »Was fällt Ihnen denn ein!« hatte Ausdruck verleihen können, hatte jener mir seine schmutzige, bandagierte Faust ins Gesicht geschlagen! Ich taumelte einen Augenblick, ohne den geringsten Schmerz zu verspüren, und floh in panischem Entsetzen in eben jene Schule, bevor er zum zweiten Male zuschlagen konnte, noch ein Stück von ihm auf dem Schulhof verfolgt. Minutenlang lehnte ich zitternd an der Wand des Flurs, umringt vom Hausmeister und Lehrern, unfähig, etwas anderes zu empfinden als ein fassungloses Staunen, eine abgrundtiefe Erschütterung, unfähig aber auch, auf die auf mich einstürzenden Fragen zu antworten oder die auf mich gerichteten Blicke wahrzunehmen. Ich versuchte, Worte zu formen, doch Zunge und Lippen gehorchten mir ebensowenig wie Hände und Füße, die an die kühle Wand genagelt zu sein schienen.
Nach einer Zeit, die mir wie eine Ewigkeit vorkam, löste sich diese unheimliche Verkrampfung, und hilflos ließ ich mich auf einen Stuhl sinken, den irgend jemand mir hinschob. Als die Polizei eintraf, hatte ich meine äußere Fassung wiedergefunden, so daß am gleichen Tage die Recherchen in der Schule begannen. Dabei stellte sich heraus, daß der Mann, ein stadtbekannter Schläger, von zwei Schülerinnen quasi gedungen worden war, um mich »mal anzumachen«, wie sie später zu Protokoll gaben, nur so zum Spaß und ohne einen anderen Grund als den, daß sie sich durch meine Erscheinung irritiert fühlten. Der mich vernehmende Beamte fand diese Erklärung plausibel, hatte doch auch er mich zunächst als Frau eingestuft, und so war für ihn der Aggressionsdurchbruch mir gegenüber verständlich.

Entsprechend hörte ich von den Konsequenzen aus meiner Strafanzeige nichts mehr, eine Bagatelle für den Staatsanwalt!
Als ich an jenem Abend mein verweintes – endlich hatten sich meine Tränen Bahn gebrochen – und geschwollenes Gesicht im Spiegel betrachtete, entschlossen, nicht eher wieder zum Dienst zu erscheinen, als bis wenigstens die sichtbaren Spuren jenes gemeinen Angriffs getilgt wären, versuchte ich mit aller Kraft zu ergründen, worin mein Anteil an jenem Geschehen, meine Schuld gelegen haben mochte. Zweifellos hatte ich ein Tabu gebrochen, eine unsichtbare Grenze zwischen den Geschlechtern willentlich überschritten. Ich hatte mich nicht an die Spielregeln der abendländischen Ordnung gehalten, und der Bodensatz der abendländischen Kultur hatte sich zur Exekutive der ungeschriebenen und unausgesprochenen Urteile der Gesellschaft gemacht. Jene Menschen in meiner unmittelbaren Umgebung und am Arbeitsplatz, die sich mir gegenüber freundlich und aufgeschlossen zeigten, hatten sie nicht längst in meiner Abwesenheit ihr Urteil gefällt und mich der Feme überantwortet? Mußten sie nicht insgeheim darüber triumphieren, daß derjenige, der sich nicht wie sie unter mehr oder weniger schmerzhaften Abstrichen an der persönlichen Freiheit dem strengen Gesetz unterworfen hatte, endlich die verdiente Strafe für seinen Frevel, seine Gotteslästerung erfuhr? Hätten sie mich nicht alle am liebsten gesteinigt, geteert, gefedert und geviertelt, weil ich mir die Realisierung von Vorstellungen herausgenommen hatte, die sie sich vielleicht nicht einmal eingestehen würden, wenn nicht ihre abendländischen Zivilisationsformen sie daran gehindert hätten, ohne gesetzliche Handhabe handgreiflich gegen mich zu werden? Günstigstenfalls mußte ich davon ausgehen, daß auch jene Menschen, die ich als Freunde und Verbündete betrachtete, nur gleichgültig und indifferent meinem Äußeren gegenüber waren; daß sie ihren Unmut und ihre Enttäuschung verdrängten, sich selbst Scheuklappen anlegend, sich in der Illusion wiegend, es sei möglich, das Spektrum menschlicher Existenz grenzenlos zu erweitern, die Geschlechterrollen bruchlos bis zur Übereinstimmung anzunähern, wie ich das mit meinen Zweitwohnungen gemacht hatte, deren letzte inzwischen sich in nächster Nachbarschaft zum Wohnsitz befand, ohne daß ich sie eigentlich noch benötigt hätte.
Es war keinem Mann gestattet, wie eine Frau auszusehen und dennoch seinem Dienst als Mann nachzugehen, auch nicht in

quasi männlicher Kleidung. Jahrelang schon hatte ich mich nicht mehr ins Schwimmbad getraut seit den ersten ungenierten Blicken, die zwischen meiner bloßen Brust und der Badehose auf- und abgewandert waren, und nun war es gar gefährlich geworden, mich als Mann auf der Straße zu zeigen. Ich spürte, wie ich zunehmend ängstlich wurde, den Blicken der Menschen auszuweichen suchte, um sie nicht durch meinen »bösen Blick« herauszufordern, schloß mich um so dichter jenen an, die ich nach und nach eingeweiht hatte und die dennoch zu mir hielten. Auf keine öffentliche Toilette konnte ich mich mehr wagen, hatte andererseits aber auch nicht den Mut, das Damen-WC aufzusuchen, es sei denn mit eindeutig weiblichen Attributen wie Kleidung und Make-up und auch dann noch voller Angst und Scham, eben doch nicht richtig dazuzugehören. Wie hatte es mich einst amüsiert, als ich mich einmal vor dem Toilettenspiegel in der Oper kämmte und ein junger Mann, der hereingestürmt kam, mit weitaufgerissenen Augen innehielt und mit wirren Worten eine Entschuldigung stammelte. Obwohl ich ihm versicherte, sich keineswegs in der Tür geirrt zu haben, schien er nicht recht überzeugt davon zu sein; denn er verließ den Raum, ohne seine Notdurft verrichtet zu haben.

Doch nun war da nichts mehr als Peinlichkeit und Ratlosigkeit, und wenn sich's nicht vermeiden ließ, suchte ich eine solche Toilette auf, vor der ein Cerberus oder eine Cerbera stand, welche mich regelmäßig an das Damen-WC verwiesen, sozusagen als amtliche Anordnung und ohne meine Verantwortung.

Selbst ärztliches Personal ließ sich von meiner Erscheinung täuschen: Als ich einmal auf einer Röntgenkarte meinen Vornamen »vergaß«, wurde ich auf eine mögliche Schwangerschaft angesprochen. Erst durch das zugehörige Zeugnis wurde die Angestellte auf den männlichen Namen aufmerksam, errötete heftig und entschuldigte sich für die irrtümliche Anrede »Frau«. Ihrer Kollegin erging es jedoch nicht besser, die mich, nachdem ich meinen Oberkörper entblößt hatte, am Bildschirm erwartete. Sie fragte, ob ich Frau so und so sei, ihre Karten seien wohl durcheinandergeraten. Erst als ich meinen Namen nannte, kriegte sie, völlig verwirrt, ihre Kartei wieder in die Reihe. Ihre Verwechslung schmeichelte mir ungemein, da ich der Meinung war, unter meinem Hemd kaum etwas Nennenswertes vor mir herzutragen, und glücklich strahlte ich für einen langen Augenblick in den Spiegel in der Umkleidekabine.

Und zu allem schwiegen Kollegen und Vorgesetzte und hüllten sich in Ahnungslosigkeit! Nur Erika, eine ältere Nachbarin, die manchmal auf eine Zigarettenlänge hereinschaute und gewiß nichts Näheres wußte, aufgrund ihres Alters wohl auch nicht begriffen hätte, was sich tatsächlich bei mir abspielte, hatte beim Nachmittagskaffee einmal in aller Naivität festgestellt: »Gut siehst du aus mit der blauen Mütze, dem Ledercoat und den Jeans, richtig wie ein junges Mädchen«, worauf Beate und Gitta, eine andere Nachbarin, die inzwischen ebenfalls eingeweiht war – und durch sie die nächsten »Vertrauten«! –, etwas betreten einander ansahen und Erika, ziemlich verwirrt darüber, sich eifrig bemühte, ein anderes Thema anzuschneiden. Warum weigerten sie sich, Kenntnis zu nehmen von dem Kukkucksei, das sie sich unübersehbar in ihr Nest gelegt hatten? Ich mußte sie zwingen, Farbe zu bekennen.

Eines Tages faßte ich mir darum ein Herz, nahm allen Mut zusammen und vertraute mich, unter meinen Tränen fast verzweifelnd, meinem Schulaufsichtsbeamten an, davon überzeugt, daß ich, untragbar geworden, meinen Dienst quittieren müßte. Doch nach längerem Schweigen, während dessen ich in einen Sessel und zu einer Tasse Kaffee genötigt wurde, legte mir der Leiter der Dienststelle, dem Jahre und Verantwortung tiefe Spuren in ein gütiges Gesicht gegraben hatten, väterlich die Hand auf den Arm und sagte, was ich nicht in meinen kühnsten Träumen zu hoffen gewagt hatte und mit einem Schlage alle meine Ängste hinwegfegte: »Sie haben sich fast Unmögliches vorgenommen. Wie Sie damit fertig werden, ist allein Ihre Sache, und niemand kann Ihnen dabei helfen. Warum sollten wir Sie aber entlassen? Für uns zählen Sie in erster Linie als Mensch, und für uns besteht einstweilen kein Grund, daran zu zweifeln, daß Sie Ihren Dienst auch als Frau mit demselben Engagement versehen werden wie in den vergangenen zehn Jahren!« Soviel Glück auf einmal konnte ich nicht fassen, und beinahe hätte ich den alten Herrn umarmt. Es wäre übrigens das erste und einzige Mal gewesen, daß ich einem Mann derartig nahegekommen wäre, von meinem eigenen Vater abgesehen.

Auf dem Heimweg jedoch keimte erneut Skepsis auf. Dieser Mann konnte mir billig Trost und Zuversicht zusprechen, stand er doch dicht vor seiner Pensionierung und brauchte die Konsequenzen aus seiner Großherzigkeit bald nicht mehr zu verantworten. Sein Nachfolger im Amt würde vielleicht ganz anders darüber denken. Ich mußte jetzt handeln, die Gunst des Augenblickes nutzen, durfte das Unausweichliche nicht länger vor mir herschieben. Ich mußte Beate von dieser Notwendigkeit überzeugen. Es würde unser schwerster Gang werden, vielleicht der letzte, den wir gemeinsam gehen würden; doch ich konnte mich nicht noch länger hinhalten lassen und nicht länger auf Zeitgewinn setzen, denn wir waren nun beide in Zugzwang geraten.

Einmal träumte ich, ich sei in einem alten Haus, das mich an das meiner Großmutter erinnerte, wohin ich bis zu deren Tod in meinem vierten Lebensjahr häufig am Sonntag mit meiner Mutter gefahren war, bis auf den geheimnisvollen, in Halbdunkel getauchten Dachboden hinaufgestiegen. Doch ich wage nicht, wieder hinabzuklettern, da ich plötzlich erkenne, daß die Stiegen der Wendeltreppe morsch und angebrochen und die Wände des Treppenhauses brüchig und verfallen sind. Beate kommt mir vorsichtig von unten entgegen, nimmt mich auf die Schulter – sie bricht unter meinem Gewicht fast zusammen – und hilft mir über den obersten Absatz hinweg. Unten wartet unser Wagen mit laufendem Motor im Halteverbot. Bevor wir losfahren, will ich mich noch von allen Bewohnern im Haus verabschieden; doch niemand ist da oder öffnet mir.

Ach, Beate, was für ein Leben mutete ich ihr zu; wie konnte ich darauf hoffen, daß sie mich tragen würde! War es für sie nicht schon schlimm genug, sich in meiner Begleitung sehen zu lassen, wenn eine Marktfrau ihr auch »für ihre Bekannte« etwas zum Probieren über den Tisch reichte; wenn ich bei der Personenkontrolle im Flughafen von Heathrow vom männlichen Sicherheitsoffizier zum weiblichen und von dort wieder zurückgeschickt wurde, während Beate mit hochrotem Kopf dastand und sich abfällig gemustert sah; wenn ich – zum wievielten Male – irgendwo meinen Ausweis vorlegte oder ich – von hundert und mehr Augenpaaren angestarrt – unschlüssig in der Mitte stehenblieb, als sich nach dem Ostergottesdienst Frauen und Männer getrennt zum Abendmahl aufstellen sollten?

Hatte Beate anfangs die zeitweilige räumliche und Rollentrennung noch als zwar bedauerliche, aber durchaus als probate Lösung empfunden und den allmählichen Verzicht auf meine »Ausflüge« mit großer Erleichterung und der Hoffnung darauf, nun werde doch alles noch in Ordnung kommen, verzeichnet, mußte sie nun erkennen, daß sie einer Selbsttäuschung erlegen war, daß ihr die eigentliche Konfrontation erst noch bevorstand und daß die erhoffte Wirkung der alles heilenden Zeit ausgeblieben war. Ich hatte wohlmeinend meine tiefe Traurigkeit vor ihr verborgen, sie zu schonen versucht vor dem Leid, das mir fast tagtäglich widerfuhr und dem ich nach außen hin doch immer wieder mit Gleichmut und gespielter Unbekümmertheit begegnen mußte, um mich nicht wehrlos zu machen, wenn ich mich irgendwo vorstellen mußte oder wenn jemand durchblicken ließ, daß Kollegen und Bekannte in übler Weise über mich redeten und ihrer Phantasie dabei freien Lauf ließen.

Und Beate hatte auf diesem schwankenden Grund weiter an ihrem Traumschloß gebaut, die Augen vor dem Unübersehbaren und Unvermeidlichen geschlossen und das Glück genossen, das der Herrgott uns beiden im besonderen Maß beschert hatte und das auch jene durchweinten Nächte nicht schmälern konnten, in welchen sie immer wieder flehte: »Um unserer Liebe und der Kinder Schicksal willen, tu's nicht! Alles will ich dir geben, ich will dich lieben und umsorgen, wie es keine Frau je getan hat und könnte, wenn du nur auf diesen letzten Schritt verzichtest!« Und ich versprach ihr dasselbe, wenn sie ihren verzweifelten Widerstand aufgebe und ihr Einverständnis zu dem notwendigen Eingriff erklären würde. Solange wir verheiratet waren, ging nichts ohne ihre Zustimmung. Sie war wie ich davon überzeugt, nie wieder eine solch glückliche Verbindung wie die unsere eingehen zu können; wir wollten beide nicht die Scheidung, welche die anderen für unausweichlich hielten.

Dabei war es weniger der drohende Verlust einiger Details meines Körpers, die für unser beider Glück – so sah ich's jedenfalls – ohnehin nur von untergeordneter Bedeutung waren, da wir lange schon Formen von Zärtlichkeit füreinander gefunden hatten, die nicht unbedingt meine männliche Körperlichkeit voraussetzten.

Vielmehr war es die Angst davor, selbst in eine Außenseiterrolle zu geraten, als anomal zu gelten, von der Gesellschaft geächtet zu werden. Denn – anders als bei mir – hatte für sie bislang ja nie die Notwendigkeit bestanden, um ihren Status zu kämpfen, und folglich standen ihr die dazu erforderlichen Waffen, Taktiken, Strategien nicht zur Verfügung. Und meiner Bündnistreue mochte sie nicht so recht trauen. Denn da war zunächst einmal der bei vielen Frauen tiefsitzende Komplex, weniger wert, intelligent, durchsetzungsfähig, tatkräftig und unabhängig von allen möglichen Emotionen und Ressenti-

ments zu sein als der Mann; ich würde gewiß als Frau keine Ausnahme darin machen.
Dann war da die durch keine gegenteilige Argumentation zu beschwichtigende Überzeugung, ich würde als Frau zwangsläufig nach einem anderen, männlichen Partner Ausschau halten, etwas anderes war für sie undenkbar. Zumindest aber, unterstellte sie mir, erwartete ich von ihr dieselben Zärtlichkeiten, die ich ihr zuteil werden ließ und welche zu erwidern ihr nicht möglich sein würde. Meine Beteuerung, mein Glück fände ich darin, sie glücklich machen zu können, mochte sie nicht glauben.
Und schließlich war da noch die Befürchtung, daß mich die neue Rolle in meinem Wesen grundlegend ändern und mich daran hindern würde, meine Versprechungen einzulösen: Hatte mich nicht die inzwischen fünf Jahre währende Behandlung mit weiblichen Hormonen schon wesentlich verändert, von meinem Erscheinungsbild einmal abgesehen? Nicht nur meine Haut war weicher, meine Züge sanfter geworden; nicht nur hatte mein Körper fast alles Kantige verloren und waren mir richtige Brüste gewachsen, die mich veranlaßten, meinen Kindern eine Erklärung darüber abzugeben: »Wißt ihr, ich hab' eine seltene Krankheit, an der man nichts machen kann.«
Schlimmer wogen Beates Befürchtungen, ich werde nun genauso unentschlossen, kleinmütig und verzagt wie sie und eignete mir nach und nach alle die negativen Eigenschaften an, die sie selbst mit der weiblichen Rolle verband. Solche Zweifel waren in der Tat geeignet, an den Fäden, die uns verbanden, zu nagen, bis sie gefährlich dünn wurden.
Vergeblich berief ich mich darauf, daß nichts zum Vorschein kommen könne, was nicht schon vorher in mir angelegt gewesen sei: »Wenn ich heute weine, wenn ich traurig bin, selbst beim Lesen in der Bahn, so ist das nicht eine Folge einer künstlich herbeigeführten Verweiblichung, sondern des Zerfalles meiner unnatürlichen ›männlichen‹ Kruste. Schließlich haben sich ja auch Körperkraft und Ausdauer nicht geändert. Auch meine Entschlußfreudigkeit, Kontaktbereitschaft, autoritäre Aktivität betrachte ich keineswegs als medikamentös ›hinwegtherapiert‹; vielmehr habe ich sie zurückgenommen, weil sie vor allem zu meiner männlichen Tarnung gehört haben und mich nun behindern, indem sie mich immer wieder in den Mittelpunkt rücken.«
Ich wollte einfach diese männliche Rolle nicht mehr spielen,

mich diesem Rollenzwang nicht mehr unterwerfen und hielt mich darum auf Gesellschaften zurück, so sehr es mich manchmal auch in den Händen jucken mochte, die Initiative zu ergreifen, wenn irgendwo ein paar kräftige Leute zum Zupacken benötigt wurden oder es galt, den Zapfen ins Faß zu schlagen. Je mehr ich mich aber selbst zurücknahm, desto mehr sah sich Beate gezwungen, sich aus sich selbst heraus zu profilieren, eine eigene, selbständige Identität zu entwickeln. Für sie war ich dabei, sie mit nackten Füßen in den Schnee zu stellen, durch welchen ich sie auf kräftigen Armen jahrelang getragen hatte.
Widerstrebend ging sie, als Jeanne in die Schule, Matthias in den Kindergarten kam – wenn auch mit verringerter Stundenzahl – in den Beruf. Sie nahm einen unbefristeten Lehrauftrag an, bestärkt von so wohlgemeinten Ratschlägen wie »für alle Fälle«, »denk an deine eigene Rente«, »versuche, dich abzulenken«.
Einmal kam Gitta herüber, um sich bei uns, wie so oft, bitterlich über ihren »Hausdespoten« zu beklagen. Als sie sich wieder gefangen hatte und uns verglich mit ihrem übrigen Bekanntenkreis, als einsam leuchtendes Beispiel ehelicher Harmonie und häuslichen Friedens gebührend gelobt hatte, sagte sie: »Du bist gar nicht mehr so lustig wie früher, bist geradezu vornehm still und wirkst so abwesend, als ginge dich das alles gar nichts an. Sonst bist du meist Mittelpunkt des Geschehens gewesen und hast die Initiative an dich gerissen.« Und Beate pflichtete ihr bei: »Es ist schon ein Jammer, was aus dir geworden ist!«
Etwas hatte sich jedoch tatsächlich in meinem Wesen geändert und erfüllte mich mit beträchtlicher Angst: Ich war ganz offensichtlich unfähig geworden, auf aggressives Verhalten entsprechend zu reagieren; ich war fortgelaufen, als mich jener Mann an der Haltestelle angegriffen hatte, unfähig, dem Angriff in der Weise zu begegnen, wie ich's von Kindesbeinen an gelernt und als Soldat bis zu einer gewissen Automatik und Perfektion entwickelt hatte. Zweifellos war ich dem Angreifer sogar körperlich überlegen gewesen; doch die Automatik schien nicht mehr zu funktionieren. Der unverhoffte Angriff hatte sämtliche Reaktionen blockiert, mich anscheinend paralysiert, hatte meine eigenen Fäuste gleichsam an meinem Körper festgenagelt, meine Sprechmuskulatur gelähmt, mich für etliche Minuten erstarren lassen; lediglich meine Beine hatten reagiert, indem sie ohne einen willentlichen Impuls mich einfach forttru-

gen, anstatt durch einen gezielten Tritt den Angreifer kampfunfähig zu machen, wie das früher mit Sicherheit der Fall gewesen wäre. Meine Abwehrmechanismen hatten, aus welchem Grunde auch immer, versagt; ich kam mir vor wie ein Igel ohne Stacheln, eine Schildkröte ohne Panzer und wußte doch, daß Stacheln und Panzer mir künftig nicht mehr weiterhelfen würden. Ich mußte versuchen, Aggression gegen mich im Keim zu ersticken; ich würde versuchen, durch freundliche Aufmerksamkeit und Hinwendung, durch ein verbindliches Lächeln den anderen zuvorzukommen, ihnen zu suggerieren, daß sich Aggression gegen mich nicht lohnte, nicht nötig sei, da kein Widerstand zu erwarten sei; ich mußte Hilfsbedürftigkeit suggerieren, die Waffen der Frau ausprobieren.

Inzwischen glaube ich, daß der Verlust meiner gewohnten »männlichen« Reaktionsweisen auf aggressives Verhalten nicht durch hormonelle Einflüsse bewirkt wurde, sondern dadurch, daß ich im Unterbewußtsein längst die »weiblichen« Verhaltensmuster gespeichert hatte und diese in extremen Situationen meinen nach wie vor männlichen Willen glatt zu unterlaufen vermochten. Ich konnte mich also tatsächlich nicht mehr völlig auf mich verlassen, hütete mich jedoch, Beate in diese beunruhigende Erkenntnis Einblick zu gewähren, war sie doch ohnehin zutiefst darüber verunsichert, daß ich ihr immer ähnlicher wurde, im Wesen wie im Äußeren, so daß wir gelegentlich gar verwechselt wurden. Ja, es kam sogar immer häufiger vor, daß ich mich in meinen Träumen als Schwangere und als wärme- und milchspendende Mutter erlebte, eine Vorstellung, die ich im Wachen heftig von mir wies, da sie in jedem Fall die Intervention eines Mannes bedeutet hätte – eine absurde Idee, ganz davon abgesehen, daß diesen Träumen jede realistische Grundlage fehlte.

Auch Beate war ihrer Gefühle nicht mehr sicher; im Grunde schien sie mich für wahnsinnig, krank zu halten, was sie aber nicht daran hinderte, mich immer wieder mit Vorwürfen zu überhäufen. In ihren jähen depressiven Phasen, die wie ein Blitz aus heiterem Himmel auf mich herabschlugen, war sie manchmal geradezu blind vor Wut, Enttäuschung und Eifersucht, unberechenbar und erbarmungslos.

Einmal riß sie mir die Tasche aus der Hand, um in zornigem Triumph meinen Eyeliner hervorzuzerren, dessen sparsamen, jedoch regelmäßigen Gebrauch auch auf dem Weg zur Schule ich in Abrede gestellt hatte. Eine groteske Situation! Denn kurz zuvor hatte ich zu Beates großer Zufriedenheit mein Separatzimmer aufgegeben, weil ich es nicht mehr nötig und vertretbar fand, meine Rollen gänzlich zu trennen, und für mich war es darum eine Selbstverständlichkeit, wann immer ich es richtig fand, solche Hilfsmittel zu gebrauchen, die anderen die erwünschte Zuordnung erleichterten, da ich meinen Dienst ja nach wie vor in quasi männlicher, zumindest neutraler Kleidung versehen mußte. »Jedesmal gehst du ein Stück weiter«, rief sie empört, »beim Augen-Make-up, bei den Fingernägeln«, und ich versuchte, sie zu beschwichtigen: »Ich werde genau soweit gehen, bis ich nie wieder als ›junger Mann‹ angesprochen werde, auch wenn ich zu sprechen gezwungen bin.«

Doch glücklicherweise setzte sich immer wieder ihre Zuversicht durch, daß wir's gemeinsam auch als zwei Frauen schaffen könnten, und in solchen Augenblicken gab sie sich dann wohl mal einen Ruck, der uns beide ein Stück weiterbrachte, wenn sie sich beispielsweise vornahm: »Ich bin fest entschlossen, dich nächstes Mal im Bikini mit ins Wellenbad zu nehmen.« Ein gutgemeintes Entgegenkommen zweifellos, aber für mich dennoch nicht annehmbar; denn solange mein Körper ein so intimes weibliches Kleidungsstück nicht rechtfertigte, war ich dazu auch innerlich nicht in der Lage, konnte ich mich doch aus demselben Grund nicht einmal über die »gnädige Frau« oder »meine Dame« so richtig freuen.

In meinen Träumen jedenfalls gab es für uns regelmäßig ein verschlüsseltes Happy-End, als ich z. B. in einem blaugefütterten weißen Sommermantel über einem rosenfarbenen Kleid durch die Stadt bummelte und plötzlich bemerkte, daß ich verfolgt wurde. Beate und ein Unbekannter gingen in einigem Abstand hinter mir her und taten so, als kennten sie mich nicht. Ich versuchte, ihnen zu entkommen, und schlüpfte in eine Ladenpassage, um mich schnell mit Schminke unkenntlich zu machen. Aber die Zeit reichte nur dazu, das eine Auge durch Übermalen zu verändern; denn die Verfolger hatten mich fast erwischt. Meine erneute Flucht endete am Rand des Eismeeres auf einer riesigen Eisscholle. Als ich mich umwandte, war ich mit Beate allein. Ganz fern sahen wir eine bewaldete Insel, die wir über das Treibeis nie erreichen würden. Dennoch gingen wir darauf zu, erkannten, daß sie bewohnt war, und erreichten tatsächlich das Ufer, bevor die Eisscholle, auf der wir ankamen, von den Leuten am Ufer ins Meer zurückgestoßen werden konnte. Merkwürdigerweise waren es dieselben Leute, die uns in der Stadt begegnet waren; auf Pferdeschlitten und Panjewagen kehrten wir nun dorthin zurück.

Damals notierte ich in meinem Tagebuch: »Nun habe ich wochenlang die Reaktion der Leute beobachtet: Es stimmt, ich werde nicht mehr dauernd voller Zweifel und Neugier angestarrt, und meine Identität wird nicht mehr in meinem Rücken diskutiert. Heißt das aber, daß ich nun eindeutig so definiert werde, wie ich selbst mich sehe? Wenn ich dessen doch sicher sein könnte, dann hätten sich alle Opfer gelohnt.« Und einige Tage später: »36 Jahre bin ich jetzt alt, habe den Zenit meines Lebens überschritten. Erschreckt erkenne ich, daß auch dieser Sommer vergangen ist, ohne daß sich Wesentliches geändert hat. So intensiv erlebe ich das Vergehen der Zeit: Ich muß Meilensteine setzen, um meinen Weg nicht zu verlieren; jeden Tag etwas schaffen, was ich anfassen kann; meine Dinge ordnen, ehe es zu spät dazu ist, um nicht das Gefühl aufkommen zu lassen, ich hätte meine Zeit vertan ... Ich habe das Gefühl, in einem Turm eingemauert zu sein. Ein Aufbrechen des Mauerwerkes ist unmöglich. Ich kann in dem Gemäuer nur immer höhersteigen, mich immer weiter von seinem Fundament entfernen in der Hoffnung, irgendwann die Sterne wieder zu erblicken. Es ist besser, vom Turm zu springen, wenn keine Rettung zu erwarten ist, als in seinem Inneren in dumpfer Verzweiflung zu verharren, bis einen die Kräfte zum Klettern verlassen!«

Vor dem Grenzübertritt

Ich setzte den Schlußstein in mein siebenunddreißigstes Jahr. Die Zeit war längst reif für jenen alles besiegelnden Eingriff, der mich gänzlich von dem befreien würde, was mich an meinen männlichen Grund band. Und ich würde ihn notfalls gegen alles andere, was mir lieb auf der Welt war, durchsetzen! Beate mußte sich nun entscheiden, und endlich fügte sie sich und entschloß sich wirklich für mich und nicht mehr nur für das Bildnis, das sie sich von mir gemacht hatte, zu welchen sie »du« gesagt und dennoch den »anderen« gemeint hatte, bis ich es fast selbst glaubte: Ich bin nicht ich – ich, das ist immer der andere.
Selbst in meinen Träumen hatte ich mich gespalten und sah mich zweifach: Als ich und als den anderen: Einmal haben wir uns für ein Theaterspiel kostümieren lassen. Ich trage ein langes, weißes Nachthemd, Beate ein Federkostüm und René ein schwarzes Trikot. Die Regie verlangt, daß wir uns ausziehen sollen. Er weigert sich, entblößt lediglich verschämt seine kleinen Brüste, Beate und ich verweigern uns ganz. Wir lehnen unsere Rolle ab und verlassen eilig die Bühne, wobei ich über mein Hemd stolpere.
Auch für die Kinder wurde es höchste Zeit, ganz ins Vertrauen gezogen zu werden. Zwar hatten sie die allmähliche Verwandlung ihres Vaters sehr wohl beobachtet und waren darauf in der Schule und anderswo gelegentlich auch angesprochen worden; doch sie hatten sie nicht bis in die letzten Konsequenzen zu Ende gedacht und irgendwelche Bemerkungen ähnlich wie ich auf ihre Weise bagatellisiert. Peinliche Situationen konnte ich ihnen ja nicht ersparen; aber es war meine Elternpflicht, ihnen für solche Situationen den Rücken zu stärken, und das bedeutete, sie als Partner ernst zu nehmen. Vor allem mußte ich ihnen die Furcht nehmen, ihre Eltern würden sich vielleicht trennen; denn ich war sicher, daß sich die Trennung der Eltern verheerender auf ein Kind auswirken müßte als ein Vater, der kein Mann mehr sein würde.
Mit Jeanne, der Ältesten, die gerade aufs Gymnasium gekommen war, konnte man schon ein ernsthaftes Gespräch riskie-

ren, am besten im Beisein der Jüngeren, um dem Gespräch den Hauch der Heimlichkeit, der Gefahr zu nehmen.
Um Matthias machten wir uns eher Sorge: Würde er sich auch ohne männliches Pendant in der Familie zu einem richtigen Jungen und späteren Mann entwickeln? Besonders sein Selbstverständnis und Selbstbewußtsein galt es zu stärken. »Um Matthias willen darfst du deine handwerklichen Interessen, deine Kernigkeit, Kraft und Ausdauer nicht vernachlässigen«, verlangte Beate immer wieder.
Melanie aber, die Jüngste, würde, wenn die Großen sich auf mich eingestellt hatten, mitgezogen und ganz selbstverständlich in die Situation hineinwachsen, so war zu hoffen.
Und so bereitete ich sie in mehreren kleinen Gesprächen behutsam darauf vor, daß mir eine lebensnotwendige Operation bevorstünde, die mich in meinem Äußeren ganz zur Frau machen würde. »Das wird aber nichts daran ändern, daß ich weiter euer Vater bin, selbst wenn mich alle anderen dann mit ›Frau‹ anreden werden und ich einen neuen Vornamen bekomme. Ihr braucht euch nicht länger Ausreden für die anderen auszudenken. Sagt, wie es ist, und sagt es mir, wenn ihr euch deswegen unglücklich fühlt oder wenn ihr gehänselt werdet, damit wir gemeinsam überlegen können, was zu tun ist. Wenn wir nur immer fest zusammenhalten in unserer kleinen ›Waldburg‹, wird uns auch böses Gerede nichts anhaben können. Auch als Frau werde ich noch stark genug sein, euch alle nach außen hin gegen jeden Angriff zu schützen. Seht mal, wieviel ärmer ist doch eine Familie, wo der Mutter allein eine solche Aufgabe zufällt oder Mutter und Vater eigene Wege gehen. Da braucht ihr euch nur einmal in der Schule oder bei den Nachbarn umzuschauen.« – »Ja, da hast du recht«, antwortete Jeanne und nannte gleich ein, zwei Beispiele aus unserem Bekanntenkreis.
Zu meiner großen Erleichterung schienen die Kinder die Gefährlichkeit und die vermuteten Schmerzen des Eingriffs mehr zu fürchten als die möglicherweise daraus folgende soziale Diskriminierung. »Wird es sehr weh tun?« hatte Jeanne gefragt, und mir waren die Tränen in die Augen gestiegen, weil ich erkannte, weshalb sie mir so ans Herz gewachsen war: Damals, als sich herausstellte, daß Beate mit ihr schwanger ging, hatte mich diese Nachricht bis ins Innerste getroffen. Alles, was ich von meinem Leben erwarten konnte, war ins Wanken geraten, und Ursache allen Übels war meine männliche Geschlechtlich-

keit gewesen, das Urvieh, das mich beherrscht hatte. Von jenem Tage an, das ist mir jetzt klar, begann ich mein Geschlecht erst wirklich zu hassen. Nicht gegen das Kind richtete sich damals der heimliche Wunsch, die Schwangerschaft möge auf wunderbare Weise rückgängig zu machen sein, sondern gegen das Festlegen auf meine Rolle vor der Zeit.
Jeanne hatte noch unter Beates Herzen begonnen, meine Wandlung zu begleiten. Ihre Ähnlichkeit mit mir war in der Tat auffallend, und sie selbst wünschte sich später eine weitgehende Identität mit mir: »Alles, was Papa gern hat, mag auch ich.« Wie hatte sie gestrahlt, als wir beide mit Zöpfchen und Sommersprossen als »Pippi Langstrumpf« zum Schulfasching gingen!
So hatte ich eine der letzten wirklichen Hürden genommen; die restlichen, glaubte ich, würden mehr technischer Art sein: Bewilligung der Operation, Festsetzen der Termine, Namensänderung, Änderung der Papiere. Doch bekanntlich sitzt der Teufel im Detail: Erniedrigende Befragungen, Untersuchungen, Korrespondenzen mußte ich über mich ergehen lassen, unverhohlenen Zynismus der Leute, die an den Schalthebeln der Macht saßen, geduldig und ergeben ertragen. »Sie können nur einen zusätzlichen neutralen Namen bekommen«, sagte selbstgefällig der Standesbeamte. »Ich weiß«, antwortete ich, »ich hab' auch schon vorgearbeitet und mir aus verschiedenen Namenswörterbüchern zwei Namen zur Auswahl ausgesucht.« Dabei legte ich ihm eine Liste vor mit den Belegstellen in drei oder vier Standardwerken. Doch die interessierten ihn überhaupt nicht: »Maßgeblich ist für mich nur der Namens-Duden, und was darin nicht ausdrücklich als neutral gekennzeichnet ist, können Sie getrost vergessen!« Als ich ihn nach den möglichen Rechtsmitteln gegen diesen Bescheid fragte, meinte er, süffisant lächelnd: »Sie können das Verwaltungsgericht anrufen. Wenn Sie Glück haben, kommt es in fünf, sechs Jahren zu einem Urteil und das, wenn Sie Pech haben, zu Ihren Ungunsten!«
Ich begnügte mich vorläufig mit einem der neutralen Namen, die ihm paßten, kopierte die Änderungsurkunde und setzte Vorgesetzte, Versicherungen und Krankenkasse von der Namensänderung sowie der bevorstehenden Operation in Kenntnis, welche die Anrede »Frau« erforderlich machen werde. Meine Krankenkasse, die sich ohnehin weigerte, die Kosten der Behandlung zu tragen, da sie den Eingriff für sittenwidrig und zur Körperverletzung erklärte, schrieb daraufhin: »... und

sehen wir uns nicht in der Lage, Ihrem Wunsche zu entsprechen, solange Sie uns nicht den Nachweis erbringen können, de jure ›Frau A.‹ zu sein. Nach der Rechtslage dürfte Ihnen das auch nicht möglich sein.« Erst als ich mich weigerte, an »Herrn A.« adressierte Schreiben künftig entgegenzunehmen, lenkten sie ein »aus Kulanzgründen, ohne daß dadurch unsere Rechtsauffassung in irgendeiner Weise tangiert wird«.
Von dieser Seite hatte ich nichts weiter zu fürchten. Ihre Weigerung zu zahlen hatte mich bisher nicht aufhalten können, und den Eingriff würde ich zur Not durch den Verkauf einer Sammlung antiken Spielzeugs finanzieren, für welche ich mühelos die erforderlichen zehn- bis fünfzehntausend Mark erzielen konnte, und anschließend die Kasse verklagen.
Alles das wog jedoch nichts gegen jenes Musterungsverfahren, das mir noch bevorstand, wenn ich nämlich dem Chirurgen gegenübertreten würde, zu dem mich in Zusammenarbeit mit dem Institut mein Arzt überwiesen hatte. Er würde über meine Tauglichkeit für den Eingriff befinden; er könnte mich auch als nicht geeignet ablehnen! Von seinem Urteil war ich also völlig abhängig! Ich konnte ihn mir ja nicht aussuchen; denn nur ganz wenige Chirurgen waren damals zu einem solchen Eingriff gewillt und in der Lage.
Aufgeregt und angstvoll wie bei keiner Prüfung vorher bangte ich dem Tag entgegen, der die Entscheidung bringen würde, angstvoll vor allem deswegen, weil ich keine Ahnung hatte, nach welchen Kriterien die Entscheidung gefällt würde, diese also nicht zu meinen Gunsten beeinflussen konnte. Ratlos blickte ich in den Spiegel: Sollte ich mich hübsch feminin zurechtmachen? Würde mich das nicht ganz und gar der Lächerlichkeit preisgeben, wenn ich mich ausziehen müßte? Oder sollte ich in meiner alltäglichen Erscheinung, d. h. mehr oder minder männlich, den Weg gehen, waffenlos und ohne Trug. Schließlich entschloß ich mich für die ehrlichere Lösung, und endlich war es soweit! Klopfenden Herzens betrat ich die Klinik, ein weißes, villenartiges Gebäude mit einer Auffahrt wie zu einem Schloß und einem großen, parkähnlichen Garten mit alten Bäumen dahinter. Kurz darauf stand ich dem Operateur gegenüber – zu meiner Verblüffung eine Ärztin! Die Frau mochte Ende 50 sein und war von untersetzter, kräftiger Gestalt. Ihrem strengen Blick standzuhalten, fiel mir schwer. Sie erschien mir als ein Mensch, der es nicht gewohnt ist, daß man ihm widerspricht oder das letzte Wort behält: Ich würde vor-

sichtig sein. Doch daß ich es überhaupt mit einer Frau zu tun haben würde, nahm mir schnell meine Befangenheit und die Scham, mich vor ihr entblößen zu müssen. Lange und wortlos betrachtete sie mich von allen Seiten, während mir trotz meiner verzweifelten Gegenwehr die Röte ins Gesicht stieg. Sie lachte: »Wie ein junges Mädchen vor der ersten Tanzstunde werden Sie rot!« und dann – ernster: »Ich werde Sie operieren. Ich kann in Ihnen keinen Mann mehr erkennen. Ich glaube, Sie werden als Frau überzeugen können!«
Eine ungeheure Glückswoge schien mich hinwegzuschwemmen, und beinahe wäre ich, ungeachtet meiner Nacktheit, voller Dankbarkeit der Frau um den Hals gefallen! Doch diese schickte sich nun in aller Sachlichkeit an, mich näher zu untersuchen, um dann festzustellen, daß ich kein weiteres Jahr mit dem Eingriff warten dürfe, wenn dieser erfolgreich verlaufen solle. Allzusehr hatte sich mein Körper während der jahrelangen hormonellen Behandlung schon verändert, hatten sich meine männlichen Merkmale zurückgebildet, deren »Material« für die Nachbildung der weiblichen Organe benötigt wurde. Insgeheim dachte ich, daß ihr Operationserfolg mir ziemlich gleichgültig sei, da ich selbst keinerlei Erwartungen an die Funktionsfähigkeit meines neuen Organs knüpfen, dieses vielmehr als eine Art »Dekorationsobjekt« und grundlegendes Argument für den sozialen Rollenwechsel betrachten würde. Jedoch hütete ich mich, solch ketzerischen Gedanken laut zu äußern, um die Frau nicht zu verärgern oder gar umzustimmen.

Geduldig zählte ich von nun an die Tage bis zu dem Wendepunkt in meinem Leben. Eine große Heiterkeit und Ruhe breitete sich in mir aus und verklärte meine Züge, so daß Margot, eine Kollegin, die ich ebenfalls ins Vertrauen gezogen hatte, spöttisch meinte: »Du siehst wirklich aus wie ein Engel, zumindest wie ein gefallener!«
Während Beate dieses »Engelsgleiche« merkwürdigerweise mit Aggression erfüllte und sie von Tag zu Tag ernster, ja verbitterter machte, nahm ich meinen Abschied von jener Rolle, die es mir erlaubt hatte, einer Frau für länger als einen Sekundenbruchteil in die Augen zu schauen. In Zukunft müßte ich es mir verbieten, von Beate abgesehen, an einer Frau Gefallen zu zeigen, ein für allemal; denn ein Hinüber- und Herüberwechseln zwischen den Geschlechtern würde es für mich nicht mehr geben, und ich durfte mir keine Extravaganzen erlauben, wenn

ich meine künftige Integration als Frau in die Gesellschaft nicht von vornherein gefährden wollte.

Noch einmal saß ich wie so viele Male hinter einem Tisch mit kleinen Kostbarkeiten auf dem Trödelmarkt, betrachtete im Schatten eines alten Mannes, der mit schwankender Stimme zur Gitarre sang, versonnen die Menschen, die sich an uns vorbeischoben, begegnete plötzlich dem Blick eines Mädchens, jung und bezaubernd, hielt ihn fest, zwang sie, die verstohlen lächelte, noch einmal aufzuschauen, um dann, in dem Menschengewoge schon fortgetragen, sich lächelnd zu mir umzuwenden, während ich die ganze Zeit mich nicht gerührt, nur meine Augen bewegt hatte, den Kopf in die Hand gestützt und hinter dem Tisch körperlos wie ein sixtinischer Engel.

Noch einmal spürte ich in der Bahn einen Blick sich in mich vertiefen: Eine junge Frau betrachtete mich, seltsam abwesend und indifferent, fast unirdisch. Während ich selbst die Augen niederschlug, versuchte ich jenen Blick zu ergründen und kam zu dem Schluß, daß ihm offensichtlich jener Hauch von Sinnlichkeit fehlte, der sonst oft in den Augen einer Frau ist, die einen Mann anschaut: Ich mußte lernen, wie jene zu blicken, wenn ich nicht überall ins Fettnäpfchen treten wollte, sobald mein Rollenwechsel amtlich sanktioniert war. Dann konnte es mir gelingen, zwischen den Menschen hindurchzugehen, gleichsam entleibt, ohne von ihnen beachtet zu werden, weder von Frauen noch Männern, noch Kindern: Ich mußte lernen zu sehen, ohne zu blicken, mich wie unter einer Tarnkappe zu bewegen. War ich nicht einmal für meine Ritterlichkeit und meine guten Manieren bekannt gewesen? Nun mußte ich mich geradezu zwingen, zuerst eine Bahn zu besteigen, durch eine Tür zu gehen, alle Freundlichkeit und Verbindlichkeit Frauen gegenüber deutlich zurückzunehmen, um nicht den Eindruck zu erwecken, ihnen zu nahe treten zu wollen.

In den letzten Wochen vor der Operation erst wurde mir so recht klar, wie schwer es mir fiel, mich vom Bestehenden, jahrzehntelang Gewohnten zu trennen, meinen Blick auf die Zukunft zu richten, nachdem ich das ganze Feld meiner ohnehin schon selektiven Wahrnehmung jahrelang, wie Beate mir vorwarf, hauptsächlich auf mich selbst verengt hatte. Beate wurde hin- und hergerissen zwischen gemeinsamen Zukunftsplänen für die Zeit, wenn ich aus der Klinik zurückkehre, und schweren Vorwürfen einer persönlichen Schuld mir gegenüber und der Befürchtung, es niemals schaffen zu können. Sie verweigerte mir die Anerkennung als Frau und versuchte, in mir selbst einen ähnlichen Minderwertigkeitskomplex hinsichtlich meiner Rolle als Frau aufzubauen wie jenen, mit welchem sie von Anfang an hatte aufwachsen müssen. »Niemals werde ich mich damit abfinden, daß du kein Mann mehr bist! Ich bin eben keine Lesbe! Wenn ich dich nicht mehr als Mann sehen kann, wenigstens in meinen Illusionen, verliere ich alle Achtung vor dir: Kannst du das begreifen?« fragte sie oftmals verzweifelt. Und dann kam doch auch wieder ein kleiner Hoffnungsschimmer durch: »Ich kann nur dann mit dir zusammenbleiben, wenn du auch als Frau in der Familie die männliche Rolle weiterspielst. Du weißt, wie sehr die Kinder den Vater brauchen. Noch gilt für sie dein Wort. Wenn du etwas sagst, hat das gleich ein ganz anderes Gewicht!« – »Wenigstens in der Hinsicht kannst du ganz beruhigt sein«, antwortete ich dann erleichtert, »du wirst sehen, wir werden's schaffen!«

Doch die lauen Spätsommernächte hatte für uns alle romantische Süße verloren. Unruhig wälzten wir uns in den Kissen, während unsere Herzen bis zum Halse schlugen und wir nicht zu atmen wagten, um dem anderen nicht unser Wachen und unsere Ängste verraten zu müssen. Eines Nachts schrie Beate im Traum laut auf und krallte sich in meinen Arm. Sie sah mich in einem grüngekachelten Raum auf einer Schlachtbank liegen, während vermummte Männer sich stumm mit Beilen und Messern an mir zu schaffen machten und das Blut an die Wände spritzte!

Und ich fragte mich im im Schlafen wie im Wachen, ob nicht überhaupt alles ein Traum sei, ein Turm von aufeinandergeschichteten Bewußtseinsebenen, der sich von oben bis unten durchsteigen ließ, ohne daß ich hätte sagen können, in welcher Ebene ich die Wirklichkeit erlebte. Um mich an etwas Konkretem zu orientieren, schaute ich auf mein Handgelenk und erkannte entsetzt, daß meine Armbanduhr mitten durchgebrochen war. Vorsichtig nahm ich die heruntergefallene Hälfe von der Erde auf und bemerkte verwundert, daß der Sekundenzeiger weiterlief. Er kitzelte meine Hand. Doch als ich sie – schon halb wach – öffnete, sprangen Federn und Zahnräder heraus; an ein neues Zusammensetzen war nicht zu denken.

In mein Tagebuch schrieb ich: »Das Laub fängt an, sich zu färben: Auch mein Countdown beginnt. Manchmal blicke ich durch eine sanfte Wolkendecke, die plötzlich aufreißt, in einen dunklen Abgrund wie in die Pupille eines Riesenauges, und dann ergreift mich eine seltsame Angst, die mein Herz schmerzhaft zusammenpreßt. Wie schön, daß sich die Wolkendecke jedesmal wieder schließt!«

Der Tag des Abschieds von meiner männlichen Hülle stand unmittelbar bevor. Die Kinder hatte ich, bevor sie in die Schule gingen, noch einmal in den Arm genommen. Sie waren ein bißchen bedrückt gewesen, das ist wahr; aber dann hatte wieder Näherliegendes überwogen. »Übrigens brauch' ich endlich auch eine Armbanduhr. Gestern wäre ich fast zu spät gekommen!« rief Melanie im Hinausgehen.
Doch obwohl wir uns genügend Zeit genommen hatten, uns darauf einzustellen, brachen erneut die Dämme, und eine Sturzsee von Verzweiflung begrub Beate unter sich. Sie klammerte sich an mich, mich zurückzuhalten, von Tränen aufgelöst und lautem Weinen geschüttelt, ohne Glauben an eine lebbare Zukunft und ohne Trost: »Geh nicht fort! Um unserer Kinder willen, geh nicht! Was soll nur aus uns werden! Du wirst uns alle zugrunde richten. Die ganze Welt steht dir noch offen, doch du trittst sie mit Füßen!« Ich nahm sie zärtlich in den Arm und versuchte, sie zu trösten: »Es führt ja kein Weg daran vorbei. Schau dem Unausweichlichen doch gefaßt ins Gesicht! Ich bin doch bald zurück, und dann wirst du sehen: Alles wird wie früher sein, als wäre ich nie fortgegangen. Und auf einem festeren Grund werden wir dann an unserer Zukunft bauen.«
Betäubt vom Schmerz und einer abgrundtiefen Traurigkeit brachte sie mich an die Bahn, unfähig, mir nachzuwinken, während sich über uns herbstliche Wolken türmten und sich in den Pfützen des letzten Regengusses spiegelten.
Zum ersten Mal waren wir auseinandergegangen, bevor die Tränen versiegt waren; dabei würde der eigentliche Kampf erst nach meiner Rückkehr beginnen; dann würde sich unsere Gemeinschaft erst ernstlich zu bewähren haben, vielleicht auf die härteste Probe gestellt. Und ich befand mich auf dem einsamsten Weg meines Lebens; nie war ich so allein gewesen. Turmhoch sah ich vor mir den Berg meiner Schuld; wenn Beate mir wenigstens helfen könnte, an seinem Fuße zu leben: Wenn der Berg überhinge, könnte ich mich darunter verbergen.
Ich saß mit dem Rücken zur Fahrtrichtung. Alles, was in den Fensterausschnitt meines Abteils geriet, war schon Vergangenheit und erschien mir wie eine Parabel für mein Leben: Gab es überhaupt eine Zukunft?

Als ich die Bahn verließ, hatte ein frischer Wind die Wolken fortgeschoben, so daß ich die zwanzig Minuten Fußweg, die noch vor mir lagen, zu gehen beschloß, anstatt ein Taxi zu nehmen. Ob ich auch so leichtfüßig zurückkehren würde?
Die Schwestern nahmen mich freundlich in Empfang und wiesen mir mein Zimmer, das durch den Schatten einer mächtigen Blutbuche auch am frühen Nachmittag schon in Halbdunkel getaucht wurde. Von meinem Bett aus konnte mein Blick jedoch frei in den gepflegten Park der Klinik schweifen, und angesichts der Erhabenheit der Natur kehrte meine Ruhe allmählich zurück, und so setzte ich mich ans Fenster und schrieb:
»Meine liebste Beate, als ich vorhin ohne Trost für Dich und mich auf den einsamsten Weg gegangen bin, den jemals ein Mensch betritt, in meinen Grundfesten erschüttert von Vorwürfen und Selbstbezichtigungen, ahnte ich nicht, daß Frau Roth nach meiner Ankunft hier anrufen würde, um mir zu sagen, daß das Kollegium einstimmig – und mit bewegter Stimme fügte sie hinzu: ›So etwas habe ich hier noch nie erlebt‹ – zu mir steht, womit auch die Schulaufsicht nie gerechnet habe. Sie meinte, auch die Eltern würden sich nicht gegen mich stellen. Du glaubst ja nicht, wie ich diesem Vertrauensbeweis und dieser Solidaritätserklärung mit Bangen und nagendem Zweifel entgegengesehen habe, und wußtest nicht, daß ich mich umgehend hätte versetzen lassen, wenn auch nur eine Stimme gefehlt hätte. Wenn Du doch nur ahnen würdest, wie viele Menschen, von denen wir's nicht einmal erwarten können, uns nahestehen, vielleicht erst jetzt, um uns nach Kräften zu helfen, unsere gemeinsame Zukunft, in die ich fest vertraue, zu bewältigen. Gemeinsam sind wir stark und in unseren vier Wänden die tapfere Besatzung einer uneinnehmbaren Festung. Wir sind es, welche die Fäden in der Hand haben, und werden dem auf die Finger klopfen, der unsere Verknüpfung auch nur anzutasten versucht. Laß auch Du noch etwas von der Herbstsonne in Dein Dunkel scheinen, damit jene Gestalten sichtbar werden und Dir ihr freundliches Antlitz zeigen, die Du jetzt nur als dunkle Schemen und Bedrohung zu sehen vermagst. Atme, schlürfe etwas von dem herben Duft der Astern und des ersten Laubes, trinke von dem milchigen Dunst, der überm Gras und in den Bäumen hängt, und stärke Dich daran. Atme tief, und laß in Deiner Brust nicht länger Platz für Ängste, die nicht begründet sind. Ihr seid und bleibt alles, wofür zu leben es sich für mich lohnt. Ich nehme Euch in Gedanken in meine Arme; stoßt sie

nicht fort, und baut auch weiterhin auf deren Kraft. Und laß Dir, Liebste, meinen Kuß gefallen: Ich hab' Dich herzlich lieb ...«
Auch die Ärzte und Schwestern der Klinik schienen an meinem Abschied bei den verschiedenen notwendigen Visiten und Prozeduren, die ich zur Vorbereitung der Operation drei Tage lang über mich ergehen lassen mußte, lebhaften Anteil zu nehmen. Ich schämte mich meiner Nacktheit bei den notwendigen Messungen, Rasuren und Einläufen nicht länger, betrachtete ich doch jene Teile meines Körpers, deren Tage gezählt waren, nicht mehr als zu mir gehörig, ebensowenig vielleicht wie einen Kropf oder eine Warze. Ich wurde mehr und mehr apathisch, fürchtete mich nicht einmal davor, aus der bevorstehenden Narkose nicht mehr zu erwachen. Meine Perspektiven waren bis auf zwei zusammengeschrumpft: Ein Leben als Frau oder den Tod!
Mein »Leichenhemdchen« hatten die Schwestern schon in meinen Schrank gelegt, ebenso diverse Utensilien, die nach dem Eingriff benötigt wurden und deren Bedeutung ich teilweise nur erahnen konnte. Beate hatte am Vorabend angerufen, hatte mich sogar vorher noch einmal sehen wollen; ich aber hatte das abgelehnt, weil ich fürchtete, das werde mich nochmals durcheinanderbringen. Auf keinen Fall durfte ich meine Fassung verlieren. So war sie abends mit Gerd zum Essen gegangen, der bereitwillig die Lücke füllte. Doch gönnte ich Beate die Zerstreuung von Herzen, und auch Gerd brauchte wohl mal ein bißchen Zuwendung, an welcher es seine eigene Frau etwas fehlen ließ.
Der Narkosearzt stellte sich vor: »Ich werd' morgen bei Ihnen ein bißchen Sandmännchen spielen. Falls Sie nicht wieder aufwachen, können Sie mich später zur Verantwortung ziehen«, lachte er. Ich aber bat ihn, sich morgen nicht zu verspäten: Ich hätte lange genug gewartet. Doch als ich auf die Uhr schaute, hatte diese zu schlagen aufgehört und war weder durch erneutes Aufziehen noch durch kräftiges Schütteln wiederzubeleben: Ein böses Omen? Immerhin bedeutete die morgige mehrstündige Operation einen schweren Eingriff mit diversen Risiken. Doch ich spürte nicht die geringste Furcht: »Transsexualität«, las ich einmal in einem Lexikon, »ist als partieller Selbsthaß zu betrachten!« Für mich bedeutete sie außerdem, so empfand ich es nun, eine abgeschwächte Todessehnsucht.
Wie einen Altar schmückte ich meinen Nachttisch. Ein Strauß herb duftender Astern fand sich dort, den die Kollegen ge-

schickt hatten, Fotos meiner Familie, meiner Eltern, meiner Schwester, wie ein Triptychon arrangiert, eine Bienenwachskerze, ein Gedicht von R. A. Schröder für Beate, mein Tagebuch. »Lebe jeden Tag so, als sei es dein letzter«, hatte jemand einmal gesagt, eine freie Übersetzung des altrömischen Spruches »Carpe diem«, eine der wenigen dauerhaften Erinnerungen an meinen Lateinunterricht. Alles, was ich empfand angesichts meiner bevorstehenden Wiedergeburt, wollte ich festhalten bis zuletzt.

Als die OP-Schwestern morgens erschienen, war ich seit Stunden wach. Ohne Hast legte ich mein Halskettchen mit Beates Medaillon daran zu den Blumen, wusch mich, betrachtete mich noch einmal – mit einem Blick auf meine Scham – verstohlen im Spiegel: »Adieu, mach's gut, wir sehen uns nicht wieder! Nie wieder!« Dann legten sie mir mein »Leichenhemdchen« an.

Am jenseitigen Ufer

Erst gegen Abend wachte ich wieder auf. Jemand strich mir zärtlich über Haar und Wangen, und ein strahlendes Gesicht war, als ich mühsam die Augen öffnete, über mir. Ich hatte entsetzlichen Durst und versuchte mit schwerer Zunge zu fragen, wann es denn endlich losginge.
Dann schlief ich wieder ein, fiel in meine Betäubung zurück, ließ mich einfach fallen, als sich der Boden unter mir öffnete und sich ein Abgrund auftat. Ich glitt durch metallische, elfenbeinfarben leuchtende Schächte und Gänge mit Wänden, die sich vor mir öffneten, sich neigten, sich verkanteten; sauste kopfüber, in Schräglage, in Spiralen durch Räume ohne Echo in der Gewißheit, in eine ewige kreisförmige Bewegung ohne Chance der Wiederkehr ins Leben geraten zu sein. Die Wände klappten wie Kartenhäuser um, eröffneten ungeahnte Perspektiven und Dimensionen, die schmerzlose Hölle eines ewigen Halbbewußtseins, das einzige Gefühl: ein süßlicher Geruch und Geschmack auf der Zunge. Jemand versuchte mich zurückzuholen; ich merkte, wie ich den Kopf schüttelte, dem Blick auszuweichen suchte: Ich gehörte nicht mehr in diese Welt, ließ mich abermals in die unheimlichen Sphären zurückfallen, die mir inzwischen seltsam vertraut und gar nicht mehr furchterregend schienen.
Als ich endlich erwachte, lag eine ältere Frau in dem zweiten Bett in meinem Zimmer und begrüßte mich. Noch immer war ich benommen und spürte nur, daß ich bis auf die Arme meinen Körper nicht bewegen konnte. Schlafen, nur schlafen! Ich träumte von zu Hause. Am oberen Treppenabsatz vor der Tür zu meinem Zimmer war provisorisch mit Alu-Folie eine Art Treibhaus installiert. Ich schaute hinein und sah plötzlich, wie aus grünen, schlauchartig aneinandergereihten Eiern junge Schlangen schlüpften. Dabei bildete ich mir ein, die Eier selbst gelegt zu haben, betrachtete die Jungen als meine Kinder. Als ich mein Zimmer betrat, hörte ich, wie mein Vater tobte, die Viecher kämen ihm nicht ins Haus, sie übertrügen tödliche Krankheiten. Vergeblich versuchte meine Mutter, ihn zu beschwichtigen.

Nachmittags kam Beate, sehr gefaßt, sehr selbstsicher, so schien es; doch ihr Blick war unsicher, fast kalt, und ich spürte, daß hinter dieser Fassade ein Orkan von sich widersprechenden Gefühlen toben mußte. Kein Wort der Aufmunterung oder gar des Mitleids erreichte mich; die Rosen, die sie mitbrachte, waren ohne Duft, ihr Kuß mechanisch und flüchtig, vielleicht auch wegen der Bettnachbarin, die eine auffällige Anteilnahme für mich und meine Besucher zu zeigen begann: »Ohne dich geht daheim alles verquer; aber du hast es ja so gewollt!«
Allmählich spürte ich meine Kräfte zurückkehren, so daß ich alles, was mir durch den Kopf ging, aufschreiben konnte: »Ich bin heute depressiv; warum nur, da mir die Schwestern doch versichert haben, es sei alles o. k.? Doch ich habe unter der dicken Lage von Verbänden Empfindungen, die ich nicht mehr haben dürfte, wenn es stimmt, was sie immer wieder beteuern. Oder sollte es tatsächlich wahr sein, was ich irgendwo einmal gelesen habe, daß arm- und beinamputierte Kriegsversehrte manchmal ihre nicht mehr vorhandenen Finger oder den Fuß zu spüren glauben?
Bei den Eltern steht wohl noch immer mein Foto auf dem Kaminsims, im Gesellschaftsanzug mit Fangschnur, zwei Sterne auf jeder Schulter, die grünen Spiegel am Revers, die Krawatte korrekt gebunden, wirklich komisch!
Frau Zell, meine Nachbarin, erzählt mit geheimnisvollem Getue ihrem Besuch, sie habe gehört, daß in der Klinik eine Geschlechtsumwandlung vorgenommen worden sei: Ob sie wohl mich meint? Ich werde vorsichtig sein müssen, habe keinerlei Interesse an einer wie auch immer gearteten Publizität.«
...
»Immer wieder versucht Frau Zell ein Gespräch mit mir, will mich über meine Krankheiten ausforschen. Ich schwindele ihr irgend etwas vor, damit sie mich endlich in Ruhe lesen und schreiben läßt. Sie sagte heute morgen: ›Schwester Erika und Schwester Christine haben ja wohl einen Narren an Ihnen gefressen‹ und scheint eifersüchtig darauf zu sein, daß sich die Schwestern um mich ganz besonders bemühen und immer Zeit finden, mit mir zu scherzen, ein Schwätzchen zu machen, das Blumenwasser zu erneuern oder die Sträuße zurechtzuzupfen, die inzwischen mein Bett dicht säumen wie ein Katafalk. Wenn so der Tod wäre, man könnte sich geradezu danach sehnen! Immer wieder lese ich die diversen Glückwünsche, die mich bisher erreichten: Die Informationswoge aus dem Schulamt, dem Kol-

legium und dem Bekannten- und Freundeskreis ist doch weit übergeschwappt!«
...
»Schwester Dagmar und Schwester Karin meinen, ich sei ein Musterbeispiel an Geduld und Freundlichkeit, sei ihre angenehmste Patientin, das meinten auch die anderen. Ich fühle mich voller Kraft und Tatendrang, könnte die ganze Welt umarmen, schreibe für Schwester Erika ein Gedicht, ein richtiges kleines Liebesgedicht! Sie hatte neulich an meinem Bett auf mein Aufwachen gewartet, und in meinem Halbschlaf mußte ich mich spontan in sie verliebt haben. Warum auch nicht? Warum sollte ich aus meinen Gefühlen für eine Frau ein Hehl machen? Könnten doch alle Menschen spontan und unbefangen ihren Gefühlen Ausdruck geben, unabhängig von der Zufälligkeit der Geschlechter!
Frau Roth brachte Grüße und Genesungswünsche von den Kollegen. Ob Frau Zell wohl mitgekriegt hatte, daß sie sich einmal bei der Anrede verhaspelte? – Wer es ihr wohl gesteckt hat, daß zur Zeit eine Patientin im Hause liegt, die zuvor ein Mann gewesen ist?«
...
»Die Ärztin ist mit meinen Fortschritten sehr zufrieden, obwohl ich sechs Tage nach der Operation noch immer vom Nabel bis zu den Fersen mitsamt dem Wadenkrampf im linken Bein einbandagiert bin und doch nichts zu sehen ist. Morgen werde ich ›entfesselt‹, werden die Verbände und der Katheter entfernt: Morgen, Kinder, wird's was geben!
Doch Beate hat mich in tiefer Traurigkeit zurückgelassen, als sie vorhin ging. Warum versuchte sie ein Lächeln, wenn ihr nicht danach zumute war. Und immer wieder die alte Leier, ich sei schuld an allem, ich hätte es ja so gewollt: Hört das denn nie auf? So wird unsere gemeinsame Zukunft nicht tragfähig sein. Während sie mich anschaute, merkte ich, wie sie meine Züge auf irgendeine Veränderung hin studierte, lauernd wie eine Raubkatze, welche die verwundbarste Stelle des Beutetieres auskundschaftet. Sie schien weniger auf den Inhalt meiner Worte als auf deren Klang zu achten, ob sich möglicherweise meine Stimme verändert hat, will nicht glauben, daß das ohne eine entsprechende Sprecherziehung nicht möglich ist. Wenn sie doch einmal darüber nachdenken möchte, daß nicht nur sie Opfer ist. Ich war ihr heute keines Kusses wert: Habe ich ihr nicht wohlgeratene Kinder geschenkt, ein Haus gebaut, ihr

durch ihre Prüfungen geholfen, ihr Selbstbewußtsein und meine ausschließliche Liebe gegeben, sie gelehrt, auf eigenen Füßen zu stehen? Und nun läßt sie sich fallen und wartet darauf, daß ich sie trage, so schwankend der Boden unter mir auch geworden ist.«

...

»Erstmals wieder auf den eigenen Füßen! Die Beine wenigstens sind wieder frei. Auch das macht doch wesentlich den Menschen aus: der aufrechte Gang! – Ich habe schlecht geschlafen, abwechselnd geschwitzt und gefroren, meine Augenlider sind vom Weinen geschwollen. Heute kommt ›die große Enthüllung‹, wie die Ärztin bedeutungsvoll äußert. Sie scheint darauf mehr gespannt zu sein als ich.
Wieder lag ich wie neulich auf dem Tisch, die Beine gespreizt, schaute verschämt zur Seite, als ginge mich alles gar nichts an, was sich an mir und um mich herum im gleißenden Licht der großen Neonlampe an Geschäftigkeit abspielt. Sie war offenbar zufrieden, wies die OP-Schwestern auf eine Stelle hin, die ihr schlaflose Nächte bereitet und ihr den ungestörten Genuß eines Mozartkonzertes verwehrt habe: ausgerechnet das ›Requiem‹! Sie drückte mir einen Spiegel in die Hand, ich sollte mich selbst von meinem neuen Körper überzeugen. Doch ich schielte nur mit einem Auge hinein, um sie nicht zu kränken, und winkelte nach einem flüchtigen Blick den Spiegel etwas ab, da der Anblick vorläufig keineswegs meinen ästhetischen Ansprüchen genügt. Die Ärztin war von meiner verhaltenen Freude ziemlich enttäuscht; ich erklärte, daß sich bei mir Freude und Schmerz immer erst allmählich Bahn brechen, fiel ihr dafür nach dem erneuten Verbinden um den Hals.
Schwester Therese berichtete, während wir für einen Augenblick allein waren, daß sie Frau Zell auf dem Flur dabei überrascht habe, wie diese mit jemandem darüber telefonierte, daß gegenwärtig eine Geschlechtsoperation in der Klinik vorgenommen werde. Sie habe dabei ihren Namen buchstabiert und dann wie eine ertappte Sünderin eilig den Hörer aufgelegt, als Therese sich genähert habe. Was mag sie nur im Schilde führen? Irgend etwas liegt in der Luft! Meine Uhr, die gestern überraschend wieder zu ticken begonnen hatte, streikt wiederum.«

...

»Mit den diversen Verbänden und Tüchern komme ich einfach nicht klar; ich bin todunglücklich, mir selbst bei den intimsten Verrichtungen nicht selbst helfen zu können. Es ist ganz schön

lästig, eine Frau zu sein. Auch ich muß erst einmal ein ungetrübtes Verhältnis zu meinem Körper entwickeln, ähnlich wie jedes Mädchen zu seiner Menstruation. Wie Beate damit wohl fertig wird, wenn ich das notwendige Selbstversorgungs- und Pflegeprogramm zu Hause zunächst fortsetzen muß?
Ich bedaure es sehr, anfangs allzu offen zu Frau Zell gewesen zu sein, ihr auch meine Arbeitsstelle verraten zu haben. Sie will mich dort angeblich mal besuchen.
Seit ein paar Tagen habe ich die Tabletten, die ich abends bekomme und von denen ich annehme, daß es Schlafmittel sind, nicht mehr eingenommen, sondern – da mein Nachttisch sicherlich kontrolliert wird – in einem Briefumschlag versteckt – für alle Fälle! Ich schmunzele bei dem Gedanken, daß der Tag meiner Wiedergeburt sich jedesmal im September jähren wird: Ich bin ›Jungfrau‹! Und ich werde es bleiben!«
...
»Heute wurde Frau Zell entlassen. Über eine Stunde saß sie aufbruchbereit und wartete auf das Taxi. Um mich nicht dauernd mit ihr unterhalten zu müssen, stellte ich mich schlafend. Nach einiger Zeit kam sie leise an mein Bett heran und beugte sich über mich, um mein Gesicht ausgiebig zu studieren. Als ich, wie wenn ich im Begriffe sei, aufzuwachen, einmal tief durchatmete, tippelte sie eilig zum Schrank und machte sich dort zu schaffen. Ich bemerkte jedoch durch meine halbgeschlossenen Augenlider, daß sie versuchte, sich Namen und Adresse auf meinem Kofferanhänger in ihrem Adreßbuch zu notieren, nachdem sie mich morgens schon um meine Adresse gebeten, ich ihr diese aber unter einer Ausrede verweigert hatte.
Schwester Therese meint, das Bett neben mir werde vorläufig nicht wieder belegt, ich redete zu viel und zu leichtfertig.
Heute hat Beate mir das Gefühl wiedergegeben, daß sie mich immer noch braucht: Wie gut das tut! Endlich haben wir uns wieder in die Arme nehmen dürfen.
Hätte sie nicht einfach hierbleiben können? Das zweite Bett ist doch jetzt frei! Ein Abend voller Seligkeit; ich spüre, daß wir uns wieder ganz nahe sind. Selbst die Nachtschwester ist gerührt von dem Verhältnis, das wir zueinander haben.«
...
»Die Ärztin meint, bei meinen Fortschritten könne ich zum Wochenende mit meiner Entlassung rechnen. Ich bin überglücklich!

Und dann der Zusammenbruch! Erst abends kann ich mich wieder fassen und das Entsetzliche richtig begreifen: Frau Roth rief mittags an und fragte, ob ich der ›...‹-Zeitung ein Interview gegeben hätte; eine Reporterin habe sie in der Schule aufgesucht und sie über mich ausgeforscht, bevor sie überhaupt begriffen habe, um was es ginge! Ich bekam einen furchtbaren Weinkrampf, der Stunden währte, obwohl Schwester Angelika und Schwester Dagmar mich abwechselnd tröstend in den Arm nahmen und mir stärkste Beruhigungsmittel gaben. Schließlich war ich völlig erschöpft, und während ich ohne Tränen weiterschluchzte, redete ich nur noch tonlos und wirr von irgendwelchen Nichtigkeiten.
Nicht aus Selbstmitleid hat mich diese Nachricht so schwer getroffen, sondern aus Sorge um meine Familie, vor allem um die Kinder. Ich stellte mir vor, wie ihnen Klassenkameraden die ›...‹-Zeitung mit meinem Schicksal und Konterfei, welches sie sich durch irgendeinen miesen Trick besorgen würden, unter die Nase hielten.
Welches Interesse können Fremde nur daran haben, das Glück einer Familie zu zerstören? Was haben Informationen, die auf die niedrigsten Instinkte abzielen, noch mit Meinungs- und Informationsfreiheit zu tun? Erstmals zweifele ich an meinem Eid, den ich einmal ablegte, ›das Recht und die Freiheit des deutschen Volkes tapfer zu verteidigen‹.
Die Schulaufsicht rät unter diesen Umständen, mich umgehend versetzen zu lassen und durch einen Rechtsanwalt eine einstweilige Verfügung gegen die Zeitung zu erwirken.
Mein Gott, daß nur Beate nichts von alledem erfährt!«
...
»Ich fürchte mich davor, aus dem Fenster zu schauen, fühle mich verfolgt: Jeder Fremde im Hause oder unter dem Fenster könnte ein Reporter sein, der mich mit dem Teleobjektiv einfangen will. Darum ziehe ich trotz der warmen Herbstsonne die Vorhänge zu. Wenn ich nur wüßte, ob der Anwalt schon etwas erreicht hat? Morgen will er selber kommen. Ob er wohl Blumen mitbringt? Müßte er als Herr doch eigentlich!«
...
»Der Anwalt brachte keine mit, auch keine Zeit, nur eine erschreckende Jugend und Indifferenz. Hat er etwa Angst, sich mit der Zeitung anzulegen? Hab' ich nicht ein Recht darauf, daß meine Intimsphäre geschützt wird? Ich habe konkrete Hinweise darauf, wer mir das alles eingebrockt hat, doch er will sie

nicht einmal sehen! Dabei hat Frau Zell die Unverfrorenheit besessen und sich vorhin telefonisch scheinheilig danach erkundigt, wie es mir ginge und wann ich entlassen werde! Ich bin von dem Anwalt tief enttäuscht. Doch nach Margots Besuch bin ich wieder obenauf und guter Dinge.«

...

»Zufällig und mit Entsetzen habe ich von Schwester Erika erfahren, was es mit den Tabletten, die ich gehortet habe, tatsächlich auf sich hat: Für den Fall der Fälle wären sie gänzlich ungeeignet! Auch Beate ist morgens am Telefon völlig niedergeschlagen, und ich liege im Bett und kann ihr nicht beistehen, mich nicht einmal selbst verteidigen. Ein paar Rohrbomben müßte man haben, ich wüßte schon, wen ich damit zuerst bedenken würde! Das, was sie Freiheit nennen, ist doch nur Gleichgültigkeit und Feigheit davor, konsequent zu handeln. Aber ich habe nicht das Zeug zur Terroristin, fühle mich im Chaos ganz und gar verunsichert. Von Kindesbeinen an bin ich gewohnt, alles, was formlos und verstreut ist, zu bilden und zu ordnen: Ich sehe im System einen positiven Sinn. Immerhin kann ich Terroristen die ohnmächtige Wut, den blinden Haß nachfühlen, jeden Tag gegen Mauern tauber Seelen mit der überschäumenden Kraft, dem unerschöpflichen Eifer der Jugend anzurennen, ohne eine andere Wirkung zu erzielen als die, sich selbst dabei zu zerstören.

Wir müssen kühl bleiben, Beate und ich, dürfen unsere Kräfte nicht in sinnlosen Aktionen schwächen. ›Laß sie stark sein, Vater im Himmel! Du hast mir den Weg gewiesen, und ich weiß jetzt, was ich zu tun habe.‹ Aus Angst vor weiteren unbefugten bzw. verdächtigen Anrufen oder einem unerwarteten Besucher haben mich die Schwestern in ein anderes Zimmer verlegt. Schwester Christine und Schwester Dagmar wechseln sich draußen darin ab, mein Zimmer zu bewachen. Trotzdem gelang es einem Fremden, in mein Zimmer zu kommen und nach einer anderen Patientin zu fragen. In Panik zog ich die Bettdecke über den Kopf und bekam wieder einen Weinkrampf, ließ mir Beruhigungstabletten geben. So beginnt wohl der Verfolgungswahn, und ich stecke alle damit an! Nur mit Mühe gelang es Schwester Christine, mich von der Harmlosigkeit des Besuchers zu überzeugen. Wenn doch wenigstens meine Uhr wieder liefe!«

...

»Endlich die erlösende Nachricht: Die ›...‹-Zeitung hat sich verpflichtet, den ›Fall‹ nicht weiter zu verfolgen! Ich bin von einem Alpdruck befreit! Wem habe ich die Rettung nun zu verdanken: meinem Anwalt, der mir so zögernd vorgekommen war; der Rechtsabteilung meiner Dienststelle, mit der Frau Roth telefoniert und die von sich aus interveniert hatte – schließlich hat ja auch der Dienstherr eine Fürsorgepflicht gegenüber seinen Untergebenen! Oder Klaus, ein Bekannter aus dem Studium, der mir hatte gratulieren wollen, dem ich den Vorfall berichtet hatte und der möglicherweise seine politischen Beziehungen hatte spielen lassen können! Herrgott, in der größten Not sendest Du Deine Engel. Du allein weißt um die Notwendigkeit. Öffne mir die Augen, daß sie immer Deine wunderbaren Wege entdecken, und laß mich wachsam bleiben, daß ich die Rettung nicht verschlafe!«

...

»Wieder so eine milde Herbstsonne. Ich spüre, wie meine Stärke zurückkehrt. Schwester Therese gibt mir beim Baden gut gemeinte Ratschläge, wie ich's beim ersten Verkehr anstellen soll! Da liegt sie bei mir gerade richtig! Sie ist ziemlich verwirrt, als ich ihr geradewegs ins Gesicht lache. Ich fühle mich ganz o. k., brauche nichts, vermisse nichts. Ich könnte Bäume ausreißen, als sei ich immer schon so gewesen. Ich habe dabei weder Schmerzen noch besonders lustvolle Sensationen, von dem unbeschreiblichen Glücksgefühl abgesehen, am Ziel meiner Sehnsucht zu sein. Nun kann ich Beate von dem Kelch erzählen, der an uns vorübergegangen ist: Sie gerät nachträglich noch außer sich.

Doch ich habe wieder Kraft genug, ihr Mut zu machen, sie aufzurichten. Ich finde es ganz und gar überflüssig, daß ich seit dem Nervenzusammenbruch neulich dreimal in der Nacht kontrolliert werde.

Heute war die letzte Untersuchung und Versorgung, ich bin frei von Schmerzen, alle zeigen sich von dem ›Kunstwerk‹ begeistert. Ich kann mich frei bewegen und leidlich sitzen, und morgen darf ich heim! Ich bin überglücklich! Nach drei Wochen im Niemandsland hat mich die Erde wieder! Selbst die Uhr läuft nun wieder seit fast fünf Stunden!«

...

»Das Schlimmste ist nun das Warten: aufs Frühstück, aufs Bad, auf die letzte Visite, die letzte Eintragung im Laufzettel, auf das Taxi. Dennoch fällt mit der Abschied von den Schwestern schwer. Eine Weile noch werden Spuren meiner Seele in diesem

Raum sein, der Nachhall meiner Stimme, ein flüchtiger Hauch des Geruchs meiner Haut, meiner Kleidung und der unerläßlichen Requisiten der Zivilisation. Schwester Erika macht sich die ganze Zeit um mich herum zu schaffen, als wolle sie mir etwas sagen. Ich wage nicht zu fragen; es gibt ja keine Wiederkehr.

Meine Jeans passen mir noch, o Wunder! Der Rock kann also fürs erste im Koffer bleiben, so daß ich nicht gleich mit der Tür ins Haus fallen muß, wenigstens nicht optisch. Es ist mir so, als hätten sich nur ein paar Vokabeln verändert.

Während ich die Jeans anzog, versuchte ich, mich an die Empfindungen meines männlichen Körpers zu erinnern, doch es gelang mir nicht: Keine Spur von Nostalgie. Endlich hupt das Taxi! Wie freue ich mich auf daheim!«

Endlich zu Hause

Zu Hause schien sich nichts verändert zu haben. Wie nach einem längeren Urlaub begrüßten mich Beate und die Kinder, und das Essen stand wie immer schon auf dem Tisch. Doch niemand stellte eine Frage. Ich mißtraute der Idylle ein wenig, als tickte unter dem Fußboden eine Zeitbombe, die irgendwann alles auseinanderreißen würde. Es würde darauf ankommen, Zeit zu gewinnen und nach und nach behutsam die Zünder auszuschrauben. Vor allem durfte Beate nicht das Gefühl bekommen, daß sie mich unterwerfen könne; wenn sie die Achtung vor mir verlöre, so hatte sie mich gewarnt, werde alles aus sein zwischen uns. Eine kernige Frau an ihrer Seite mit maskulinen Zügen könne sie vielleicht noch ertragen, nicht aber ein affektiertes Weibchen, das den ganzen Tag mit seinem Äußeren beschäftigt sei.
Solche Bedenken konnte ich in den nächsten Wochen zerstreuen. Übrigens fand ich heraus, weshalb meine Uhr regelmäßig streikte: Der große Zeiger war angebrochen und hakte jedesmal zwischen der 8 und der 11 fest.
Da ich in den folgenden Wochen noch krankgeschrieben war, konnten wir alle uns in Ruhe auf die neue Situation einstellen und ich mich auf meinen Dienstantritt an einer anderen Schule vorbereiten. Meinen neuen Namen und Status setzte ich nach und nach in Korrespondenzen, in der weiteren Familie und im Freundes- und Bekanntenkreis erfolgreich durch: Jetzt hatte ich einen Anspruch darauf. Wer ihn mir hätte absprechen wollen, hätte mich absichtlich kränken, mir vorsätzlich Schaden zufügen müssen.
Doch auch meinem ärgsten Feind würde es niemals möglich sein, aus mir wieder einen Mann zu machen. Insofern war ich in jedem Fall in der stärkeren Position und zog daraus eine entsprechende Selbstsicherheit. Andererseits wollte ich mich in Langmut und Geduld denen gegenüber üben, denen das Umlernen der Anrede und der Personalpronomen ganz einfach schwerfiel, indem ich sie immer wieder in aller Freundlichkeit korrigieren würde. Ich würde mich jedoch hüten, Beate und den Kindern irgendwelche Zügel anzulegen: Zunächst mußte

ich schon zufrieden sein, daß sie alle mich mit meinem neuen Namen anredeten.

Beate fand allmählich wieder zu sich selbst, nachdem sie erkannt hatte, daß ich mich in meinem Wesen und in meinen Interessen nicht verändert hatte. Sie zeigte mir gegenüber bald wieder die gewohnte Anhänglichkeit und Zärtlichkeit und gab zu, daß es ihr zunächst sehr schwergefallen sei, innerlich zu mir zurückzufinden, nachdem sie lange Zeit aus dem Gefühl einer notwendigen Emanzipierung heraus an einer Mauer gegen mich gebaut hatte. Auch ihr gegenüber würde ich unendlich viel Geduld und Fingerspitzengefühl aufbringen müssen, bis sie eines Tages auch meine körperliche Veränderung akzeptieren würde; darauf, daß sie diese vielleicht einstmals gar bejahen würde, wagte ich ohnehin nicht zu hoffen. Dennoch erfüllte mich eine tiefe Zufriedenheit mit dem, was ich erreicht hatte.

Die eigentliche Bewährungsprobe wartete aber noch auf mich und würde mir sehr viel Selbstsicherheit abverlangen, wenn ich nämlich meinen Beruf wieder aufnehmen würde. Ich wollte nicht um Verständnis und Entgegenkommen buhlen müssen, jetzt nicht mehr, sondern entschlossen und kompromißlos meinen Anspruch auf die soziale Rolle als Frau durchsetzen.

Es gab hin und wieder auch Leute wie Herrn Scholz, die von meiner Vergangenheit wußten und dennoch, um irgendeinen Zweck damit zu verfolgen, mit der größten Selbstverständlichkeit und ohne Ironie das »gnäd'ge Frau« verwendeten, mit ausgesuchter Höflichkeit, fast devot den Fahrstuhl herbeiholten, die Tür öffneten, mir aus dem Mantel halfen oder Platz anboten, Statisten einer fast ausgestorbenen Kultur, an der auch ich teilgehabt hatte mit dem Unterschied, daß ich ihnen inzwischen um eine Generation voraus war. Ich ließ es mir tatsächlich gefallen, obwohl es nicht zu mir paßte, mich von einem Manne in einen Zustand von Hilfsbedürftigkeit versetzen zu lassen, von dem »gnädig« ganz abgesehen: Denn ich fühlte mich durchaus als ungnädige Frau, die sehr wohl weiß, was sie will, mit dem Kopf notfalls durch die Wand geht, die sich nicht bedienen läßt, sondern selbst zupackt, gerade heraus ohne Allüren und Koketterien, und darin wußte ich mich einig mit Margot und den Vertreterinnen von Frauengruppen, die ich in den Treffs während meiner »Untergrundzeit« kennengelernt hatte und die sich keineswegs als Angehörige eines »zarten Geschlechts« begriffen!

Wenn ich mit Beate ausging, kam es, da ich meistens Hosen

trug, noch ein-, zweimal vor, daß ich als ihr Freund oder Mann eingeschätzt wurde. Ich heuchelte Gleichgültigkeit, um Beate nicht in eine peinliche Lage zu bringen, doch sie spürte den Dauerkonflikt: »Du mußt ja immer weitergehen in Kleidung, Make-up und Frisur, um die Anerkennung zu erzwingen. Wann wirst du je am Ziel sein!«

Ich versuchte zu ergründen, was wir falsch machten. Zweifellos waren es Verhaltensweisen, die sich zwischen uns automatisiert hatten: Wie wir einander anschauten, Seite an Seite gingen; wie wir beim Einkauf auswählten, ich mehr unbeteiligt oder vorschnell, sie mehr eifrig und unentschlossen, und anschließend die Zahlungsmodalitäten abwickelten, indem sich Beate die größeren Scheine aus meiner Tasche geben ließ; wie ich Beate mit eben jener Zuvorkommenheit geleitete, die früher einmal den Herrn auszeichnete und die mir nun im Wege stand. Daran wollte ich es Beate gegenüber jedoch nicht fehlen lassen; schließlich bedeutete sie mir mehr als das Gezischel hinter uns. Ich fühlte mich stark genug, mit dem Widerspruch zu leben; meinen Erfolg oder mein Scheitern als berufstätige Frau wollte ich zum alleinigen Maßstab dafür erheben, wieviel Nähe oder Distanz zu Beate, wie viele feminine Accessoires, welche Verhaltensweisen möglich bzw. nötig wären, um mir die Integration zu sichern.

Ich war darauf vorbereitet, daß ich an meinem neuen Arbeitsplatz alte Bekannte träfe, und so wagte ich die Flucht nach vorn, als sich gleich am ersten Tag die Gelegenheit ergab, mit dem ganzen Kollegium zusammenzutreffen. Die Vorstellung nahm ich dem Rektor ab: Ich sei also die Neue. Es habe sich wahrscheinlich schon herumgesprochen, daß ich meine Karriere einst unter einem anderen Vorzeichen begonnen habe. Ich hätte mich versetzen lassen, um den Nachstellungen der Boulevardpresse zu entgehen. Einmal müsse das Davonlaufen ein Ende haben; ich erwartete daher, daß die Kollegen meinen Status respektieren und nach außen verträten. Sie seien darüber niemandem Auskunft oder Rechenschaft schuldig. Dafür böte ich ihnen an, unbefangen auf alle interessierenden Fragen zu antworten.

Und dann kam aus dem Kollegium eine solche spontane Frage: »Als ich Sie hereinkommen und dann am Tisch sitzen sah, ist mir überhaupt nichts Besonderes an Ihnen aufgefallen. Aber jetzt die Stimme! Kann man denn gar nichts dagegen tun?« Ich merkte, wie einige bei dieser Frage zusammengezuckt waren,

andere betreten auf ihre Finger schauten. Doch mir gefiel diese Offenheit, und ich entgegnete daher freundlich, aber bestimmt, daß meine Stimme so ziemlich das einzige sei, womit ich mich von Anfang an habe identifizieren können. Notfalls könne ich damit sogar Geld verdienen, was ich von meinem Beruf – außerhalb meiner Dienststelle – nicht unbedingt behaupten könne. Ich dächte jedenfalls nicht daran, obwohl es bis zu einem gewissen Grade möglich wäre, die Stimme zu verändern; irgendwo müsse Schluß sein. Sonst müßte ich u. a. mir die Nase verkleinern, die Füße verkürzen und die Schädeldecke entfernen lassen, um den Abmessungen der Idealfrau zu entsprechen, die es mit größter Wahrscheinlichkeit gar nicht gibt.
Ich spürte die Erleichterung in der Runde: Ich hatte mich gut verkauft! Sie akzeptierten mich, solidarisierten sich mit mir: Ich gehörte von nun an selbstverständlich dazu.
Daß diese Integration echt war, zeigte sich schon in den nächsten Tagen beim Umkleiden und Duschen, bei Gesprächen, die Frauen nur untereinander führen. Ich hatte es offenbar geschafft, als Frau in meinem Beruf Fuß zu fassen, zumindest einen Fuß in die Tür zu klemmen.
Schwieriger würde es mit den neuen Schülern sein. Geschickt verstand es der Chef, mich in den Klassen als die neue Kollegin vorzustellen – mit einem koketten Hinweis auf meine »rauchige« Stimme – um mich, bevor ich selbst wieder eine Klasse bekam, Vertretung machen und hospitieren zu lassen, um mögliche Vorbehalte gegen mich so hautnah wie möglich angehen und abbauen zu können. Denn natürlich blieb ich nicht unbehelligt von indiskreten Fragen. »Woher haben Sie denn so eine tiefe Stimme?« wurde ich anfangs oft gefragt. Und je nach dem Alter des Fragenden antwortete ich dann: »Weißt du, es gibt schlimme Krankheiten, bei denen es zu einer Veränderung der Stimmbänder kommen kann. Aber du hast doch bestimmt Verständnis dafür, wenn ich nicht über meine Krankheiten sprechen mag.« Oder ich fragte zurück: »Du kennst doch die Geschichte vom Wolf und den sieben Geißlein, nicht wahr? Dann weißt du auch, daß der Wolf Kreide gefressen hat, um eine hohe Stimme zu bekommen. Nun stell dir mal vor, du suchst im Dunkel nach einem Stück Kreide und kriegst, ohne daß du's merkst, ein Stück Kohle zu fassen: Was dann?!« Besonders bei den Kleinen war diese Geschichte sehr beliebt, so daß ich sie immer wieder erzählen mußte, entsprechend variiert und ausgeschmückt, versteht sich.

Meistens hatte ich eine passende Antwort parat, die den Fragesteller in der Sache zwar unaufgeklärt, über die Antwort aber dennoch zufrieden entließ. Jedenfalls war dann regelmäßig das weitere Interesse an mir erlahmt. Nicht, daß ich eine ehrliche und offene Antwort nicht gewagt hätte! Aber ich sah es einfach nicht ein, Fremden über meine körperliche Beschaffenheit detaillierte Information zu geben. Bei allem Verständnis für eine natürliche Neugier konnte ich doch wohl Takt und Respekt gegenüber meiner personalen Integrität verlangen.

Einer fing es besonders raffiniert an und fragte mich scheinheilig, ob ich Amanda Lear kennte, deren wahres Geschlecht zu der Zeit gerade in etlichen Publikationen zum Gegenstand peinlicher und geschmackloser Spekulationen gemacht wurde, ihr jedoch zu enormer Popularität im Plattengeschäft verhalf; die solle früher ein Mann gewesen sein. Als ich seine Frage bejahte, fügte er hinzu: »Wissen Sie, daß Sie auch so eine Stimme haben?« Da lachte ich ihm ins Gesicht und dankte ihm für das Kompliment: »So etwas Nettes hat mir lange keiner mehr gesagt. Wenn ich damit doch auch so viel Geld verdienen könnte!« Er aber stand da wie ein begossener Pudel und schämte sich wohl, mir eine so dumme Frage gestellt, mich in einem so unhaltbaren Verdacht gehabt zu haben.

Für den »Spaßvogel« auf dem Markt jedoch, der mich geradeheraus fragte, ob ich die Nacht hindurch gezecht hätte, weil ich ihn irgendwie an Zarah Leander erinnerte, hatte ich eine schärfere Antwort parat: daß er mich wiederum an Marty Feldman erinnerte, den ich gar nicht komisch fände.

Ein anderes Mal sprach mich ein Mädchen an, das ziemlich regelmäßig mit mir in der Bahn fuhr und wohl zufällig einmal ein Gespräch, das ich mit einem anderen Fahrgast geführt hatte, mitgehört hatte. Darauf antwortete ich ihr: »Weißt du, es ist sehr schlimm für mich, daß ich als Frau eine solche Stimme habe. Am schlimmsten ist es aber, wenn man sich das von fremden Menschen, die doch bestimmt auch ihre Probleme haben, unter die Nase reiben lassen muß. Wie wäre dir wohl zumute, wenn dir jemand aufgrund deines Aussehens oder deines Verhaltens oder irgendeines Fehlers, den du machst oder an dir hast, sagen würde, du seiest doof oder verlogen oder so?« Ich merkte, daß ihr die Frage nun doch peinlich war und munterte sie mit einem freundlichen Lächeln wieder auf.

Für alle Fälle konnte ich jederzeit Fotos meiner Kinder vorzeigen; sie waren geeignet, alle Zweifel zu zerstreuen. Doch war

ich bescheiden genug, diese Geheimwaffe nicht ohne Not einzusetzen, weil ich es doch als Anmaßung empfunden hätte, mich als Mutter auszugeben, ganz davon abgesehen, daß das sofort Fragen nach meinem Mann ausgelöst hätte.
Nach einigen Wochen war das Interesse an mir gänzlich erloschen. Meine Stimme fiel in der Schule niemandem mehr sonderlich auf. Nur Beate war damit noch nicht fertig. Überschwengliche Zärtlichkeiten und tiefste Niedergeschlagenheit bis hin zum Haß wechselten sich in ermürbender Folge ab: »Du verstehst es, mich glücklich zu machen, mir das Gefühl zu geben, eine Frau zu sein«, sagte Beate mir eines Nachts, »doch was ist mit dir?« Ein paar Tage später jedoch: »Wie ich deinen weichen Körper hasse! Du kannst nicht erwarten, daß ich dich berühre, denn alles hast du mir genommen!« Seufzend erwiderte ich: »Das erwarte ich auch gar nicht von dir. Es ist mir auch nicht wichtig. Ich bin wunschlos und zufrieden, wenn du mir das Gefühl gibst, daß ich dich mit meiner Zärtlichkeit glücklich machen kann. Dein Glück ist auch das meine, es gibt dann keine Grenze für mich zwischen Ich und Du. Ob du das jemals begreifen wirst?«
Am meisten jedoch litt Beate darunter, daß sie nun von ihren Freundinnen teils bemitleidet, teils verdächtigt wurde, im Grunde schon immer eine Frau als Partner bevorzugt zu haben. Sie hielt uns nicht länger für gesellschaftsfähig, mich sowieso nicht, sich aber auch nicht, weil sie meinte, alle Frauen fühlten sich durch sie herausgefordert, auf ihre Männer aufzupassen, da sie nun als läufig angesehen würde. Umgekehrt betrachteten die Männer sie nun als Freiwild, weil sie sich niemandem gegenüber mehr auf mich als ihren Mann berufen könne.
Es war gewiß ein Teufelskreis, in den wir hineingeraten waren, und ich hoffte nur sehr, wir würden auf seinem Bogen so dahinsausen, daß wir wieder aus der Bahn und seiner Anziehungskraft herausgeschleudert würden.

Als Frau unter Frauen

Eine Nachuntersuchung wurde fällig. Mir schwante Böses, da ich, um Beate nicht zu schockieren und ihr peinliche oder provozierende Beobachtungen zu ersparen, das Programm, das mir bei der Entlassung aus der Klinik mitgegeben worden war und umfangreiche Übungen vorsah, die einer Narbenschrumpfung entgegenwirken sollten, im wesentlichen ignoriert hatte. Ich sollte bitter dafür büßen. Die Untersuchung war furchtbar schmerzhaft und entwürdigend, und dann spürte ich, wie der Schmerz wanderte und sich in meinen Beckenknochen festbiß, die sich aufzuwölben und zu dehnen schienen, als wollten sie die Grenzen meines Leibes sprengen. So, stellte ich mir vor, müsse eine Frau wohl eine Vergewaltigung erleben; und so waren meine Tränen, gegen die ich vergeblich ankämpfte, von Schmerz und Scham und Haß zugleich gewürzt. Lieber würde ich mich bis zum letzten Atemzug wehren, ja mich töten lassen, als mir so etwas je von einem Mann antun zu lassen – von einer Frau war es schon schlimm genug!
Die Ärztin trug mir nun auf, die Weiterbehandlung unter der Leitung eines mit ihr befreundeten Gynäkologen umgehend zu beginnen und mindestens ein halbes Jahr fortzusetzen und seine Anweisungen peinlich genau zu befolgen. Darum suchte ich in den nächsten Tagen seine Praxis auf.
Das Wartezimmer schmückten unzählige Fotos Neugeborener, glückliche Geburtsanzeigen und Dankschreiben; auf dem Tisch lagen ausschließlich sogenannte Frauenzeitschriften: Modejournale, Klatsch und Tratsch aus Film und Showgeschäft, Haushalts- und Gesundheitsmagazine; meine Interessen als Frau sah ich hier nicht vertreten. Und die anderen, die in Rosa und Bleu strickend oder lesend ringsum saßen? Offenbar ließen sie sich widerspruchslos die Scheuklappen anlegen, die ihnen clevere Männer und dienstbeflissene Geschlechtsgenossinnen tagtäglich anlegten. Oder sollten sich gar die solcherart Beschränkten mit ihrem Los identifiziert haben? Wie würden beispielsweise Helga, Clara oder Margot, intellektuelle und emanzipierte Frauen aus meinem Bekanntenkreis, sich dazu stellen? Ich fühlte mich wie ein Eindringling,

eine Fremde, nicht nur, weil ich nichts zu stricken hatte, sondern weil ich außer dem Äußeren so wenig Gemeinsames sah.
Daß sich Männer meist ausschließlich für das gemeinsame Äußere interessieren, hatte ich ja von Kindheit an erfahren. Dennoch packte mich erneut eine ohnmächtige Wut, als ich mich von dem Arzt, der meine Abhängigkeit von ihm bewußt ausnutzte, untersuchen lassen mußte. Ich biß die Zähne zusammen über seinen zynischen Kommentar: »Tja, junge Frau, was rastet, das rostet. Es sollte Ihnen doch nicht schwerfallen, sich einen Freund zuzulegen, so wie Sie gebaut sind!« Die Eindeutigkeit seiner Bemerkung fand ich empörend genug; die Doppeldeutigkeit des Satzes ging mir erst nachher auf! Während ich auf das Rezept wartete, gab er mir den Brief einer Patientin zu lesen, die sich herzlich und mit recht deutlichen Anspielungen bei ihm dafür bedankte, daß er ihr geholfen habe, den rechten Weg zum Glück zu finden!
Auch ich bedankte mich für diesen Wink und ließ mich dort nicht wieder sehen. Es sollte mich doch sehr wundern, wenn es nur den einen Weg zum Glück gäbe; auf solche Wegweiser jedenfalls konnte ich gut verzichten!
Im nachhinein bedauerte ich es sehr, ihm nicht die richtige Antwort erteilt zu haben, stellvertretend für alle Männer, die es wagten, mir zu nahe zu kommen. Ich mußte noch eine Menge lernen; wahrscheinlich aber würde ich nie eine richtige Dame werden: Mir mangelte es einfach am Gefühl der Unterlegenheit, am Abhängigkeitsbedürfnis, an unterdrücktem Selbst. Ich fühlte mich einfach den intellektuellen »Nur-Frauen« stärker verbunden, mit der Einschränkung, daß ich deren teilweise drastische Auffassungen von Ästhetik weder im Optischen noch im Verbalen so recht teilen mochte.
Gleichberechtigung, finde ich, hat wenig mit Schlamperei und Sichgehenlassen zu tun, sehr viel aber mit der Rücksichtnahme auf den anderen. Darum kann ich nicht begreifen, weshalb der Kampf um Emanzipation oft ausgerechnet mit den Mitteln geführt wird, welcher sich bisher fast ausschließlich die Männer zu bedienen wußten: Brutalität, Gossensprache, Reduktion der Interessen und Beschränkung der Auseinandersetzung auf die Bereiche unterhalb der Gürtellinie. Statt diese Waffen des Mannes gesellschaftlich zu ächten und von Kindesbeinen an dem heranwachsenden Mann deren Anwendung unmöglich zu machen, legt man sie heute auch der künftigen Frau mit in die

Wiege für einen Kampf der Geschlechter, in welchem die Frau den kürzeren ziehen muß.
Zwei der Frauen aus dem Wartezimmer traf ich in der Bahn wieder; sie schienen sich erst vorhin kennengelernt zu haben und unterhielten sich nun lebhaft über gegenseitige Urlaubspläne bzw. -erlebnisse, indem sie unter einem enormen Aufwand an Mimik und Gestik vom Augen- und Kopfrollen bis zum Abspreizen des kleinen Fingers, welches die Banalität des Gesprächsinhalts kaum rechtfertigen konnte, sich gegenseitig zu überzeugen suchten. Wenn man nicht hinhörte, konnte einen diese Unterhaltung an das Gesichtsspiel und die Gebärdensprache von Taubstummen erinnern, denen zur Kommunikation eben nicht mehr zur Verfügung steht. Warum meinten diese Frauen, daß ihre Sprache allein nicht ausreichte, obwohl man allgemein behauptet, gegenüber anderen Fähigkeiten seien Sprachgefühl, -verständnis und verbale Kommunikationsfähigkeit bei Mädchen besonders ausgeprägt? Das muß etwas mit mangelndem Selbstbewußtsein zu tun haben und das wiederum mit einer jahrhunderte-, jahrtausendealten Unterdrückung im weitesten Sinne. Wie anders wäre es sonst zu erklären, daß Jungen, die im Vergleich mit Mädchen hinsichtlich ihrer sprachlichen Fähigkeiten durchschnittlich schlechter abschneiden, sich auf die Kraft ihres Wortes offenbar eher verlassen können, auch ohne jenen gewaltigen Aufwand an Körpersprache? Ja, daß man den heranwachsenden Jungen dazu erzieht, Mimik und Gestik sparsam einzusetzen und dem zu mißtrauen, der in dieser Hinsicht aus der Reihe tanzt, oder ihn gar nicht erst ernst zu nehmen? Angehende militärische Führer lernen spätestens auf der Unteroffiziersschule, wie man Willen und Auftrag so formuliert und äußert, daß die Kommunikation allein auf der Kraft des Wortes, einer Sprache ohne Schnörkel, beruht. Es ist streng verpönt, im Guten wie im Bösen, »Gesichtszüge entgleisen zu lassen«. Um das Gebärdenspiel zu verhindern, bleiben die Arme am Körper ausgestreckt; allenfalls stecken die Daumen einmal hinter dem Koppel, sind die Arme einmal in die Seite gestemmt, oder die Hände fassen sich vor oder hinter dem Körper. »Alt-Gediente« vergraben dafür die Hände mehr oder weniger lässig – von vier Fingern bei abgespreiztem Daumen bis zum ganzen Ellenbogen – in Hosen- oder Jackentaschen: auch hier also ein gewisser Aufwand, allerdings an Selbstdisziplin.
Man muß aber zugeben, daß es dem Mann im allgemeinen

leichter fällt, sich auf die Kraft des Wortes zu verlassen, denn sobald er damit nicht mehr überzeugt, steht ihm zur Durchsetzung seiner Interessen – ebenfalls seit Jahrhunderten und Jahrtausenden – ein zwar wenig differenziertes, aber recht wirksames Arsenal an Unterdrückungsmechanismen zur Verfügung. Man darf gespannt sein, wie sich die Emanzipation der Frau in die eine wie in die andere Richtung auswirken wird. Damit, daß der Spieß einfach umgedreht wird, läßt sich das Ziel einer Humanisierung der Beziehung der Geschlechter zueinander gewiß nicht erreichen.

Als ich in meiner neuen Schule, deren Schüler aus einem sozial schwächeren Milieu stammten als die der vorigen, zum ersten Male bewußt beobachtete, in welcher Weise vor allem junge Mädchen inzwischen oft ihren Gleichberechtigungsanspruch durchzusetzen versuchen – Zoten erzählend, Männer »anmachend«, Gossensprache redend –, traf mich das wie ein Schock: Ich schien vom Regen in die Traufe geraten zu sein. Doch inzwischen bin ich davon überzeugt, daß auch sie in ihrem Verhalten unbewußte Opfer der männlichen Unterdrückung sind, der Manipulation durch die diversen »Szenen«, Trends, »in's« oder »out's«; daß sie unabhängig und frei geboren werden mit den herrlichsten Anlagen und Fähigkeiten und daß sie in den Staub der Materie zurücksinken, zurückgedrückt werden oft schon mit der ersten Regel, die ihnen schmerzhaft die einmal notwendige Entscheidung zwischen Kind und Karriere, zwischen Fortpflanzung und Selbstverwirklichung vor Augen führt. In den seltensten Fällen gelingt ein Interessenausgleich; meist jedoch begibt die Frau sich aller Persönlichkeit, wenn sie sich fürs erstere entscheidet: Die Verschiebung der Selbstverwirklichung auf einen späteren Zeitpunkt, wenn das Sorgen um die Kinder ein Ende hat, diese also aus dem Hause sind, dürfte eine Selbsttäuschung sein. Denn die jahrelange Stagnation entspricht einem tiefen Bruch des personalen Selbstverständnisses: Wer könnte heute dort wieder ansetzen, wo er vor 15 oder 20 Jahren aufgehört hat?

Der Kampf um die Gleichberechtigung, der einhergeht mit der sogenannten sexuellen Revolution und einem großzügigen Scheidungsrecht, hat die Situation eher noch verschärft: Konnte die Frau früher sich halbwegs darauf verlassen, zumindest in materieller Hinsicht für die Zukunft gesichert zu sein, wenn sie sich für den Verzicht auf Selbstverwirklichung entschied, so ist selbst diese Sicherheit heute im höchsten Maße

fraglich: Die Risiken sind für sie ungleich größer, unkalkulierbar geworden. Darum wird sie versuchen, sich eine möglichst gute Ausgangsbasis zu schaffen, auf die sie »später« zurückkommen kann, oder sich sehr früh unterwerfen – in vermeintlicher Freiwilligkeit.
Jetzt, da auch die anderen mich nur noch als Frau sahen, erfuhr ich die ganze Beschränktheit der Rolle, auf die sich die Frau hat einengen lassen, nicht nur durch die Männer, sondern noch viel mehr durch ihre eigenen Geschlechtsgenossinnen; ich erfuhr ihren außerordentlichen Mangel an Solidarität, als wäre es ihnen wirklich gleichgültig, was doch klar auf der Hand liegt: Daß nämlich selbst die »Waffen der Frau« offenbar von den Männern geliefert worden sind, nachdem sie diese gründlich studiert haben, und die damit genauso tauglich sind, wie diese es wollen. Die Männer bestimmen über deren Wirksamkeit und nicht jene, welche die Waffen einsetzen. Man stelle sich nur einmal vor, die Amerikaner lieferten den Sowjets ihre modernsten Panzer. Die Sowjets wären damit gewiß schlecht bedient, da die Amerikaner deren Schwachstellen genau kennen und ihre Waffen entsprechend darauf einrichten würden!
So war es für die Friseuse, die mir einen neuen Haarschnitt machte, offenbar undenkbar, daß ich diesen um meiner selbst willen wünschte und verantworten mußte; statt dessen war ihr wichtig zu erfahren, was »mein Mann« wohl zu der neuen Friseur sagen würde, und sie errötete heftig, als ich lachend sagte, ich hätte keinen Mann und brauchte auch keinen!
Auch die Frauen, die links und rechts neben mir ihren Basartisch aufgebaut hatten, waren in dieser Hinsicht sehr besorgt, indem sie fragten, ob »mein Mann« nicht Krach schlagen würde, weil ich mehr eingekauft als verkauft hätte. »Von diesem Parfüm wird ihr Mann begeistert sein!« und »Verführen Sie ihn doch mal mit einem bezaubernden Negligé!« und »Mein Mann meint immer ...«: So wurde und werde ich von Frauen als Frau angesprochen, die sich selbst nur als die – offenbar unbedeutendere – Hälfte des Menschen begreifen.
Ich fühlte mich jedenfalls verletzt, als bei einem Nachmittagskaffee bei einer Freundin eine verspätete Besucherin naßforsch der Gastgeberin vorwarf, daß sie wieder »nur Weiber« eingeladen habe. Ähnliche Äußerungen kannte ich ja von Beate, hatte sie bislang aber als bloße Provokation gedeutet, die mich immer wieder daran erinnern sollte, wie sehr sie mit meinem Rollenwechsel das männliche Prinzip vermißte.

Doch nun begriff ich, daß dieses negative Selbstbildnis der Frauen offensichtlich Methode hat, daß sie die beklagte Unterdrückung größtenteils sich selbst zuzuschreiben haben, indem sie ihre Kräfte in einer sinnlosen Rivalität untereinander aufreiben, sich selbst zum passiven Objekt männlicher Triebe und Wünsche machen. Von Gitta aus gesehen war es gewiß ein großer Vertrauensbeweis und eine Geste schwesterlicher Verbundenheit, als sie mir aufgeregt verkündete: »Herr Erdner hat mir neulich selbst gesagt, du hättest ihn fasziniert; er gäbe was drum, dich näher kennenzulernen, fürchtet sich jedoch vor einem Skandal! Darauf kannst du dir wirklich etwas einbilden!«
Auf den Skandal, den ich verursachen könnte, wenn ich es mir gefallen ließe, mich ausgerechnet von Erdner als besondere Rarität und lange gesuchtes Exemplar in seine Briefmarkensammlung einreihen zu lassen? Als Skandal empfand ich vielmehr, daß Erdner aufgrund seiner gesellschaftlichen Stellung sich einbilden konnte, jede Frau müsse sich geschmeichelt fühlen für das Interesse, was er ihr entgegenbrächte, und vor lauter Dankbarkeit und Hoffnung auf gewisse Privilegien bereit sein, sich von ihm aufreißen zu lassen! Hatte er denn immer noch nicht die Zeichen der Zeit zu deuten gelernt? Welche Frau hat es denn noch nötig, darauf zu warten, sich aufreißen zu lassen? Längst sind doch die Maßstäbe verschoben, und vieles deutet darauf hin, daß das Zeitalter der Paschas sich dem Ende nähert, es sei denn, die Völker des Orients, die inzwischen die großen Städte Europas weitgehend beherrschen, erweisen sich mit ihrer Kultur und ihrem Sittenkodex als dem unseren überlegen. Das wäre dann wirklich das vielbesungene Morgenrot, die Götterdämmerung des christlichen Abendlandes!
Nicht, daß ich meine, man solle auf den anderen verzichten können: Jeder von uns braucht einen anderen, dann und wann wenigstens. Doch konkret braucht keine Frau einen Mann, kein Mann eine Frau, wenn nicht aus dem Grund, Kinder haben zu wollen, und selbst dann nicht mehr unbedingt: Wir sind heute soweit, die für den Fortbestand der Menschheit an sich sinnvolle gegenseitige Bedürftigkeit, auf die hin wir seit Jahrtausenden erzogen wurden, in ihrer historischen Bedingtheit zu erkennen und zu überwinden. Uns fehlt es jedoch daran, demgemäß, was wir wissen, zu leben, die Konsequenzen daraus zu tragen: Uns fehlt der Mut zu dem ehrlichen Bekenntnis, daß Pille, legitimierte Schwangerschaftsunterbrechung, freie Liebe

und künstliche Befruchtung – um nur einige Begriffe zu nennen – ganz neue Gesellschaftsformen bedingen und von dem einzelnen eine Eigenverantwortung verlangen, die ihn möglicherweise überfordert.
Ich muß zugeben, daß ich es den Leuten in meiner Umgebung nicht eben leicht machte, sich auf mich einzustellen. Mein neuer Chef, der mich noch von früher her kannte, behandelte mich wie ein rohes Ei, weil sich an mir alle seine Waffen als untauglich erwiesen. Ich nahm mir Freiheiten heraus wie keine meiner Kolleginnen vor mir, denen ich geradezu arrogant erscheinen mußte: Wie konnte eine Frau es wagen, ihrem Chef ins Gesicht hinein zu widersprechen!
Auf fremde Männer wirkte ich offenbar unnahbar kühl: Ich schüchterte sie zweifellos ein durch Haltung und Auftreten, aber auch dadurch, daß ich die meisten dank meiner hohen Absätze von oben herab betrachten konnte. Einmal wagten dennoch zwei Männer, mich recht tollpatschig anzusprechen, als ich bei einem Spaziergang vor einer Statue stehengeblieben war: »Guten Abend, auch noch auf einem Spaziergang unterwegs?« Zu spät erkannte der Frager, daß meine verschränkten Arme ihm schon massive Abwehr signalisierten; nun traf ihn meine knappe und barsche Erwiderung wie ein Hieb, so daß er sich hilfesuchend zu seinem Begleiter wandte, der indessen schon auf Distanz gegangen war. Im Fortgehen drehte er sich nochmals – diesmal viel weniger forsch – nach mir um und meinte, halb zu mir, halb zu ihm gewandt: »Schade, mit der Dame wäre es schön gewesen.« Ich aber dachte: Warum dieses alberne Geplänkel? Warum kann man nicht klipp und klar sagen: »Sie gefallen mir! Darf ich ein Stück mit Ihnen gehen?« Aber das hätten sie ja gar nicht gewollt; wenn sie ehrlich gewesen wären, hätten sie die Katze gleich aus dem Sack gelassen: »Wir brauchen mal wieder ein Weib!«
Und ich spann den Gedanken weiter: Alle die Schönen, denen ich täglich begegne, die mit dem demütig gesenkten Blick, auch die, deren Schönheit gerade erst voll erblüht ist, mit dem Leib einer reifen Frau und dem Gesicht eines Kindes, sie alle sollen des Mannes sein? Wozu? Er würde seine Erfüllung auch ohne ihre Schönheit finden wie die Bienen den Honig noch in der unscheinbarsten Blüte. Wozu also diese ungeheure Verschwendung, wenn nicht für eine höhere Form der gegenseitigen Anziehung und Liebe, vielleicht jenseits der Körperlichkeit? Es gibt sie ja wirklich, die Engelgleichen, doch Fleisch und Blut

wie alle anderen auch, und dennoch nichts als Objekt des Mannes.
Währenddessen war eine junge Frau in mein Gesichtsfeld und mein Gedankenspiel geraten. Sie schien zu merken, daß ich mich mit ihr befaßte. Unhörbar schnaubte sie durch die Nase, warf unmerklich den Kopf in den Nacken. Im stummen Duell Frau gegen Frau war ich die Unterlegene – noch jedenfalls, solange wir mit ungleichen Waffen kämpften – und zog mich hinter meinen Blick aus Indifferenz und kühler Distanz zurück.
Ich muß – wenn auch widerstrebend – zugeben, daß ich das Spannungsverhältnis zwischen den Geschlechtern durchaus mit einer gewissen Neugier, einer unbestimmbaren Erregung erlebte: Gelegentliche Pfiffe hinter mir oder anerkennende Blicke hatten auf mich anfangs geradezu eine aufputschende Wirkung, die ich allerdings sorgsam zu verbergen suchte, indem ich womöglich noch fester auftrat, noch kühler blickte. »Rühr mich nicht an!« wollte ich damit signalisieren, doch offenbar gab ich dieses Signal nicht immer in der nötigen Deutlichkeit. Sonst hätte jener baumlange smarte Zimmermann, an dem ich auf dem Weg zum Dienst eines Morgens vorbei mußte, mich wohl kaum so devot und zugleich zudringlich gegrüßt! Als ich darauf nicht reagierte, lachte er laut hinter mir her: »Ho ho ho, Emanze!« Eine Freundin, der ich die Episode, die mich ziemlich verunsichert hatte, erzählte, meinte glücklicherweise, ich hätte mich richtig verhalten, indem ich überhaupt nicht reagiert hatte, ob Emanze oder nicht.
Daß ich mir so etwas überhaupt gefallen lassen mußte, ich, Oberleutnant der Reserve, Ordonnanzoffizier einer Panzergrenadierbrigade! Ich müßte Stiefel mit noch höheren Absätzen kaufen, den Hals noch höher recken, den Kopf noch mehr in den Nacken werfen, um mich über dieses Geschmeiß zu erheben, es von oben herab betrachten zu können, ihm aus meinen Nüstern direkt ins Gesicht schnauben zu können!
Warum nehmen hochgewachsene Frauen diese Chance nicht wahr, lassen ihren Kopf zwischen die Schultern rutschen, tragen die flachsten Absätze? Setzen sie auf das falsche Pferd? Am liebsten würde ich meine Absätze wieder beschlagen lassen wie einst, dieses Mal nicht, um mir selbst die Furcht zu nehmen, sondern um mit meinem entschiedenen Klack-Klack im 114er Schritt Unnahbarkeit zu signalisieren, Feldzeichen eines halsstarrigen Weibes, das kräftig genug ist, sich erfolgreich dagegen zu wehren, seine Füße von einem Mann ins Feuer gedrückt zu

kriegen. Ganz verkehrt wäre es, auf die flüchtige Schönheit und Jugend zu setzen: Vielleicht liegt dort der Schlüssel dafür, daß die Unterdrückung der Frau andauert.
Manchmal wünschte ich, ich wäre Israelin und müßte in der Armee Dienst tun. Doch selbst wenn ich zum mosaischen Glauben überträte, würde man mir die Integration wohl unmöglich machen: Wenn der Gott Abrahams schon den verflucht hat, der seinen Samen unnütz vergossen hat, wie übel würde er erst mir mitspielen! Dabei würde mir die herrliche »UZI« viel besser zu Gesicht stehen als die dämliche »Tina« und ähnlicher Schwachsinn! Helga allerdings kann sich das überhaupt nicht vorstellen.
Einmal bemerkte ich, wie in der Bahn ein Mann mit mir Kontakt aufzunehmen versuchte, ein Beau – so mochte er sich jedenfalls vorkommen –, modisch gekleidet und die Schläfen graumeliert. Er starrte mich an, während ich die Mundwinkel herunterzog und aus dem Fenster blickte, um darin heimlich sein Spiegelbild zu beobachten. Er ließ den Blick nicht von mir, musterte meine Hände – er selbst trug keinen Ring – und fühlte sich offenbar seiner Sache sicher, daß ich ihn spätestens dann schuldbewußt anschauen würde, wenn mir klar wurde, daß er meinen Blick aus dem Fenster längst durchschaut hatte! Beim Umsteigen stieg er wieder in denselben Wagen, und ich spürte seinen Blick im Nacken. Da sprang ich im letzten Augenblick wieder hinaus und in den nächsten Wagen hinein, in der naiven Freude, ihn ausgetrickst zu haben!
In der Nacht träumte ich, ich wollte auf einen bestimmten Bahnsteig und stieg endlos treppauf, treppab. Schließlich geriet ich in eine Menschenmenge, die mich auf eine Discothek zuschob. Vergeblich versuchte ich auszubrechen. Hinter mir drängten ein paar Männer nach, kleiner als ich. Der eine kniff mir in den Po. Da drehte ich mich um, schlug ihm die Faust ins Gesicht und ließ mich wortlos weiterdrängeln. Doch während der Mann mit einem schmerzverzerrten Grinsen seinen Begleitern sein aufblühendes »Veilchen« wies, erfüllte mich ein unbestimmtes Glücksgefühl: Es schmeichelte mir, daß mein Po es überhaupt wert war, von jemandem gekniffen zu werden!
Der Gedanke, inzwischen selbst zum Objekt geworden zu sein, ganz unmerklich, beunruhigte mich sehr. Sollte ich nun wirklich die Bestimmung über mich selbst verloren haben, weil meine Rolle als Frau in der Öffentlichkeit hauptsächlich fremdbestimmt ist? Ja, ich ließ mir gefallen, daß mir der Chef in den

Mantel half, mich als erste eine Tür passieren ließ, an meiner linken Seite ging, nachdem ich vor kurzem noch ihm diese Höflichkeiten hatte zukommen lassen. Zweifellos war er bemerkenswert flexibel und erwartete das auch von anderen. So wurde ich Zeugin eines Telefongesprächs, das er entgegennahm, das aber für mich bestimmt war. Eine alte Bekannte von früher verlangte »Herrn Anders« ans Telefon. Der Chef verbesserte sie: »Sie meinen ›Frau Anders‹« und ergänzte, als seine Korrektur nicht gleich den richtigen Eindruck hinterlassen hatte, ungerührt: »Es bleibt bei ›Frau Anders‹! Gewöhnen Sie sich also um!«

Und hatte ich mich im Umgang mit Bekannten und Kollegen nicht längst angepaßt, meinen affektlosen Blick nicht schon aus der Neutralität befreit? Als Mann indifferent zu blicken, heißt ja, überlegen zu wirken; dasselbe als Frau zu tun heißt, böse zu gucken. Als Mann ungekünstelt zu lächeln heißt, unbekümmert zu wirken; dasselbe als Frau zu tun heißt, etwas im Schilde zu führen, ja aufreizend bis aggressiv zu wirken. Was bleibt ihr anderes als jenes unverbindlich-dümmliche »Cheese«-Lächeln, das ihr auf tausend Titelfotos vorgemacht wird und dem sie mindestens zum Teil die gesellschaftliche Zweitrangigkeit verdankt, gegen welche sie so lange vergeblich Sturm laufen wird, wie sie sich nicht auch in dieser Hinsicht emanzipieren kann.

Ja, auch ich begann, mich jeden Morgen anzuhübschen, und das tat ich auch beim Gang zum Bürgermeister, der schließlich meine Papiere zu ändern hatte. Wozu? Wozu tun's die meisten anderen Frauen, doch nicht nur als Selbstzweck? Sollen Lidschatten, Rouge und Lippenstift nicht vielmehr signalisieren: »Mein Herr, vor Ihnen steht eine Dame! Ich erwarte von Ihnen die Beherrschung des Instrumentariums an Verhaltensweisen, wie Sie's in Ihrer zweifellos guten Kinderstube, in der Tanzschule und sonstwo kennengelernt haben – hoffentlich!«

Dieses Spiel funktioniert jedoch nur, wenn der Unterschied deutlich genug hervorgehoben wird. Als sich einmal ein Mann erbot, mir meine schwere Tasche zu tragen, lehnte ich das dankend ab. Nachher dachte ich: »Hättest den Deppen doch ruhig schleppen lassen und ihm anschließend einen Korb geben sollen. Denn dem ging's doch um anderes, als dir einen Gefallen zu tun!« Aber ich dachte auch, was wohl von den höflichen bzw. höfischen Umgangsformen und den netten Artigkeiten in den zwischenmenschlichen Beziehungen übrigbliebe, die das Leben in der Enge der Gesellschaft so sehr erleichtern und auch

bereichern, wenn man sich jede Form von indirekten Kontaktversuchen verbitten wollte: Sicher gibt es noch andere Möglichkeiten, ein Nein auszudrücken, als ein vernichtender Blick.
An zu vielen Stellen ist der Mann vor dem machtvollen Anspruch auf Gleichberechtigung zurückgewichen und hat dabei vielfach ein Vakuum hinterlassen, in welchem sich Chaos und Destruktivität ausbreiten können, einen rechtlosen Raum, in welchem sich niemand verantwortlich fühlt, totale Unsicherheit herrscht, auf nichts mehr Verlaß ist. Jedenfalls habe ich das im nachhinein so gedeutet, als mich in der Bahn einmal zwei – offenbar verhaltensgestörte – Jungen, vielleicht 11, 12 Jahre alt, »anmachten«, indem der eine an meinem Schal zog. Als ich ihn strafend anblicke, ließ er zunächst zwar los, versuchte es dann aber noch ein paarmal, bis ich ihm durch eine Geste zu verstehen gab, daß er beim nächsten Mal eine Ohrfeige zu erwarten hätte. Bevor die beiden ausstiegen, verständigten sie sich offenbar, mir im Vorbeigehen die Mütze vom Kopf zu schlagen, wagten es dann aber doch nicht, da ich mich sprungbereit gesetzt hatte. So beschränkten sie sich auf allerlei Grimassen und riefen mir im Aussteigen »alte Fotze« zu. Ich tat so, als gelte es nicht mir; innerlich jedoch kochte ich vor Wut, daß keiner der jüngeren und älteren Männer ringsum sich die offensichtliche Belästigung einer Dame verbeten und dem bösen Spiel Einhalt geboten hatte.
Welch kümmerliche Ritter! Einmal zu Fall gebracht, rudern sie gleichsam wie auf den Rücken gelegte Käfer hilflos und sinnlos mit Armen und Beinen, unfähig zu angemessenem Handeln! Verdienten sie nicht gar Mitleid? Ihre Herrenwitze, ihr großspuriges Auftreten, ihre Sexprotzerei, ihr Imponiergehabe, sind sie nicht vielleicht Ausdruck einer tiefen Unsicherheit, jener Panzer, der sie daran hindert, ihr eigentliches Wesen zur Entfaltung zu bringen, ihre Seele in ihrer ganzen Lebendigkeit und Verletzlichkeit zu zeigen? Und dabei könnten sie – anders als die Käfer – sich so leicht von jenem Ballast befreien, der sie in den Dreck zieht, ihren Blick allenfalls bis zur Gürtellinie des anderen Geschlechtes, höchstens aber bis zu dessen sekundären Merkmalen, emporheben läßt. Wollten sie doch die Frau als ganzes Wesen begreifen wie sich selbst!
Doch selbst denjenigen unter ihnen, welche die Frau etwas subtiler zu sehen versuchen, ihre Körperlichkeit als reinste Ästhetik verklären wie ein Botticelli oder wie Hamilton in seinen Fo-

togemälden, fehlt die Phantasie zu glauben, daß die Ästhetik des Körpers und ihre Erotik für die Frau auch ohne den Mann erlebbar und sinnvoll sein kann; auch er hält es für ausgeschlossen, daß »Bilitis« die Liebe einer anderen Frau anders als mit geschlossenen Augen und der Illusion, von einem Mann berührt zu werden, erleben kann. Und damit kompromittiert er sich selbst in seiner männlichen Überheblichkeit und als Voyeur, seinen Film aber als in Wirklichkeit chauvinistischen Aufklärungsstreifen, um nicht zu sagen, Softiporno! Dann wird klar, wie wenig es selbst ihm gelingt, sich über die Perspektive des durchschnittlichen Mannes zu erheben, der die Komplexheit des weiblichen Wesens möglichst reduziert haben möchte auf die ihm dienlichen Zonen und Funktionen.

Wie weit aber ist ein Wesen reduzierbar, um noch als Mensch definierbar zu sein? Gibt es irgendwo eine Grenzlinie? Kann man eine Reihenfolge der Wichtigkeiten aufstellen? Und wenn ja: Was ist wichtiger, eine Hand, ein Bein, ein Ohr, ein Lungenflügel, die Brust oder das Geschlechtsteil? An der individuellen Bewertung scheiden sich jedenfalls die Charaktere, Liebe und Selbstliebe, Altruismus und Egoismus. Vielleicht ist nur derjenige, der den anderen am wenigsten benötigt, zur wahren Liebe fähig, der größte Altruist.

Bestandsaufnahme

Es kommt gelegentlich vor, daß alte Bekannte mich in aller Naivität fragen, wie ich mich jetzt, als Frau, fühle, was sich denn eigentlich geändert hat: »Ist es die Faszination, als Frau vielleicht begehrter zu sein? Oder sind es die schmeichelnden Formen, Farben und Materialien, die du nun tragen kannst? Oder daß du dich schminken darfst, wenn du dich nicht fühlst und meinst, schlecht auszusehen? Oder hoffst du doch insgeheim, daß dich eines Tages ein Mann abschleppt?«
Ehrlicherweise muß ich dann zugeben, daß sich eigentlich recht wenig geändert hat, so wenig oder so viel wie ein heiler Krug sich von seinen Scherben unterscheidet: Die Form ist die gleiche geblieben, die Funktion vielleicht auch, doch das Ganze ist mehr als seine Teile, die zusammengesetzten Teile sind mehr als die Scherben allein.
Ich habe die Scherben meines Kruges in mühseliger Kleinarbeit wieder zusammengefügt. Ich fühle mich o. k., wohne in einem richtigen Haus und nicht hinter einer Fassade, und durch meine Notizbücher fauchen keine Jagdbomber, donnern keine Panzer mehr, wenn ich auch zugeben muß, daß das dumpfe Dröhnen ihrer Motoren und das merkwürdig knöcherne Rasseln ihrer Ketten auf dem nahen Truppenübungsplatz mich nach wie vor bis zu einem gewissen Grade faszinieren. Das Klappern meiner Absätze auf dem Straßenpflaster ist gleichmäßig wie mein Pulsschlag geworden; lächelnd denke ich daran zurück, daß ich einmal versucht hatte, mich selbst wahrzunehmen, meine Angst zu unterdrücken und mich zu sicherem Auftreten zu zwingen, indem ich mir als junger Unterführer – was streng verpönt war – Eisen unter die Knobelbecher schlagen ließ.
Ich fühle, daß sich der Kreis geschlossen hat. Um eine unsichtbare Achse hat er sich um sich selbst gedreht und bildet nun eine liegende Achse, Symbol für die Unendlichkeit. Ich habe jene Kreisbahn verlassen, auf welcher ich mich bewegt habe, bin auf eine neue Kreisbahn eingeschwenkt, welche die alte kreuzt. Wenn man die Acht an der Kreuzung trennt, werden daraus zwei selbständige, unabhängige Formen, welche die Rückkehr von der einen in die andere Bahn ausschließen. Je-

den Morgen, wenn ich mich vor dem Spiegel für die Schule zurechtmache, freue ich mich neu meines Lebens, und meistens hält diese Freude über die ersten Unterrichtsstunden hinweg vor, obwohl mich mein Beruf sehr anstrengt. Wie bei den meisten Lehrerinnen gibt es nun auch einmal bei mir Disziplinschwierigkeiten, vor allem im Umgang mit Ausländerkindern, in deren Heimat die Frau mehr oder weniger nur Gebrauchsgegenstand ist: Von einer Frau wollen sie sich nichts gefallen lassen müssen!

Andererseits macht es mir Spaß, wenn sich bei der Aufsicht auf dem Hof immer ein paar Mädchen darum streiten, sich bei mir einhaken zu dürfen und von ihren kleinen und großen Sorgen erzählen oder mich jemand am Ärmel zupft und mir zuraunt: »Frau Anders, der Jörg ist in Sie verliebt – ehrlich!«

Doch wie fühlt man sich als Frau? Es ist ein einfaches Selbstverständnis ohne besondere Wertigkeit; das geschlechtliche Empfinden entstammt primär der Rollenidentifikation und -zuschreibung, weniger der Körperlichkeit, welche zunächst einmal neutral ist. Es wird von mir erwartet, daß ich in besonderem Maße auf mein Äußeres achte, abgebrochene Fingernägel repariere, möglichst täglich meine Kleidung wechsle, bestimmte Verhaltensweisen zeige, andere vermeide; daß ich mich in Konflikten flexibel zeige, freundlich und verbindlich bleibe, auch wenn mir nicht danach zumute ist.

Die Verkäuferinnen in den Kaufhäusern begegnen mir wie die Angestellten in irgendwelchen Ämtern und Behörden mit viel weniger Zuvorkommenheit, zeigen mir eher ihre schlechte Laune, lassen sich mir gegenüber gehen: Die Frau braucht der Frau nichts vorzuspielen. Insofern fühle ich mich manchmal eingeschränkt oder gar degradiert. Doch solche Einengungen zählen nichts gegen das Gefühl des Einsseins mit mir selbst, der grenzenlosen inneren Freiheit, der Befreiung von einer Körperlichkeit, welche der Erdenschwere mehr verhaftet ist als der Unendlichkeit und Schwerelosigkeit des Himmels: Ich habe meinen Frieden mit mir und den Dingen gemacht.

Manchmal denke ich, alles sei nur ein schöner Traum, aus dem ich eines Tages erwachen werde wie aus dem Labyrinth während der Narkose, und dann ertasten meine Finger wie von selbst meinen neuen Körper, wie um sich zu vergewissern, daß er leibhaftige Wirklichkeit ist. Ja, ich fühle mich als Frau; die Frage nach dem Wie geht einfach ins Leere.

Nicht alle waren indessen fähig oder bereit, dem Rechnung zu tragen. Mit ein, zwei offiziellen Dienststellen hatte ich einen demütigenden Kleinkrieg zu führen, ehe sie nachgaben, und ein paar Bekannte von früher versuchten eine gesellschaftliche Abgrenzung, welche mir zwar gleichgültig hätte sein können, für Beate jedoch zu einem Dauerkonflikt zu werden drohte. Nicht, daß wir nicht mehr eingeladen worden wären; doch mir war klar, daß unser Verhältnis zum Gegenstand der lebhaftesten Diskussionen hinter unserem Rücken geworden war. Diejenigen, welche den weiteren Kontakt mit uns am liebsten als mitleidsvollen Akt purer Nächstenliebe gewertet haben wollten, für den wir ihnen zu tiefstem Dank verpflichtet gewesen wären, waren jedoch glücklicherweise nur eine kleine Minderheit. So konnte ich Thomas, den Mann einer Bekannten, der sich bis zuletzt geweigert hatte, meinen neuen Namen, mein neues Pronomen zu verwenden, mit einem überlegenen Lächeln zum Schweigen bringen, als er bei einer Tanzparty neben mir saß und meinte: »Du glaubst doch nicht etwa, daß deine Integration mehr ist als pure Illusion?« Ich wußte es besser; dort, wo man mich vorher nicht gekannt hatte, stellte ich meine gelungene Integration jeden Tag aufs neue unter Beweis.

Anders als bei mir fielen solche Bemerkungen bei Beate auf fruchtbaren Boden, schlugen Wurzeln, schossen als übles Unkraut hoch auf und nahmen Beate die Luft zum Atmen. Selbst Gitta, die wir zu unseren Freundinnen zählten, fand es nötig, Salz auf Beates klaffende Wunden zu streuen, welche einfach nicht richtig verheilen wollten, indem sie bezweifelte, daß wir zu einem bestimmten Sommerfest wirklich zusammen eingeladen waren, und Beate unterstellte, uns selbst eingeladen zu haben. Zum Glück waren wir auf diese Gesellschaft nicht angewiesen, hatten uns längst – jede in ihrem Kollegium – davon unabhängige Bekanntenkreise aufgebaut, die zunächst rein beruflich motiviert waren, sich vielfach jedoch auf der Basis gemeinsamer kultureller Interessen vertiefen ließen. So konnten wir mühelos jeden eventuellen Versuch, uns gesellschaftlich zu isolieren, unterlaufen.

Doch Beate trafen solche Nadelstiche wie Keulenschläge, und in ohnmächtiger Wut gab sie sie jedesmal an mich weiter: »Alles hast du kaputtgemacht: den Mann an meiner Seite, auf den ich mich berufen konnte, den Vater unserer Kinder, meine soziale Rolle als Ehefrau und Mutter. Du hast mich den Demütigungen anderer Frauen und den kaum verhohlenen Anträgen und Anspielungen von deren Ehemännern ausgesetzt. Ohne meinen

Mann bin ich doch überall der letzte Dreck! Auf meine Kosten bist du glücklich geworden, und nun versuchst du, mich gar auszustechen. Du bist ja sooo interessant, und ich bin das Aschenputtel! So habe ich mir mein Leben nicht vorgestellt!« Dann lagen wir jedesmal weinend, jede in ihre Ecke gekuschelt, bis wir mit vom Schluchzen schmerzendem Hals vor Erschöpfung einschliefen.

Nicht einmal dieses blieb ihr erspart: Einmal nahm sie eine Mutter beiseite und fragte sie nach einigen verlegenen Anläufen unumwunden, ob es stimme, was man munkelte, daß sie früher einmal ein Mann gewesen sei! Ausgerechnet Beate, meine Beate! Welche Ironie des Schicksals! Ich fragte mich, ob ich ihr überhaupt noch etwas bedeuten könne, und ich dachte: »Ich habe ihr geschenkt, was zu geben ich in der Lage war. Und nun hält sie's in der Hand, eine Schmetterlingslarve ohne Leben darin, und das von mir, das endlich auferstand und nach wie vor an ihrer Seite lebt, erfüllt sie mit Traurigkeit.«

Seit ich mein Zimmer in der Stadt aufgegeben hatte, waren die Konflikte zahlreicher geworden, die Rivalität zwischen uns – von mir völlig in Abrede gestellt – augenfälliger, die Kleider über den Stuhllehnen, die Kosmetika, die Frisur, das Parfüm, die Zeit, die wir auf unser Äußeres verwandten, bevor wir zur Arbeit oder zu irgendeiner Festlichkeit gingen. Beate meinte, es mache ihr einfach keinen Spaß mehr, sich hübsch zu machen: Für wen denn auch? Ich hätte ja sowieso längst gleichgezogen, brauchte mir von ihr in dieser Hinsicht keine Vorschriften machen zu lassen, sei auf sie auch gar nicht mehr angewiesen. Sie meinte, sie stünde meiner Vollendung nur im Wege und war darüber zutiefst erbittert, daß meiner neuen Rolle, mit der sie so schwer fertigwerden konnte, niemand ernsthaften Widerstand entgegenbrachte: Beate fühlte sich übergangen.

Es kam vor, daß diese Erbitterung urplötzlich wie ein Vulkan ausbrach. Mehr als einmal drohte sie mir schäumend vor Wut, sie werde mir nachts die Brüste abschneiden, durch die sie sich dauernd provoziert fühlte, und das sagte sie mit einem Gesichtsausdruck und einer kaum beherrschten Gestik, daß ich fürchten mußte, sie werde das einmal wahrmachen. Inbrünstig betete ich darum, auch sie möge doch eines Tages ja zu mir sagen, und darum, daß ich die Kraft haben möge, über solchen Demütigungen nicht den Glauben an Beate und ihre Liebe zu verlieren.

Glücklicherweise konnte ich mich darauf verlassen, daß am

nächsten Morgen, spätestens aber am nächsten Abend, die Sonne wieder lachte, unsere Blicke sich trafen und alles gut war. Manchmal fand ich auch beim Heimkommen ein Liebesbriefchen, eine kleine Aufmerksamkeit oder ein Marzipanherz auf dem Tisch oder Kopfkissen vor, und dann erholten sich die vom Weinen geschwollenen Augenlider im Nu.
Doch einmal dauerte ein Zerwürfnis länger als sonst. Das war, als nach vielen Jahren über unseren Briefwechsel hinaus erneut Iris in meinen Lebenskreis trat, immer noch fast überirdisch schön und ätherisch – trotz ihrer Mutterschaft und einer zerbrochenen Ehe – und offenbar keine Schwierigkeiten hatte, mich als Frau zu akzeptieren, obwohl sie mich in meiner männlichsten Gestalt, nämlich als Soldat, kennen- und liebengelernt hatte. Übrigens hatte sie, wie sie mir versicherte, schon damals – als Kind, das sie zu der Zeit noch war – erkannt, daß ich mich sehr von den anderen unterschied, obwohl sie noch keine richtigen Vergleichsmaßstäbe besaß. Ich hätte sie damals mit einer Welt konfrontiert, die es so nur in meiner Phantasie gab – und in meiner Literatur. Iris bewertete unser damaliges Verhältnis als für sie später verhängnisvoll, da sie mir blindlings vertraut und erst später eingesehen habe, wie wenig ähnlich die wirkliche Welt der meinen war.
Ich gestand ihr daraufhin die Schuld ein, die ich nach wie vor ihr gegenüber verspürte, obwohl sie mir damals nicht bewußt gewesen sei. Doch Iris winkte ab, es sei ja gleichzeitig die schönste Zeit in ihrem Leben gewesen, wollte vielmehr wissen, wie alles begonnen habe. Wozu? Ursachen, Auslöser zu benennen würde diese zu Subjekten, mich aber zum Objekt stempeln. Ich selbst aber wollte das reflektierende, handelnde Subjekt sein; anders ließe sich mein Glauben an die Individualität und autonome Selbstbestimmung des Menschen nicht aufrechterhalten; darum wollte ich die Ursachenfrage gar nicht erst aufwerfen.
Demonstrativ war Beate an jenem Tage im Arbeitsdress geblieben, in ihrer ausgebeulten blauen Wolljacke, ihren ältesten Jeans und hölzernen Pantinen, das hübsche dunkle Haar mit einem Gummiband lieblos zu einem unansehnlichen Knoten aufgebunden: »Back du doch den Kuchen für Iris, ich hab' noch im Garten zu tun!« Und boshafterweise hatte sie hinzugefügt: »Ich würde an deiner Stelle ja das lila Abendkleid anziehen, und vergiß nicht, dich auch schön anzumalen!« Ärgerlich hatte ich daraufhin den Kleiderschrank zugeklappt, meine braunen Cordjeans und den Nicki anbehalten und gleichmütig zu Beate

gesagt: »Warum sollte ich mich für Iris denn groß anziehen?«
Beates Stimmung hatte das jedoch wenig gehoben.
Erst am Ende des zweiten Tages hatte sie sich wieder so weit gefangen, daß sie über das sprechen konnte, was sie bewegt hatte: »Ich hab' mich einfach durch dein engelhaftes Äußeres, das gerade in der neutralen Kleidung, die du gestern getragen hast, zum Ausdruck gekommen ist, provoziert gefühlt. Abends im Bett hab' ich dir deshalb einfach weh tun müssen als Antwort auf den großen Schmerz, den du mir zugefügt hast. Und dann hast du mich bis aufs Blut gereizt, als du mir vorgeschlagen hast, dir wieder ein Zimmer zu nehmen, um dich auf diese Weise billig aus der Affäre zu ziehen. Ich sehe ja ein, daß ich dir auf dem Weg zu deinem Frau-Sein nur hinderlich bin. Aber ich bin nun mal auf dich als meinen Mann fixiert und kann niemals eine Lesbe werden. Ich muß mich damit abfinden, daß du dir alle Rechte, die ich als Frau habe, ebenfalls herausnehmen darfst. Aber du mußt dich dann nicht wundern, wenn ich abstumpfe und mich verdrängt fühle. Ich fürchte, daß eines Tages ein Mann dich ganz als Frau begehren wird, und dann ist alles aus: Jedesmal könnte ich losheulen, wenn Milva davon im Radio singt. Ja, so einer wird auch dich ganz zur Frau machen: Dauernd verlangst du ja selbst nach Bestätigung! Nicht zuletzt deshalb kann ich dir keine Zärtlichkeiten geben, nach denen du insgeheim genauso verlangst wie ich: Ich will kein Feuer entfachen, das nachher nicht mehr zu löschen sein wird.«
Aber es gab auch Nächte grenzenlosen, trunkenen Glücks, in welchen jedes im anderen versank, mit ihm eins und der Bund erneuert wurde. Eines Nachts umfaßte Beate mich heftig, weckte mich und sagte, sie habe gerade geträumt, ein Löwe hätte sie angegriffen. Als ich darauf entgegnete, sie hätte mich etwas früher wecken wollen, dann hätte ich ihr beistehen können, und sie zufrieden feststellte: »Das hast du ja auch, du hast ihn sogar gewürgt!« wußte ich, daß wir den Kampf um unser gemeinsames Glück gewonnen hatten, endgültig. Die Rückfälle würden seltener werden, eines Tages ganz aufgehört haben; sie würden so etwas wie ein retardierendes Moment, ein Trugschluß sein, welche der schon absehbaren Vollendung einen letzten dramaturgischen Effekt voranstellten.
Damit könnte ich eigentlich meine Tagebücher schließen; die Eintragungen sind ohnehin in den letzten Monaten spärlicher geworden, ich selbst spiele darin kaum mehr eine Rolle. An-

dere Dinge sind wichtiger geworden; ich kann ihnen gelassener ins Auge sehen, sehe nicht immer mich selbst nur darin.
Die Kontakte, die ich in sehr loser Form bis vor kurzem noch zu einigen Schicksalsgenossinnen unterhielt, habe ich bis auf einen beendet, und auch diesen letzten Draht werde ich nach einem längeren Gespräch mit Heidi demnächst wohl kappen. Ich habe ihr gesagt: »Wenn du dich je mit einem Mann einläßt, sind wir geschiedene Leute! Ich würde das geradezu als Verrat an unserer persönlichen Geschichte betrachten, da wir – du wie ich – ein Leben hindurch einen sprichwörtlichen Kampf bis aufs Messer gegen die Wurzeln, die uns mit der Welt des Mannes verbanden, geführt haben.« Heidi entgegnete darauf, daß die Gesellschaft sie dazu vielleicht zwingen würde, um ein unauffälliges Leben zu führen; andernfalls würde das Gerede, würden die Brüskierungen nie enden. Überall bekomme sie Ablehnung zu spüren, wo nicht, werde nur geheuchelt, um sie auszunutzen. Das beste wäre wohl, Schluß zu machen.
Welch eine unsinnige Schlußfolgerung! Man muß sich doch darüber im klaren sein angesichts von Leuten, die sich überrascht nach einem umsehen, einen neugierig anstarren, daß diese spontane Entgeisterung, Zuwendung oder Feindseligkeit ihnen zusteht und immerhin eine Anteilnahme bedeutet, die der Indifferenz der bloßen Höflichkeit oder gespielten Nonchalance entschieden vorzuziehen ist. Unsere Chance als die eigentlichen Provokateure der Gesellschaft, die sich durch uns in die Defensive gedrängt fühlt, Verbündete zu finden, liegt einzig darin, durch Aufrichtigkeit und ein ungebrochenes Selbstverständnis, durch freundliche Bestimmtheit und durch Sicherheit in dem, was wir angegangen sind, zu überzeugen. Wir wollen mehr als bloßes Verständnis, denn das würde einen permanenten Rechtfertigungsversuch bedeuten. Wir wollen vielmehr das Recht des Individuums auf Selbstverwirklichung, auf Glück, nichts Geringeres also als das Menschenrecht schlechthin: Auch wir haben Anspruch darauf!
Was die Bedeutung des Mannes auf unserem Weg in die Integration als Frau betrifft, bin ich ohnehin anderer Ansicht als Heidi. »Du setzt auf das falsche Pferd«, habe ich zu ihr gesagt, »wir haben doch die andere Seite gründlich ausspioniert, an ihren Waffen trainiert und wissen, sie abzuwehren. Wir brauchen sie jetzt doch nur umzudrehen, Seite an Seite mit allen Frauen, in deren Front wir uns eingereiht haben, könnten den Zaghaften und Dressierten, den Überangepaßten und Etablierten un-

ter ihnen vielleicht eine Jeanne d'Arc oder gar Artemis und zuverlässige Verbündete sein im Kampf der Geschlechter. Den Mann als Verbündeten zu wählen, hieße doch, ihn in allem, weshalb wir aus seiner Welt ausgebrochen sind, ausdrücklich zu bestärken, die bisherigen Verhältnisse für alle Zukunft festzuschreiben. Das kannst du doch nicht ernsthaft wollen! Wir müssen uns als Amazonen begreifen. Noch wäre es allerdings verfrüht, loszuschlagen. Die in Jahrtausenden systematisch zerstörte Solidarität der Frauen kann nicht in wenigen Jahren gewaltsam restauriert werden, darüber gebe ich mich keiner Illusion hin. Doch bis dahin werden wir den Gegner in Scheingefechte verwickeln, Vorpostengeplänkel und Scharmützel, um ihn zu irritieren, seine Stellungen zu verunsichern, seine Phalanx aus der Schlachtordnung zu bringen, seiner geballten Macht mit allen Tücken der Guerillataktik zu begegnen; auf vielen Wegen getrennt marschieren, um ihn vereint schlagen zu können.«

Doch Heidi hatte während meines leidenschaftlichen Appells, wie ich zornig erkannte, mit gespitzten Lippen und affektiert abgespreiztem kleinen Finger an ihrer Kaffeetasse genuckelt, und da war mir klar geworden, daß jedes Wort verlorene Liebesmüh war: Wir haben uns nichts mehr zu sagen.

Eine Handvoll Urlaubsfotos

Angesichts der Urlaubsfotos, die ich heute abholen konnte, ist mir jedoch ein versöhnlicherer Schluß eingefallen, und ich finde, die Erlebnisse auf der Familienwanderung im Hochschwarzwald sind dafür besonders geeignet. Wenn es ums Planen und Organisieren geht, ist Beate unschlagbar. »Wir müssen mal wieder was Gemeinsames und Zünftiges mit den Kindern unternehmen«, hatte sie im Frühjahr geäußert, »jetzt erst recht! Am besten etwas, wo sie sich auch mit fremden Kindern befassen müssen.« – »Ja, ist gut«, hatte ich geantwortet, »das Organisieren überlasse ich dir«, und hatte insgeheim gedacht: »Ob du die Risiken, die wir damit eingehen, auch richtig einschätzen kannst? Ich selbst werde damit fertig, aber du? Meinst du nicht auch, es wäre besser, vor der Reise mit dir und den Kindern zusammen meinen Status festzulegen?« Davon hatte Beate jedoch nichts wissen wollen: »Du hast einmal ›A‹ gesagt, jetzt mußt du auch ›B‹ sagen.«
Da ist also zunächst einmal das Gruppenfoto auf dem Feldberg: acht Mütter, sieben Väter, drei bzw. vier alleinstehende Frauen und zehn Kinder im Alter zwischen 7 und 10 Jahren, hauptsächlich aus dem süddeutschen Raum. Sie stehen oder sitzen zusammen wie eine große Familie, die Kinder haben sich um mich herum geschart. Ich hatte immer Zeit für sie, und die anderen Erwachsenen erkannten neidlos an, daß sie mich als ihre Leitwölfin betrachteten. Beate mußte natürlich einen Wermutstropfen in dieses Glücksgefühl träufeln, indem sie sagte, ich hätte bei den Kindern deshalb »einen Schlag weg«, weil ich auch als Frau eine männliche Ausstrahlung besäße, anders könnte sie's auch gar nicht an meiner Seite ertragen! Frau Grün, eine der Alleinstehenden, meinte, ich sei eine geborene Führerpersönlichkeit, und bedankte sich hinterher bei mir, daß ich abends die Rasselbande regelmäßig mit ein paar Liedern zur Gitarre zur Ruhe gebracht und ihr, Frau Grün, zu ausreichendem Schlaf verholfen hätte. Die Väter, die sich zu dieser Aufgabe verpflichtet hatten, waren damit kläglich gescheitert: Gegenüber den Kindern zählt das Wort der Väter inzwischen wohl nicht mehr ...

Den Frauen gegenüber jedoch markierten sie nach wir vor den großen Mann und stellten gleich am ersten Tag einen Dienstplan auf für das tägliche Kochen, Tischdecken, Aufwaschen und Saubermachen. Sie schienen ehrlich betroffen zu sein, daß ich dieses ihr Werk nicht anerkennen wollte, weil sie nur Frauen für die Dienste herangezogen hatten; auf die Idee, sich selbst mit einzubeziehen, waren sie überhaupt nicht gekommen! Noch betroffener war ich jedoch selbst, daß keine der anderen Frauen dagegen protestiert hatte. Sie nahmen diese merkwürdige Arbeitsteilung ergeben als gottgewollt hin und fanden es schon ziemlich verwegen, daß ich für mein Stillhalten von den Vätern ertrotzte, die Nachtruhe im Kinderzimmer zu gewährleisten – wozu sie jedoch, wie sich herausstellte, überhaupt nicht in der Lage waren. Zähneknirschend fügte ich mich der Mehrheit: Ich konnte doch nicht die Integration als Frau dadurch gefährden, daß ich mich widerborstig verhielt, da ich doch schon allein durch die Tatsache, daß ich im heiratsfähigen Alter ohne Mann und offenbar ohne eigene Kinder an der Wanderung teilnahm – von meiner Stimme ganz abgesehen – im Zwielicht stand.

Auf dem nächsten Bild ist Frau Belchen zu sehen in der vollen Blüte ihres Sonnenbrandes. Ihr verdankte ich meinen Status, der zunächst unklar gewesen war, da meine Kinder mich beim Vornamen nannten, Beate aber die »Mama« war. Wir brauchten indessen an keiner Legende zu stricken, sondern nur die Rollenzuweisung, die uns widerfuhr, stillschweigend anzuerkennen, und unsere Kinder machten das Spiel offenbar belustigt mit.

Zunächst einmal war festzustellen, daß Beate und ich offenbar verwandt waren, da wir denselben Nachnamen trugen. Da Beate aber die Mutter war, mußte ich, so schlossen die anderen, die Tante sein, wobei zunächst offenblieb, ob Schwester óder Schwägerin. Andererseits schienen aber die Kinder stärker auf mich als auf Beate fixiert zu sein, worauf Beate übrigens sehr eifersüchtig war. Das hieß also, daß ich in der Familie mit Beate und den Kindern leben mußte! Und wo war Beates Mann?

Frau Belchen, eine einfache Frau mit einem unverdorbenen Menschenverstand, jeder Gedankenakrobatik abhold, wollte klare Verhältnisse: und da ich von mir aus wenig zur Erhellung meines Status beitrug, direkte Fragen sich aber nicht recht schicken mochten, startete sie nach der Etikettierung als »Tante« einen weiteren Versuch, indem sie beim Frühstück Negerküsse verteilte »für alle Buben und alle Madel, die noch keinen Mann haben!« wobei sie auch mir einen Negerkuß hinhielt. Ich griff tatsächlich zu, und von Stund' an war ich »das Fräulein«, das irgendwann einmal den Anschluß verpaßt hatte wie die Frau Stein, die mir daraufhin von ihrer unglücklichen Liebe vor 30 Jahren erzählte, von der sie sich niemals hätte lösen können – oder welcher vielleicht der Verlobte davongelaufen war, als er die Haare auf ihren Zähnen bemerkt hatte, wie die Männer wohl heimlich mutmaßen mochten!

Aber die Frauen waren sich einig, daß wir für mich den idealen Weg für eine ledige Frau gefunden hatten: den Anschluß an eine Familie mit Kindern, um dort so etwas wie eine Ersatzmutter zu spielen oder gar den Vater zu ersetzen, der in Beates Fall ja offenbar nicht einmal bereit war, seine Familie im Urlaub zu begleiten. Und Frau Ries meinte teilnahmsvoll, auch in ihrer Verwandtschaft gebe es einen solchen Familienanschluß für eine unverheiratete Schwester, und alle zusammen bildeten eine Gemeinschaft voller Harmonie.

An der Ungereimtheit, daß es doch höchst merkwürdig war, wenn zwei Schwestern, von denen die eine verheiratet ist, dennoch denselben Namen tragen, schien sich außer mir selbst niemand zu stoßen, und so machte ich mir, nachdem Beate und ich uns einmal als Schwestern hatten etikettieren lassen, auch nicht länger Gedanken darum.

Auf einem weiteren Bild sind die Frauen beim Dienst in der Gemeinschaftsküche zu sehen: »Und drinnen waltet die züchtige Hausfrau, wie es war im Anfang, jetzt und immerdar, und von Ewigkeit zu Ewigkeit: Amen.« Ich habe mich ganz schön angepaßt, um nicht zu sagen: unterworfen! Im Gemeinschaftswaschraum der Frauen fiel mir's zugegebenermaßen zunächst etwas schwer, unbefangen zu sein; da mußte ich mir erst abgukken, wie weit sich die anderen entblößten, wie sie die Nachthemden aufhoben für die Intimwäsche. Doch es gab keinen Grund, mich meiner kräftigen Schultern und kleinen Brüste zu schämen: Ich hatte nichts zu verbergen.

Auf dem nächsten Bild hat Martina, die Tochter des Wanderführers, sich bei mir eingehakt, strahlt mit mir in die Kamera hinein. Die ganzen Tage war sie nicht von meiner Seite gewichen, hatte mich ganz in Beschlag genommen, mich glühend verehrt. Ihren Eltern war das gar nicht recht. »Jetzt läßt du das Fräulein aber mal in Ruhe, du wirst ja richtig lästig!« schimpfte die Mutter ein paarmal; doch Martina mit ihren 13 Jahren beeindruckte das wenig. Beate warnte mich: »Martina hat sich ganz klar in dich verliebt!« Da ging ich ein wenig auf Distanz, denn ich wollte nicht noch einmal Schuld auf mich laden, ein Kind mit seiner noch so geschlechtslosen Liebesfähigkeit auf eine falsche Fährte gelockt zu haben.

Hier das Foto mit dem wettergebräunten Trio Jeanne, Matthias und Melanie. Zum Schein stützen sie einen mächtigen Baumstamm, der – halb entwurzelt – auf sie herabzustürzen droht. Die drei stellten unter den Kindern die tonangebende, stärkste Fraktion. Jeanne und Melanie als ältestes und jüngstes Mädchen, Matthias als der älteste Junge. Sie haben bei allen Strapazen der Wanderung gut mithalten können. Richtig selbstsicher sind sie geworden, man sieht's ihnen an, und das um so mehr, als sie gesehen hatten, daß ich auf den Wanderungen im Jeansrock wie auch im Bikini im Schwimmbad für niemanden fragwürdig war.

Wie unsicher waren die drei noch auf Matthias' 11. Geburtstag gewesen, als die Schulkameraden aus seiner neuen Klasse nach und nach als Gäste eingetrudelt waren. Matthias hatte es raffiniert zu vermeiden verstanden, mich vorzustellen, und war dann sichtlich erleichtert gewesen, als ich ihm das abgenommen hatte: »Und ich bin Matthias' Vater und inzwischen ebenfalls Frau Anders. Wenn euch das zu schwierig ist, dürft ihr einfach ›Nati‹ zu mir sagen!« Und dann hatte ich sie in das Geländespiel eingewiesen, und da waren andere Dinge spannender geworden als meine Identität.

Ja, die drei sind schon rechte Prachtkinder geworden: Richtig stolz bin ich auf sie. Sie scheinen die Konflikte, die auch für sie aus meinem Rollenwechsel entstanden sind, ziemlich souverän im Griff zu haben: Hoffentlich bleibt es so. Ihre Unbefangenheit mir gegenüber haben sie nicht verloren, und ich spüre, daß sie mich um meiner selbst willen liebhaben.

Bruchlos haben sie den Wechsel von »Papa« zu »Nati« vollzogen und sind flexibel genug, sich auf die verschiedensten Situationen einzustellen. Für Jeanne ist das »sie« selbstverständlich geworden; sie ist übrigens mein »Geschmacksbarometer«, indem sie meine Garderobe jeweils kritisch in Augenschein nimmt. Nur Melanie hat sich im Schwimmbad einmal verplappert, indem sie »Nati« mit dem falschen Pronomen verwandte, als ich mit den Kindern auf der Liegewiese herumtollte, ohne daß die übrigen deswegen stutzig geworden wären: Einer Neunjährigen sieht man noch so manchen Grammatikfehler nach.

Im Hintergrund ist übrigens Beate zu erkennen, inmitten der Heidelbeersträucher. Triumphierend hält sie eine halbgefüllte Plastiktüte hoch. Ihr Lachen ist fröhlich und zuversichtlich wie damals, als wir uns kennenlernten. Sie hat zu sich, zu uns, zurückgefunden. »Ich hab's geschafft!« scheint sie zu rufen: Wir haben's geschafft.

Das letzte Bild: Die beiden Nesthäkchen Melanie und Christiane beim Baden im Bergbach. Sie hatten auf Anhieb zueinander gefunden und nahmen an allem, was sie am Wege fanden, lebhaften Anteil. Ihr Brotbeutel war beim Heimweg regelmäßig voll von Federn, Alrauen, Steinen und Scherben, und alles mußte ich bestimmen. Besonders bei Christiane zählte, was ich zu erzählen wußte, und manchmal stritten sich die beiden darum, wer an meiner Hand gehen durfte. Auf der letzten Wanderung war ich zum Austreten ein Stück vorausgelaufen, um mich seitlich in die Büsche zu schlagen. Da waren die beiden mir nachgeeilt und hatten sich wie selbstverständlich neben mich gehockt!

An jenem Abend habe ich geweint vor Glück ...

Tabus unserer Gesellschaft

A. Alvarez
Der grausame Gott
Eine Studie über
Selbstmord
Band 3807

Muriel Gardiner
Mörder ohne Schuld
Wenn Kinder töten
Band 3826

Berit Hedeby
Ja zur Sterbehilfe
Mit einem juristischen
Kommentar von
Rudolf Wassermann
Band 3815

Ilse van Heyst
**Das Schlimmste
war die Angst**
Geschichte einer
Krebserkrankung und
ihrer Heilung
Band 3902

Heide Nullmeyer
**Ich heiße Erika
und bin Alkoholikerin**
Betroffene und
Angehörige erzählen
Band 3808

Erin Pizzey
Schrei leise
Mißhandlungen in der
Familie
Band 3404

Jo Roman
Freiwillig aus dem Leben
Ein Dokument
Band 3836

Jürgen vom Scheidt
**Der falsche Weg
zum Selbst**
Studien zur Drogenkarriere
Band 3842

Valérie Valère
**Das Haus der
verrückten Kinder**
Ein Bericht. Band 3828

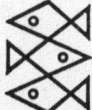

Fischer Taschenbuch Verlag

Über das Leben allein, zu zweit und anderswo

Helga Dierichs / Margarete Mitscherlich
Männer
Zehn exemplarische Geschichten
Band 3819

Johannes Glötzner (Hrsg.)
Der Vater
Über die Beziehungen von Söhnen zu ihren Vätern
Mit einem Nachwort von Peter Härtling
Band 3833

Wolfgang Körner
Meine Frau ist gegangen
Verlassene Männer erzählen
Band 3803

Margot Lang
Meine beste Freundin – Frauen erzählen
Mein bester Freund – Männer erzählen
Band 3829

Marianne Meinhold / Andrea Kunsemüller
Es muß nicht immer Trennung sein
Über das Leben allein, zu zweit und anderswo
Band 3824

Helmut Ostermeyer (Hrsg.)
Ehe – Isolation zu zweit
Mißtrauensvoten gegen eine Institution
Band 3403

Gail Sheehy
In der Mitte des Lebens
Die Bewältigung vorhersehbarer Krisen
Band 3405

Gerhard Wilhelm
Unter Brüdern
Zur Emanzipation des Mannes
Band 3832

Fischer Taschenbuch Verlag

Kranke Umwelt – kranke Gesellschaft

Christian Bachmann
Die Krebsmafia
Intrigen und Millionengeschäfte
mit einer Krankheit
Band 3837

Egmont R. Koch
Krebswelt
Krankheit als Industrieprodukt
Band 3840

Egmont R. Koch / Fritz Vahrenholt
Im Ernstfall hilflos?
Katastrophenschutz bei Atom- und
Chemieunfällen
Band 3827
Seveso ist überall
Die tödlichen Risiken der Chemie
Band 3804

Carola Stern
Strategien für die Menschenrechte
Band 3831

Fischer Taschenbuch Verlag

Sozialwissenschaften

Howard S. Becker
Außenseiter
Zur Soziologie abweichenden Verhaltens
Band 6624

Daniel Bell
Die Zukunft der westlichen Welt
Kultur und Technologie im Widerstreit
Band 3411

Peter Berger/
Thomas Luckmann
Die gesellschaftliche Konstruktion der Wirklichkeit
Eine Theorie der Wissenssoziologie
Band 6623

Gisela Bleibtreu-Ehrenberg
Homosexualität
Die Geschichte eines Vorurteils
Band 3814

Ernest Borneman
Das Patriachat
Band 3416

Wilfried Gottschalch/Marina Neumann-Schönwetter/
Gunther Soukop
Sozialisationsforschung
Materialien, Probleme, Kritik
Band 6503

E. Heller
**Wie Werbung wirbt:
Theorien und Tatsachen**
Band 3839

Kurt Jürgen Huch
**Einübung in die
Klassengesellschaft**
Band 6276

Erna M. Johansen
Betrogene Kinder
Eine Sozialgeschichte der Kindheit
Band 6622

Gerhard Kraiker
§ 218 – Zwei Schritte vorwärts, einen Schritt zurück
Eine Analyse der Reform des § 218 in der Bundesrepublik Deutschland
Band 3835

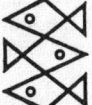

Fischer Taschenbuch Verlag

Zustandsberichte über Politik und Gesellschaft

Roger Anderson
Wir Heimatlosen
Band 3838
In den Reportagen aus dem Ostblock und dem geteilten Deutschland werden Menschen geschildert, die vom Schicksal mit Grenzen geschlagen worden sind: mit politischen und sozialen, sichtbaren und unsichtbaren.

Henryk M. Broder / Michael R. Lang (Hrsg.)
Fremd im eigenen Land
Juden in der Bundesrepublik
Band 3801

Hermann Glaser
Bundesrepublikanisches Lesebuch
Band 3809
Drei Jahrzehnte geistiger Auseinandersetzung

Gerhard Kraiker
§ 218 – Zwei Schritte vorwärts, einen Schritt zurück
Eine Analyse der Reform des § 218 in der Bundesrepublik
Band 3835

Michael Rutschky
Erfahrungshunger
Band 3830
Ein Essay über die siebziger Jahre

Carola Stern
Strategien für die Menschenrechte
Band 3831

Fischer Taschenbuch Verlag

Den Tod verändern

A. Alvarez
Der grausame Gott
Eine Studie über den Selbstmord
Band 3807

Stella Baum
Der verborgene Tod
Auskünfte über ein Tabu
Band 3414

Berit Hedeby
Ja zur Sterbehilfe
Mit einem juristischen Kommentar
von Rudolf Wassermann
Band 3815

Jo Roman
Freiwillig aus dem Leben
Ein Dokument. Band 3836

Léon Schwartzenberg /
Pierre Viansson-Ponté
Den Tod verändern
Bericht eines Arztes
Band 3821

Fischer Taschenbuch Verlag

Persönliche Erfahrungen mit Krisen

Renate Anders
Grenzübertritt
Eine Suche nach Identität. Band 3287

Sarah Ferguson
Die Stimme und das Schweigen
Brief an einen toten Psychoanalytiker
Band 3284

Hera König
Der tödliche Hunger
Erfahrungen einer Diabetikerin. Band 3286

Marlene Lohner
Plötzlich allein
Frauen nach dem Tod des Partners
Band 3527

Hiltrud Minwegen
Mario
Von der Sucht zur Hoffnung. Band 3282

Monika Weber
Die dunkle Seite meines Lebens
Überwindung einer Selbstzerstörung
Band 3285

Laure Wyss
Ein schwebendes Verfahren
Mutmaßungen über die Hintergründe
einer Familientragödie. Band 3526

Fischer Taschenbuch Verlag